KOMMUNIKATION in der Wirtschaft

Lehr- und Arbeitsbuch

GOETHE-INSTITUT FRAUS Cornelsen

KOMMUNIKATION IN DER WIRTSCHAFT
Lehr- und Arbeitsbuch

Autorinnen:	Prof. Anneliese Fearns Dorothea Lévy-Hillerich, M.A.
Koordination und Projektleitung:	Monika Veldenz-Dunne, B.L.
Zeichnungen:	Marie Marcks, Anna Ryffel
Fotos:	siehe Quellenverzeichnis, S. 185 + Bildquellen, S. 188
Klärung der Rechte an Texten und Bildern:	Dr. Germano Re
Verlagsredaktion:	Mgr. Jitka Staňková
Bildredakteur:	Petr Vítek
Grafische Gestaltung des Umschlags:	Jana Šrámková
Umschlagfotografie:	Archiv des Verlags FRAUS
Manuskripterstellung:	Björn Dunne, Julia Lorenz
Grafik und Layout:	Olga Matulová, Marek Novotný
Bestandteile des Lehrwerks:	Lehr- und Arbeitsbuch mit integrierter CD-ROM (Glossare) Lehrerhandbuch CD mit Hörtexten
	Dieses Werk folgt der seit dem 1. August 1998 gültigen Rechtschreibung.
Gemeinsame Ausgabe von:	Nakladatelství Fraus, Plzeň, CZ Cornelsen Verlag, Berlin, D Printed in the Czech Republic
1. 2. 3. 4. 5. 2009 2010 2011 2012 2013	die ersten Ziffern bezeichnen Zahl und Jahr des Druckes

1. Auflage
ISBN 978-80-7238-893-6 (Nakladatelství Fraus)
ISBN 978-3-464-21236-3 (Cornelsen Verlag)

Inhalt gedruckt auf säurefreiem Papier aus nachhaltiger Forstwirtschaft.

Wir freuen uns, Ihnen das Lehrwerk „**Kommunikation in der Wirtschaft**" vorlegen zu können. Es kann ab dem Niveau B1 des Gemeinsamen europäischen Referenzrahmens eingesetzt werden und ist gedacht für Deutschlernende in kaufmännischen Ausbildungen an Berufs- und Fachschulen, Fachmittelschulen, Postabiturklassen und Hochschulen mit wirtschaftlichem Profil.
Die Konzeption und Entstehung dieses Lehrwerkes wurde von einer Reihe von Kollegen und Kolleginnen unterstützt, denen wir hiermit unseren persönlichen Dank aussprechen. Denn „Kommunikation in der Wirtschaft" fußt auf dem 1998 erschienenen Lehrwerk „einFach gut – Kommunikation in Wirtschaft und Verwaltung" (Verlag PWN Warschau) unter der Leitung von Dorothea Lévy-Hillerich, M. A. und Dr. Heiner Knauss. Hier sind zu nennen:
Bożena Gołda, Mgr.; Elżbieta Jarmuczek, Mgr.; Waldemar Kryjewski, Mgr.; Anna Malinow, Mgr.; Małgorżata Streubel, Mgr.; Krzysztof Szeliga, Mgr. und Lilianna Ziłmniak, Mgr.

Die Konzeption und Realisierung des Lehrwerks beruhen auf dem Einsatz und der Nutzung authentischer Materialien. In diesem Zusammenhang möchten wir die Alfred Ritter GmbH & Co. KG hervorheben. Dank der Bereitstellung ihrer Internetseiten war es möglich, das für dieses Buch spezifische Konzept zu verwirklichen, nach dem ein Unternehmen durchgängig in jeder Lektion unter unterschiedlichen Aspekten vorgestellt wird.
Wir danken auch der Firma Henkel für ihr Entgegenkommen.
Erfreulich und für die Teilnehmer außerordentlich nützlich war auch die Genehmigung der Firma BBT Thermotechnik GmbH, ein ausführliches Interview mit dem Geschäftsführer zum Aufbau des Hörverstehens zu nutzen.
Unser besonderer Dank gilt der Karikaturistin Marie Marcks, dem Dichter und Schriftsteller Franz Hohler sowie Anna Ryffel für die Illustration des Gedichts von Franz Hohler.
Darüber hinaus danken wir allen Seminarteilnehmerinnen und -teilnehmern, die Teile des Lehrwerks erprobt haben und deren Anregungen in das Lehrwerk eingeflossen sind.

München, im April 2009
Die Autorinnen und die Redaktion

Übersicht der Piktogramme:

Lesen

Orientierendes Lesen

Selektives Lesen

Kursorisches Lesen

Totales Lesen

Sprechen

Track 12

Hören

Merke!

Schreiben

Markieren

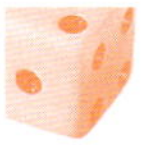
Spiel

Partnerarbeit

Gruppenarbeit

Plenum

Präsentieren

Wortschatz

Wirtschaften und kommunizieren in verschiedenen Bereichen

www.fraus.com

Spielen im Unterricht und anderswo – warum?

Spiele

- erweitern Ihr „kulturelles und landeskundliches Wissen".
- machen Spaß; denn beim Spielen brauchen Sie keine Angst zu haben, Sie könnten sich blamieren. Sie werden nicht benotet, Hemmungen verschwinden einfach im Eifer des Gefechts. Ihre durch reine Kopfarbeit angestaute Energie kann sich Luft machen in Aus- und Zurufen; es wird gelacht, geschummelt und sich geärgert, aber eben nicht „echt", sondern nur über den Zufall, das Glück oder Pech im Spiel.
- fördern Ihre Selbstständigkeit, Ihre Lern- und Arbeitsstrategien; innerhalb der Spielgruppen findet Selbststeuerung statt. Sie sprechen in eigener Sache.
- können Körpersprache und nonverbale Elemente einbeziehen und entwickeln.
- erziehen auch zur Kooperationsbereitschaft, vor allem dann, wenn die Spiele vom Lehrer so vorausbedacht und organisiert werden,

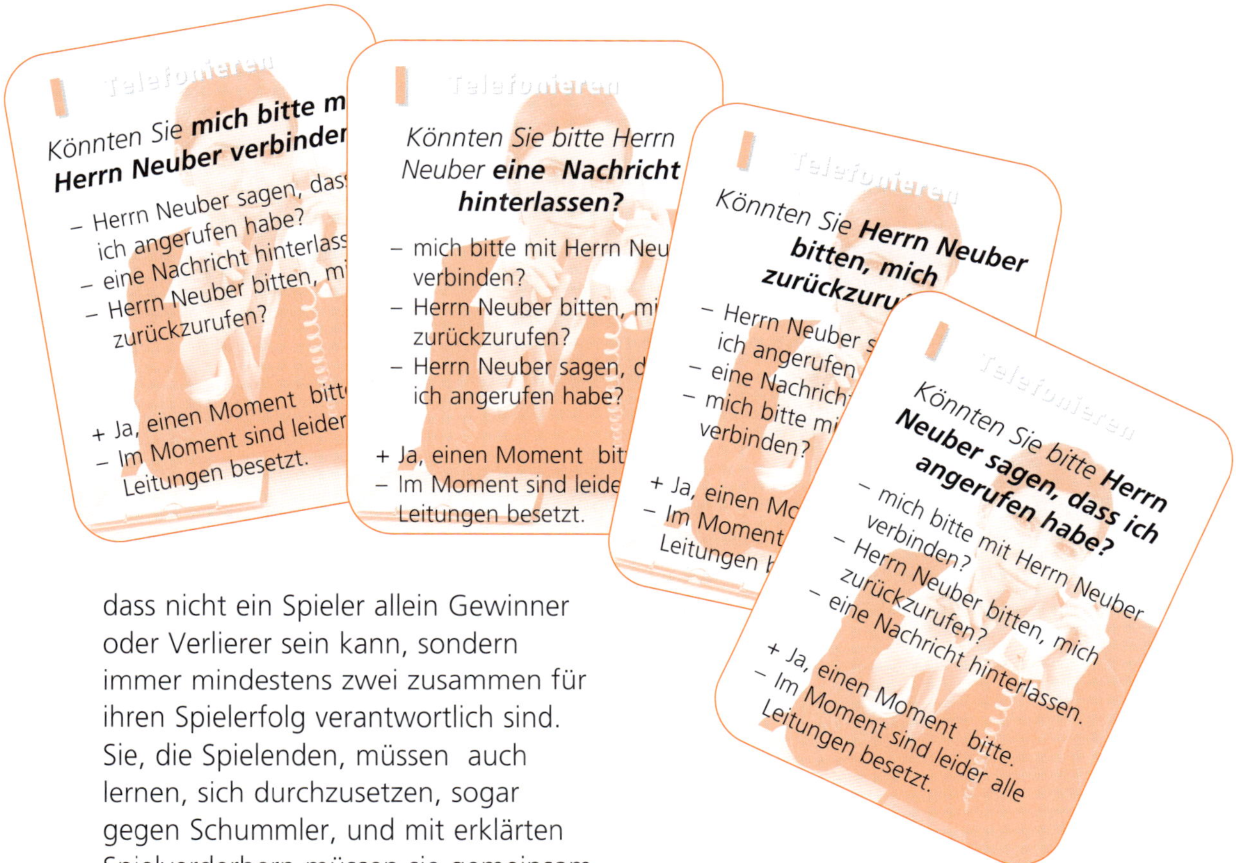

dass nicht ein Spieler allein Gewinner oder Verlierer sein kann, sondern immer mindestens zwei zusammen für ihren Spielerfolg verantwortlich sind. Sie, die Spielenden, müssen auch lernen, sich durchzusetzen, sogar gegen Schummler, und mit erklärten Spielverderbern müssen sie gemeinsam mit der Gruppe fertig werden.

Einladung

Es geht das Gerücht, dass in einigen Ländern die Spielwut ausgebrochen ist. Deshalb wurde auf der Homepage www.fraus.com eine

Spielbörse

eröffnet, zu der Sie herzlich eingeladen sind. Auch neue Spiele sind willkommen, und nicht nur Quartettspiele. In diesem Fall vergessen Sie nicht, die Regeln und die Zielgruppe zu beschreiben. Schicken Sie einfach Ihr Spiel an unsere Redaktion: daf@fraus.cz und wir setzen es dann in die Spielbörse.

Die Spielbörse ist auch Ihre Sache und lebt nur, wenn Sie mitmachen!

Was ist denn da so komisch?

Der Witz in der Firma

McKinsey-Bericht über einen Besuch bei den Berliner Philharmonikern:

„Die vier Oboisten haben sehr lange nichts zu tun. Die Nummer sollte gekürzt und die Arbeit gleichmäßig auf das ganze Orchester verteilt werden, damit Arbeitsspitzen vermieden werden. Die zwölf Geigen spielen dasselbe. Das ist unnötige Doppelarbeit. Diese Gruppe sollte drastisch verkleinert werden. Falls eine größere Lautstärke erwünscht ist, lässt sich das durch eine elektronische Anlage erreichen. Das Spielen von Zweiunddreißigstelnoten erfordert einen zu großen Arbeitsaufwand. Es wird empfohlen, diese Noten sämtlich in den nächstliegenden Sechzehntelnoten zusammenzufassen. Man könnte dann auch Musikschüler und weniger qualifizierte Kräfte beschäftigen.

In einigen Partien wird zu viel wiederholt. Die Partituren sollten daraufhin gründlich durchgearbeitet werden. Es dient keinem sinnvollen Zweck, wenn das Horn eine Passage wiederholt, mit der sich bereits die Geigen beschäftigt haben. Werden alle überflüssigen Passagen eliminiert, dann dauert das Konzert, das jetzt zwei Stunden in Anspruch nimmt, nur noch schätzungsweise zwanzig Minuten, so dass die Pause wegfallen kann."

Neuberger, Was ist denn da so komisch?, S. 218

Vorlektion

Herzlich willkommen im Band „Kommunikation in der Wirtschaft“

Kommunikation in der Wirtschaft ist Ihr Ziel? Kein Problem – das können Sie schaffen, wenn Sie wissen, wie Sie lernen müssen. Deswegen stellen wir Ihnen in der Vorlektion einige Strategien, Techniken und Tipps für das Lesen, Hören, Schreiben und Sprechen, aber auch für Grammatik und Wortschatz vor. Und da Lernen kommunikativ sein und Spaß machen soll, werden Sie meist zu zweit oder in der Gruppe und im Spiel lernen. Am Ende jeder Lektion finden Sie eine Zusammenstellung von wichtigen Techniken, die Ihnen helfen, Gelerntes zu wiederholen und besser zu behalten unter „Meine persönlichen Dateien“.

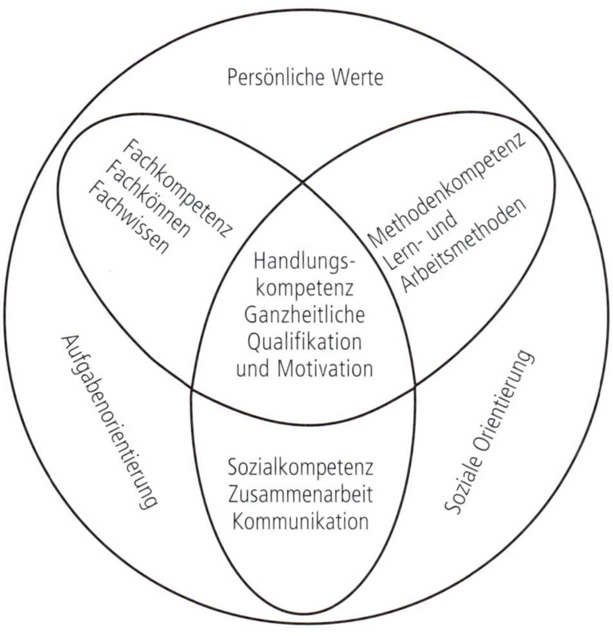

Die Abbildung links verdeutlicht ein Ausbildungskonzept, das viele deutsche Unternehmen seit Jahrzehnten verwirklichen. Im Zentrum steht die Handlungskompetenz im Beruf, die von Fachkompetenz, Methodenkompetenz und Sozialkompetenz bestimmt wird. Dieses Konzept bildet auch die Grundlage für das Lehr- und Arbeitsbuch „Kommunikation in der Wirtschaft“. Das Ziel dieses Buches ist es, Ihre sprachliche Handlungsfähigkeit in Ausbildung und Beruf so zu entwickeln, dass Sie beispielsweise ein Praktikum in einem deutschsprachigen Unternehmen absolvieren können. Wie das im Einzelnen geschieht, zeigen Ihnen die Beispiele der Vorlektion.

A Gemeinsam lernen

Sozialkompetenz (auch soziale Kompetenz genannt) bestimmt die Formen der Zusammenarbeit und Kommunikation und ist ein Schlüssel zum Erfolg in Ausbildung und Beruf. Eines der häufigsten Schlagwörter in diesem Zusammenhang ist „Teamfähigkeit".

1 *Was gehört Ihrer Meinung nach zur Teamfähigkeit? Wo und wie kann man sie trainieren? Machen Sie sich zusammen mit Ihrem Nachbarn Notizen und stellen Sie Ihre Überlegungen und Beispiele im Plenum zur Diskussion vor.*

Wie Sie wissen, werden bei offiziellen Texten in Deutschland immer die weibliche und männliche Form genannt (vgl. z.B. Stellenangebote im Internet). Da dieses bei Aufgabenstellungen sehr umständlich ist, haben wir uns entschlossen, hier nur die männliche Form zu schreiben.

2 a *Unterstreichen Sie Informationen im folgenden Text zum Thema „Teamfähigkeit", wenn diese für Sie neu sind. Stellen Sie Ihr Ergebnis im Plenum vor und diskutieren Sie die Bedeutung dieser neuen Informationen. Sind Sie mit der Erklärung von Teamfähigkeit einverstanden?*

Teamfähigkeit

Teamfähigkeit bedeutet, dass man sich in eine Gruppe eingliedern kann, hilfsbereit ist, seine eigene Rolle in der Gruppe der Kolleginnen und Kollegen findet und nicht zu dominieren versucht. Es heißt, dass man auf andere zugeht, offen ist, Fragen stellt, ohne zu nerven, und sich darauf einstellt, was für den jeweiligen Gesprächspartner angemessen ist.

Teamfähigkeit bedeutet also, dass man fähig ist, sich innerhalb einer Gruppe von Menschen zu bewegen und sich in gewisser Hinsicht anzupassen.

2 b *Unterstreichen Sie im folgenden Text zur sozialen Kompetenz die Aussagen, die auf Teamfähigkeit verweisen. Arbeiten Sie mit Ihrem Nachbarn zusammen und stellen Sie Ihr Ergebnis im Plenum vor.*

Soziale Kompetenz

Soziale Kompetenz bezeichnet den Komplex all der persönlichen Fähigkeiten und Einstellungen, die dazu beitragen, das eigene Verhalten von einer individuellen auf eine gemeinschaftliche Handlungsorientierung hin auszurichten.

„Sozial kompetentes" Verhalten verknüpft die individuellen Handlungsziele von Personen mit den Einstellungen und Werten einer Gruppe.

http://de.wikipedia.org/wiki/Sozialkompetenz
Letzter Zugriff: 25. 02. 2008

c Welche der folgenden Definitionen von „Methodenkompetenz“, A oder B, sind für Ihr Praktikum ausschlaggebend?
Arbeiten Sie mit Ihrem Nachbarn zusammen und diskutieren Sie Ihre Ergebnisse im Plenum.

Methodenkompetenz – Definition A

Methodenkompetenz ist ein pädagogischer Fachbegriff, der sich auf die Fähigkeit bezieht, einen bestimmten Lernstoff auf möglichst effiziente, geschickte Weise (Methode) zu behandeln. Methodenkompetenz ist eng verknüpft mit der Kompetenz des jeweiligen Faches und immer an Inhalte gebunden. Schülerinnen und Schüler beispielsweise entwickeln Lernstrategien und Arbeitsweisen durch den zunehmend bewussten und gezielten Einsatz unterschiedlicher Techniken und Verfahren bei der Bearbeitung von bedeutsamen Aufgaben.

http://de.wikipedia.org/wiki/Methodenkompetenz
Letzter Zugriff: 06. 03. 2008

Methodenkompetenz – Definition B

Methodenkompetenz ist der Teil der Kompetenz/Befähigung von Mitarbeitern, der (relativ) unabhängig von Fachwissen ist und sich auf die Fähigkeit bezieht, Fachwissen zu beschaffen und zu verwerten und allgemein mit Problemen umzugehen. Methodenkompetenz ist mitverantwortlich dafür, Fachkompetenz aufzubauen und erfolgreich zu nutzen. Im Einzelnen wird darunter verstanden z.B.:

- Fähigkeit, Informationen zu beschaffen, zu strukturieren, zu bearbeiten, aufzubewahren und wieder zu verwenden, darzustellen, Ergebnisse von Verarbeitungsprozessen richtig zu interpretieren und in geeigneter Form zu präsentieren
- Fähigkeit zur Anwendung von Problemlösungstechniken
- Fähigkeit zur Gestaltung von Problemlösungsprozessen, u.a. Projektmanagement

http://www.olev.de/m/methodenkompetenz.htm
Letzter Zugriff: 29. 02. 2008

Aufgabenstellungen

Aufgaben wie Aufgabe 1 und 2 werden Sie im Lehrbuch immer wieder finden. Einzelarbeit ist nämlich eine Ausnahme. Partnerarbeit (Arbeit zu zweit) oder Gruppenarbeit (zu dritt oder zu mehreren) sind die Regel. In diesem Umfeld sprechen Sie sich ab, korrigieren Sie sich wechselseitig und einigen Sie sich auf eine Lösung, die Sie oder der Sprecher Ihrer Gruppe im Plenum vorstellen.
Die Vorstellung der Ergebnisse im Plenum fällt Ihnen nach der Partnerarbeit nicht mehr schwer. In der anschließenden Diskussion tauschen Sie die Argumente aus – ähnlich wie Sie später die Argumente z.B. in einem Kundengespräch oder im Team des Betriebes austauschen.
Im Laufe dieses Kurses werden Sie sich als eine Lerngemeinschaft – als Team – auf dem gemeinsamen Weg zum Erfolg erfahren.

d Welche Kompetenzen erwerben Sie auf diese Weise?

Spielerische Aktivitäten

Gemeinsames Lernen wird auch durch gemeinsame spielerische Aktivitäten verwirklicht:
Beispiel: Geschenke zum Geburtstag auswählen
Ziel: in Kontakt treten, Kompromisse schließen, Auswahl begründen

a *Ihr bester Freund hat Geburtstag. Da er sich einen PC-Arbeitsplatz einrichten will, beschließen Sie und Ihre Freunde, ihm passende Geschenke zu machen. Wählen Sie 14 Geschenkideen aus.*

1 Laptop
2 Schweizer Taschenmesser
3 Antivirusprogramm
4 Druckerpapier
5 USB-Kabel
6 Mind-Map-Programm
7 Computer-Handbuch
8 Scanner
9 Computerspiele
10 100 CD-Rohlinge
11 Digitalkamera
12 verschiedene DVDs
13 Paket Brennfolien
14 Farbdruckerpatronen
15 40 Disketten
16 Packung Filzstifte
17 USB-Stick
18 CD-Brenner
19 Drucker
20 optische Maus

b *Diskutieren Sie jetzt in Zweiergruppen und einigen Sie sich auf 10 Geschenkideen. Sie finden die Redemittel für dieses Gespräch im Sprachbaukasten.*

Sprachbaukasten

Ich glaube, er braucht … .
Ich glaube, er würde sich über … freuen.
… halte ich für wichtiger als … , weil … .
Ich habe an … gedacht, denn … .
Das ist mir zu teuer.

c *Im nächsten Schritt einigen sich zwei Paare auf 8 Geschenkideen.*

Sprachbaukasten

Lasst uns vergleichen ...
Was habt ihr ...
Auf jeden/keinen Fall brauchen wir ... / sollten wir ... .
Ich an deiner/eurer/Ihrer Stelle würde ... .
Wir brauchen ganz bestimmt ..., denn/weil ... .
Ohne ... können wir .... nicht ... .
Wir haben uns darauf geeinigt, nur ...., denn ... .
Wenn ihr nicht anders wollt, dann müssen wir eben ... .
Das können wir nicht bezahlen ... .

d *Zu acht einigen Sie sich schließlich auf 6 Gegenstände als Geschenke, die Sie nun gemeinsam kaufen können. Nehmen Sie – wenn notwendig – die Formulierungen des Sprachbaukastens zur Hilfe.*

Sprachbaukästen bieten Ihnen Redemittel für Gespräche und Hilfen zur Erstellung von schriftlichen und mündlichen Texten an (z.B. Textbaupläne).

Sich selbst einschätzen lernen

Selbsteinschätzung der eigenen Kenntnisse und Fähigkeiten wird z.B. bei Bewerbungen immer häufiger verlangt. Dies gilt vor allem auch für die Fremdsprachenkenntnisse. Da die Aussage „In Deutsch hatte ich eine Zwei" Außenstehenden wenig Konkretes sagt, hat man in der Europäischen Union sogenannte „Kannbeschreibungen" eingeführt. Damit Sie diese kennen lernen und damit üben können, bieten wir Ihnen in bestimmten Abständen Kannbeschreibungen an, mit deren Hilfe Sie sich und Ihre Deutschkenntnisse einschätzen können (vgl.* dazu Lektion 6, S. 174).

4 *Kreuzen Sie in der folgenden Liste zur Lesekompetenz die für Sie passenden Kannbeschreibungen an. Vergleichen Sie Ihre Ergebnisse mit Ihrem Nachbarn und diskutieren Sie Ihre Selbsteinschätzung sowie das Verfahren im Plenum.*

Kannbeschreibung: Lesen/Rezeption schriftlich	Das kann ich.	Das ist mein Ziel.
Ich **kann** einfache und in der Form typische Texte über vertraute Themen verstehen, wenn diese großteils aus häufig gebrauchten Wörtern und Strukturen bestehen und/oder einige Internationalismen enthalten.		
Ich **kann** längeren Texten aus mich interessierenden Bereichen einzelne Informationen entnehmen.		
Ich **kann** einfache Anleitungen verstehen, wenn sie schrittweise aufgebaut sind und durch Illustrationen unterstützt werden.		
Ich **kann** in einem Lehrbuch Arbeitsaufgaben und Anweisungen verstehen, um diese selbstständig ausführen zu können.		
Ich **kann** Verträgen Informationen entnehmen, die den Kernbereich (Preise, Fristen, Gültigkeit) betreffen.		
Ich **kann** in listenartigen Texten zu vertrauten Themen spezifische Informationen auffinden und die gesuchte Information entnehmen.		
Ich **kann** unkomplizierte Texte über Themen, die mit meinen Fach- und Interessengebieten in Zusammenhang stehen, ausreichend verstehen.		
Ich **kann** in einem Werbeprospekt eine Produktbeschreibung verstehen.		
Ich **kann** für ein Kurzreferat die wichtigsten Informationen über ein neues Produkt aus verschiedenen Texten zusammenfassen.		
Ich **kann** in einer Stellenanzeige aus meinem Arbeitsbereich das Firmenprofil, die Anforderungen und die Leistungen des Arbeitgebers entnehmen.		

nach: GeR

*Vgl. = Vergleiche. Damit werden Sie auf eine Stelle im Buch verwiesen, wo Sie weitere Informationen zum gleichen Thema finden.

** GeR = Gemeinsamer europäischer Referenzrahmen für Sprachen: Lernen, lehren, beurteilen

B Das Lehrbuch kennen lernen

5 **a** *Orientieren Sie sich gemeinsam mit Ihrem Nachbarn in Ihrem neuen Buch, indem Sie folgende Fragen beantworten:*

1 Wie viele Lektionen gibt es und wie lauten ihre Titel?
2 Welche Lektion ist für Sie von besonderem Interesse und warum?
3 Welche Themen behandelt die Lektion 1?
4 Wie ist die Lektion 6 aufgebaut?
5 Wo finden Sie eine Erklärung des Begriffes „Aktiengesellschaft AG"?
6 Welche Informationen finden Sie am Schluss des Buches?

Vergleichen Sie Ihre Ergebnisse im Plenum.

LernTipp

Ihr allgemeines Wissen, Ihre Erfahrungen und Ihr Fachwissen sind Ihr Kapital beim Deutschlernen mit diesem Buch. Setzen Sie sie bei allen Themen ein. Nehmen Sie – wenn erforderlich – Ihre Fachlehrbücher zur Hilfe. So lernen Sie leicht und schnell. Nutzen Sie auch das Glossar.

5 **b** *Was gehört Ihrer Ansicht nach zur Fachkompetenz?*
Machen Sie sich Notizen mit Ihrem Nachbarn.

5 **c** *Vergleichen Sie Ihre Notizen mit folgendem Text und unterstreichen Sie, was Sie noch nicht notiert haben.*
Diskutieren Sie Ihre Ergebnisse im Plenum.

Elemente von Fachkompetenz
– differenziert beobachten und wahrnehmen
– Gemeinsamkeiten und Unterschiede erkennen
– Regeln erkennen und Muster bilden
– Fachbegriffe entschlüsseln
– Arbeitstechniken und Strategien in unterschiedlichen Situationen anwenden
– sich einfach, aber präzise ausdrücken
– mit Materialien, Gegenständen, Werkzeugen und technischen Geräten umgehen
– mit Computern und multimedialen Angeboten umgehen
– ökologisch denken
– innerhalb beruflicher Situationen angemessen reagieren

C Lerntipps zum Lesen

Die Lesetexte in diesem Buch sind Originaltexte, die aus Büchern stammen, die Ihre deutschen Kollegen und Kolleginnen im Rahmen ihrer Ausbildung benutzen. Hinzu kommen aktuelle Texte aus dem Internet.

Lesestile
Wie in der Muttersprache können Sie auch in der Fremdsprache unterschiedliche Lesestile anwenden.

1. Sie wollen wissen, ob der Text für Sie interessant ist und für Sie wichtige Informationen enthalten könnte. Sie überfliegen den Text. Nehmen Sie ein **hoch fliegendes Flugzeug**: **Orientierendes Lesen**.

2. Sie suchen im Text nach ganz bestimmten Informationen. Wenn Sie diese gefunden haben, legen Sie den Text beiseite. Sie suchen nur diese Informationen. Nehmen Sie die **Taschenlampe**: **Selektives Lesen**.

3. Sie wollen die Hauptinformationen des Textes aufnehmen, sind aber an Einzelheiten und Nebensächlichkeiten nicht interessiert, um die Sie sich nicht weiter kümmern. Nehmen Sie einen **niedrig fliegenden Hubschrauber: Kursorisches Lesen**.

4. Sie wollen ganz genau wissen, was in dem Text steht. Sie lesen den Text genau von Anfang an mit allen Einzelheiten bis zum Ende. Nehmen Sie die **Lupe: Totales Lesen**.

6 a *Sie müssen sich auf eine Prüfung im Fach „Marketing" vorbereiten. Stellen Sie mithilfe des Inhaltsverzeichnisses fest, ob die folgenden drei Kapitel des Buches „Grundwissen Wirtschaft" Informationen zum Thema Marketing enthalten. Welchen Lesestil nutzen Sie?*
Stellen Sie Ihre Ergebnisse im Plenum vor.

Auszug aus dem Inhaltsverzeichnis

Grundwissen Wirtschaft, S. 4

6 **b** *In Vorbereitung auf die Prüfung im Fach „Marketing" wollen Sie sich auch noch einmal über den Begriff „Markt" klar werden. In Ihren Notizen finden Sie mehrere Aussagen. Alle sind richtig. Überprüfen Sie sie auf ihren Inhalt mithilfe der folgenden Fragen.*

1 Welche Aussage enthält die meisten Informationen?
2 Welche Aussage entspricht der Form nach einer Definition?
3 Welche Aussage erklärt, was „Ort" in der Praxis bedeuten kann?
4 Welche Aussage geht auf die Funktion von Käufer und Verkäufer ein?
5 Welche Aussage geht auf die Preisbildung ein?

a Am Markt treffen Angebot und Nachfrage aufeinander.
b Unter „Markt" versteht man den Ort, an dem Angebot und Nachfrage aufeinander treffen und zu Preisbildung und Kauf und Verkauf führen.
c Immer wenn der Anbieter eines Gutes und der Nachfrager dieses Gutes zusammentreffen – das kann am Marktplatz, aber auch am Telefon oder im Internet sein – entsteht ein Markt.

6 **c** *Welchen Lesestil haben Sie angewandt? Arbeiten Sie mit Ihrem Nachbarn zusammen und stellen Sie Ihre Ergebnisse im Plenum vor.*

! **Merke**

Nicht alle Definitionen haben die gleiche Qualität.

LernTipp
LernTipp

Verschiedene Definitionen eines Begriffes miteinander kritisch vergleichen.

7 *Sie interessieren sich für Wirtschaft und Politik in Deutschland und in der Europäischen Union (EU). In einer deutschen Buchhandlung finden Sie ein kleines preiswertes Buch mit folgendem Klappentext. Ist es für Sie von Interesse?*
Welchen Lesestil wenden Sie an?

Grundwissen führt systematisch, knapp und verständlich in die Grundlagen eines Themas ein. Es eignet sich zum wiederholenden Lernen, zum schnellen Nachschlagen wie zur zuverlässigen Vorbereitung.
Grundwissen Wirtschaft eignet sich als ständiger Begleiter für alle Fächer, in denen es um Zusammenhänge von Wirtschaft und Politik geht – in der Sekundarstufe I aber auch darüber hinaus.
Die vorliegende gründliche Neubearbeitung trägt der gewandelten wirtschaftspolitischen Diskussion Rechnung: Der Arbeitslosigkeit, der Staatsverschuldung, der Sozialversicherungsreform und nicht zuletzt der Europäischen Wirtschafts- und Währungsunion wurden ausführliche Darstellungen gewidmet.

Grundwissen Wirtschaft, Klappentext Rückseite

Lesestrategien

LernTipp

Nutzen Sie Ihr Fachwissen, um Texte mithilfe der dazugehörenden Abbildungen zu verstehen.

8 **a** *Welche Informationen erwarten Sie von einem Text mit folgender Abbildung? Machen Sie sich zusammen mit Ihrem Nachbarn Notizen, z.B. in der Form:*

Wir erwarten Informationen über: …

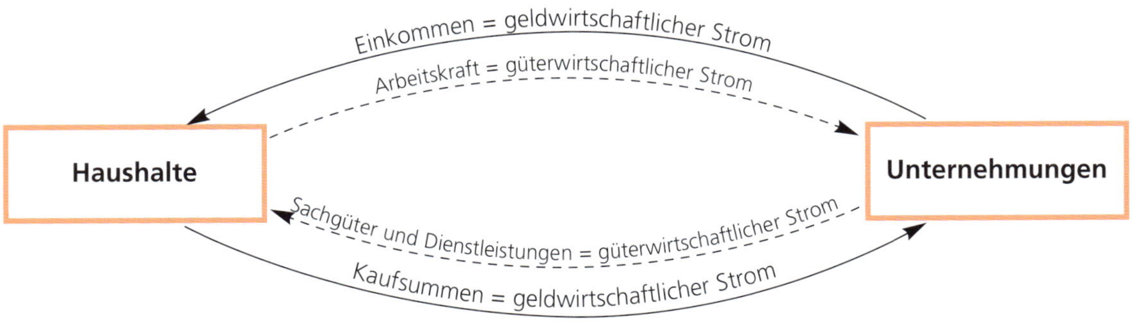

Grundwissen Wirtschaft, S. 102

8 **b** *Unterstreichen Sie im folgenden Text, was für Sie neu ist.*

Der Wirtschaftskreislauf
Güter- und Geldströme zwischen Haushalten und Unternehmungen

Unser Wirtschaftssystem ist unter anderem dadurch gekennzeichnet, dass zahlreiche Einzelwirtschaften infolge der Arbeitsteilung aufeinander angewiesen sind. Durch regelmäßigen Tausch von Geld gegen Güter sind sie miteinander verbunden. Die wichtigsten **Wirtschaftseinheiten** sind die (privaten) **Haushalte** und die **Unternehmungen**.

Die einzelnen Mitglieder der Haushalte stellen den Unternehmungen ihre **Arbeitskraft** zur Verfügung. Als Entgelt dafür erhalten sie Löhne und Gehälter (= **Einkommen**). Mit ihrem Einkommen kaufen die Haushalte den Unternehmungen die Güter ab, die sie als Arbeitnehmer produziert haben. Es fließt also ein Güterstrom von den Unternehmungen zu den Haushalten. Aber ebenso ergibt sich ein Geldstrom von den Haushalten zu den Unternehmungen, denn die Haushalte müssen die gekauften Güter bezahlen.

Auf diese Weise ist der einfache Wirtschaftskreislauf geschlossen. Er besteht aus zwei **Sektoren** (Haushalten und Unternehmungen) und aus je zwei einander entgegenfließenden **Strömen**: zwei **Güterströmen** (Arbeitskraft und Güter) und zwei **Geldströmen** (Einkommen und Kaufsummen).

Grundwissen Wirtschaft, S. 102

8 **c** *Welche Bedeutung haben die Pfeile in der Abbildung oben?*

! **Merke**

Abbildungen und die dazu gehörenden Texte ergänzen sich in der Vermittlung von Informationen.

a *Unterstreichen Sie im Text „Messe“ alles* ***Fettgedruckte*** *und alles Kursivgedruckte und zählen Sie die Abschnitte. Welche Bedeutung haben Fett- und Kursivdruck für Sie, wenn Sie sich Notizen machen wollen?*

Messe

Die **Messe** bietet ein *umfassendes Angebot eines oder mehrerer Wirtschaftszweige* und findet im Allgemeinen *in regelmäßigen Zeitabständen am gleichen Ort* statt. Wesentliches Merkmal der Messe ist der *Verkauf aufgrund von Mustern für den Wiederverkauf oder für eine gewerbliche Verwendung*. Auf der Messe haben Aussteller und Kunden die Möglichkeit des Waren- und Preisvergleichs, der Information und der Kontaktaufnahme. Der Zutritt zur Messe ist grundsätzlich dem Fachbesucher vorbehalten.

Beispiele:

1. **Mehrbranchenmessen:** Internationale Frankfurter Messe, Frankfurt (Main); HANNOVER MESSE, Hannover; Leipziger Messe, Leipzig.
2. **Fachmessen:** Internationale Lederwarenmesse, Offenbach; Spielwarenmesse International ToyFair, Nürnberg; ISPO – Internationale Fachmesse für Sportartikel und Sportmode, München.

Kaufmännische Betriebslehre, S. 360

b *Der folgende Text ist nicht in Abschnitte eingeteilt, hat keinen Fett- oder Kursivdruck, d.h. er hat kein Layout. Wie lautet die Überschrift, in wie viele Abschnitte könnte man ihn einteilen und welche Begriffe würden Sie fett drucken?*

____

Unter Märkten im umgangssprachlichen Sinne versteht man genau bestimmte Orte, an denen sich zu bestimmten Zeiten Verkäufer und Käufer treffen, um Geschäfte über „ortsanwesende“ Waren abzuschließen. Der Großmarkt beliefert gewerbliche Wiederverkäufer, gewerbliche Verbraucher oder Großabnehmer mit landwirtschaftlichen Erzeugnissen, Südfrüchten und Blumen von Erzeugern, Großhändlern und Importeuren. Der Wochenmarkt versorgt die städtische Bevölkerung vorwiegend mit Produkten der Landwirtschaft. Der Verbraucher hat die Möglichkeit, unmittelbar beim Erzeuger frische Lebensmittel zu kaufen. Der Jahrmarkt wird an bestimmten Tagen des Jahres abgehalten (Ostermarkt, Martinimarkt), auf dem vor allem Wanderhändler ihre Waren anbieten. Spezialmärkte bieten nur eine bestimmte Art von Erzeugnissen an (Vieh- und Pferdemarkt, Hopfenmarkt, Fischmarkt, Blumenmarkt). Darüber hinaus entwickeln sich „Marktplätze“, auf denen Anbieter und Verbraucher im Internet Waren anbieten und nachfragen (B2C – business to customer; C2C customer to customer).

Kaufmännische Betriebslehre, S. 359

LernTipp

Überschrift, Abschnitteinteilungen, Fett- und Kursivdruck beim Lesen als Verstehenshilfe, beim Lernen für Notizen nutzen.

c *Bei welchen Lesestilen sind Fett- und Kursivdruck, große und kleine Schrifttypen besonders hilfreich?*

d *Bei der Aufgabe 6b auf Seite 19 haben Sie sich bereits mit dem Inhalt des Fachbegriffes „Markt“ beschäftigt. Der Text der Aufgabe 9b enthält eine Definition von Markt „im umgangssprachlichen Sinn“. Was ist darunter zu verstehen und wie beurteilen Sie diese Definition und den Text? (Vgl. dazu auch S. 42.)*

RITTER SPORT
Über uns

Unsere Geschichte fängt da an, wo die meisten Liebesfilme aufhören: Bei der Ehe.

Im Folgenden finden Sie einen Auszug aus der Firmengeschichte von RITTER SPORT. Dieses Unternehmen ist für das Lehrbuch von besonderer Bedeutung. Es wird Sie nämlich durch die einzelnen Kapitel begleiten. Aus unterschiedlichen Perspektiven werden Sie immer wieder Neues an diesem Beispiel aus der Praxis erfahren.

10 a *Alle Aussagen sind richtig. Gehen sie aus dem Text RITTER SPORT hervor?*

		Ja	Nein
1	Das Unternehmen RITTER SPORT ist ein Familienunternehmen.	☐	☐
2	Die Gründung von RITTER SPORT erfolgte 1912.	☐	☐
3	Standort und Produktionsstätte von RITTER SPORT ist seit 1930 Waldenbuch bei Stuttgart.	☐	☐
4	1932 erhält die RITTER SPORT Schokolade die noch heute typische quadratische Form.	☐	☐
5	Die Produkte des Unternehmens führen den Markennamen RITTER SPORT.		
6	Die Verwendung von Markenzeichen garantiert dem Verbraucher gleichbleibende Qualität der Erzeugnisse.	☐	☐
7	Das Unternehmen bewirbt die Marke RITTER SPORT mit dem Slogan „Quadratisch. Praktisch. Gut."	☐	☐
8	RITTER SPORT vertreibt seine Schokolade weltweit.	☐	☐

RITTER SPORT
Aus der Geschichte

1912
Das Jahr der Firmengründung. Alfred Ritter und Clara Ritter, geborene Göttle, heiraten in Bad Cannstatt. Sie eröffnen nach der Hochzeit den gemeinsamen Betrieb in der Inneren Moltkestraße in Bad Cannstatt.

1930
Die räumlichen Verhältnisse in Bad Cannstatt ließen eine weitere Entwicklung der Firma nicht zu. Trotz der schweren Wirtschaftskrise erfolgt der Umzug in das idyllische Waldenbuch. Die fachkundigen und eingearbeiteten Mitarbeiterinnen und Mitarbeiter werden täglich mit dem Bus von Bad Cannstatt nach Waldenbuch und zurückgefahren.

1932
Das Schokoladenquadrat wird aus der Taufe gehoben. Clara Ritters Vorschlag, eine quadratische Schokoladentafel zu produzieren, fand im Familienkreis schnell Zustimmung.
Ihr Argument: „Machen wir doch eine Schokolade, die in jede Sportjackettasche passt, ohne dass sie bricht, und das gleiche Gewicht hat wie die normale Tafel."
Das Schokoladenquadrat bekam den Namen Ritter's Sport Schokolade.

1970
Die Firma wächst von regionaler zu nationaler Bedeutung. Erstmals wird RITTER SPORT bundesweit im Fernsehen beworben. Es entsteht die Marke RITTER SPORT und der dazugehörige Slogan „Quadratisch. Praktisch. Gut."

1998
RITTER SPORT überschreitet erstmals in seiner Geschichte mit einem Umsatz von 507 Mio. DM die halbe Milliarde-Grenze. Es wird ein Marktanteil im Lebensmittelhandel bei 100g-Tafelschokolade von 22% erreicht.

http://www.ritter-sport.de/#/de_DE/company/history/
Letzter Zugriff: 28. 08. 2008

FORTSETZUNG FOLGT

10 **b** *Was hat Ihnen beim Lösen der Aufgaben 2 bis inkl. 10a (S. 12–23) geholfen? Geben Sie die Seitenzahlen an. Arbeiten Sie mit Ihrem Nachbarn zusammen und stellen Sie Ihre Ergebnisse im Plenum vor.*

	Seite
1 Zahlen und Daten	______
2 Formeln und Symbole	______
3 Maßeinheiten und Größen	______
4 Bilder und grafische Darstellungen	______
5 Namen von Orten, Personen, Institutionen etc.	______
6 Wörter, die Ähnlichkeit mit solchen in Ihrer Muttersprache aufweisen	______
7 Internationalismen	______
8 Wörter, die Ähnlichkeit aufweisen mit Wörtern aus dem Englischen, Französischen oder einer anderen Fremdsprache	______
9 Wörter, die Sie in diesem Kapitel bereits gelernt haben	______
10 Ihr Fachwissen	______
11 Kontext, Textablaufschema	______
12 Ihr allgemeines Wissen und Ihre Erfahrungen	______
13 Das Layout: Überschriften, Abschnitteinteilung, Fett- und Kursivdruck	______

Im Rahmen Ihrer Ausbildung und im Beruf lernen Sie immer wieder neue deutsche Firmen kennen, die sich in der Regel im Internet präsentieren. Im Folgenden finden Sie ein klassisches Beispiel dafür, welche Informationen Unternehmen in der Regel immer präsentieren.

11

a *Verschaffen Sie sich einen Überblick: Ergänzen Sie das folgende Gliederungsschema mithilfe des Internettextes „Osram". Vergleichen Sie Ihre Ergebnisse im Plenum.*

Name der Firma: . . . .
Markenname: . . . .
Tochterunternehmen von: . . . .
Firmensitz: . . . .
Gründung: *1906 als Deutsche Glühlichtanstalt*
Umsatz 2006/2007: . . . .
Betriebsgewinn: . . . .
Beschäftigte 2006: . . . .
Standorte weltweit: . . . .
Stellung auf dem Weltmarkt: . . . .
Ausgaben für Forschung und Entwicklung: . . . .
Produkte: . . . .

Osram bezeichnet sowohl einen Marken- als auch einen Firmennamen. Die **Osram GmbH** mit Sitz in München ist seit 1978 ein 100%iges Tochterunternehmen der Siemens AG, das unter dem Markennamen **OSRAM** Leuchtmittel herstellt.

Osram heute

Osram erzielte im Geschäftsjahr 2006/2007 (1. Oktober 2006 bis 30. September 2007) mit 38.000 Beschäftigten in 49 Werken weltweit einen Umsatz von 4,7 Milliarden Euro und ist somit neben dem niederländischen Philips-Konzern und dem US-amerikanischen General Electric-Konzern einer der drei weltweit führenden Leuchtmittelhersteller. *Osram* erreichte einen Betriebsgewinn von 465 Millionen Euro, was einer Umsatzrendite von 10,8% entsprach. Jährlich investiert *Osram* nach eigenen Angaben rund 5% des Umsatzes in Forschung und Entwicklung. Nur noch 3% des Jahresumsatzes entfallen auf klassische Glühlampen, während 40% aller Erlöse auf Innovationen der letzten fünf Jahre beruhen. Die von *Osram* hergestellten Optochips, aber auch Leuchtdioden oder die Entkeimung von Trinkwasser durch ultraviolettes Licht sind Beispiele für diese modernen Produkte. *Osram* ist Pionier auf dem Gebiet der Energiesparleuchten. Durch elektronische Vorschaltgeräte wird die Lebensdauer des Leuchtmittels verdoppelt und der Energieverbrauch um nahezu ein Drittel reduziert. *Osram* ist weltweit führender Hersteller von Kinobeleuchtungen, wofür er bereits zwei Oscars erhielt und Marktführer im Bereich Lampen und Leuchtdioden für Kraftfahrzeuge.

http://de.wikipedia.org/wiki/Osram
Letzter Zugriff: 29. 01. 2009

OSRAM OSRAM

11 **b** *Welchen Lesestil haben Sie angewendet?*

11 **c** *Was hat Ihnen bei der Lösung der Aufgabe geholfen? Kreuzen Sie an.*

- ☐ Zahlen und Fakten
- ☐ Ortsnamen
- ☐ Eigennamen
- ☐ Größenangaben
- ☐ Fett- und Kursivdruck, Unterstreichungen
- ☐ Internationalismen
- ☐ Ihr Fachwissen
- ☐ Ihr allgemeines Wissen
- ☐ Gliederungsschema

! Merke

Man muss nicht jedes Wort verstehen, um einem Text wichtige Informationen zu entnehmen.

D Lerntipps zum Hören

Im Gegensatz zu den Lesetexten sind die Hörtexte in diesem Lehrbuch in der Regel keine Originaltexte, sondern von professionellen Sprechern gesprochene Sachtexte oder Gespräche, die dem Hörverstehen dienen. Die CD ist das Piktogramm für das Hören.

Track xy

Hörstile

So wie beim Lesen Lesestile angewendet werden, werden auch beim Hören bestimmte Stile praktiziert, z.B. bei den Nachrichten: Ausblenden der Nachrichten, Warten auf die Wettervorhersage: **Selektives Hören**, bei einer Fußballreportage: **Kursorisches Hören**, Quizsendungen: **Totales Hören**.

Hörstrategien

Lesestrategien wie Konzentration auf Namen, Zahlen, Orte, Internationalismen etc, können Sie z.T. auch beim Hören nutzen. Wichtig beim Hörverstehen ist auch, dass man sich die Situation bewusst macht, wie z.B. die Erklärung einer Aufgabenstellung durch den Ausbilder, Bewerbungsgespräch, Vorstellung eines Produktes auf einer Messe. Auch die Inhaltspunkte einer Firmenpräsentation (vgl. S. 118) helfen Ihnen, wenn Sie das Firmenvideo beim Besuch eines deutschen Unternehmens verstehen wollen.

info

LernTipp

Aktivieren Sie Ihr Vorwissen, sobald Sie wissen, welches Thema der folgende Hörtext hat. Bearbeiten Sie eine Höraufgabe, indem Sie z.B. die Aussagen oder Fragen, die sich auf eine Aufgabe beziehen, immer vor dem Hören lesen.

RITTER SPORT

Die Produktpolitik

12 **a** *Machen Sie sich Notizen darüber, welche Informationen Sie über die Produkte von RITTER SPORT erwarten.*

12 **b** *Alle Aussagen sind richtig. Gehen sie aus dem Hörtext hervor?*
Vergleichen Sie Ihr Ergebnis mit Ihrem Nachbarn und stellen Sie es im Plenum vor.

Track 1

		Ja	Nein
1	Alfred Ritter und Clara Ritter, geborene Göttle, gründen 1912 die Schokoladen- und Zuckerwarenfabrik in Bad Cannstatt bei Stuttgart.	☐	☐
2	Seit 1932 gibt es das Schokoladenquadrat.	☐	☐
3	1960 entscheidet sich Alfred Ritter für eine Konzentration auf das Schokoladenquadrat und verdoppelt bei konstanter Mitarbeiterzahl dadurch das Produktvolumen.	☐	☐
4	1970 entsteht die Marke RITTER SPORT und der dazu gehörende Slogan „Quadratisch. Praktisch. Gut."	☐	☐
5	1974 wird die bunte Palette eingeführt, für jede Sorte eine Farbe.	☐	☐
6	Die Verkaufspackungen von RITTER SPORT können voll recycelt werden.	☐	☐
7	1982 kommt RITTER SPORT Mini auf den Markt.	☐	☐
8	1998 hat RITTER SPORT im Lebensmittelhandel bei 100g-Tafelschokolade einen Marktanteil von 22% erreicht.	☐	☐
9	1999 erweitert RITTER SPORT sein Angebot an RITTER SPORT Quadraten um RITTER SPORT Diätschokoladen in vier Geschmacksrichtungen.	☐	☐

➡ FORTSETZUNG FOLGT

12 **c** *Welchen Hörstil haben Sie angewendet? Was hat Ihnen beim Verstehen des Hörtextes geholfen? Vergleichen Sie Ihre Ergebnisse mit Ihrem Nachbarn und stellen Sie sie im Plenum vor.*

12 **d** *Welche Ihrer Erwartungen wurden in dem Text berücksichtigt?*

LernTipp

Das wichtigste Training Ihres Hörverstehens findet in Ihrer Klasse / in Ihrem Kurs statt. Nehmen Sie die Chance wahr, nicht nur Ihrem Lehrer oder Ihrer Lehrerin zuzuhören, sondern auch Ihren Kolleginnen und Kollegen: Ihrem Team. Das Diskutieren der Lösungsergebnisse ist ohne „aktives" Zuhören nicht möglich. Nutzen Sie die Möglichkeit, Ihre Handlungskompetenz in diesem Bereich zu testen und auszubauen.

! Merke

Teamfähigkeit heißt vor allem auch zuhören können.

E Lerntipps zum Sprechen

Bei der Beurteilung der fremdsprachlichen Kompetenz, z.B. bei Bewerbungen (vgl. Lektion 6, S. 174), unterscheidet man nach dem Gemeinsamen europäischen Referenzrahmen (GeR) „an Gesprächen teilnehmen können" und „zusammenhängend sprechen können". Im Lehrbuch werden beide Fertigkeiten geübt.

An Gesprächen teilnehmen können

Diese Fähigkeit wird in jeder Stunde des Unterrichts in unterschiedlichen Konstellationen, nämlich zu zweit, in Kleingruppen, im Plenum und bei den Spielen mit jeweils neuen Inhalten geübt.
Ein erstes Beispiel zu Gesprächen in der Kleingruppe haben Sie bei der Auswahl der Geburtstagsgeschenke bereits kennen gelernt (vgl. S. 14).

13 **a** *Sie und Ihre Kolleginnen und Kollegen haben bereits mehrere Male Ergebnisse bzw. Lösungen von Aufgaben im Plenum vorgestellt. Dabei haben sich Gespräche zwischen Ihnen und Ihren Kolleginnen und Kollegen ergeben. Überlegen Sie, welche Situationen es gab und wie Sie sprachlich agiert haben. Notieren Sie mit Ihrem Nachbarn zusammen Formulierungen, die Sie in folgenden Situationen genutzt haben. Vergleichen und ergänzen Sie Ihre Notizen im Plenum.*

(Die angeführten Beispiele kommen aus der Unterrichtspraxis. Sie wurden von den Teilnehmern einer internationalen Klasse von Abiturienten beim Einstieg in die Diskussionsführung genutzt.)

1 **zur Einleitung:**
z.B. Unsere Aufgabe war,… *oder* . . . .

2 **zur Vorstellung des Ergebnisses:**
z.B. Unsere Lösung ist … *oder* . . . .

3 **zur Begründung des Ergebnisses:**
z.B. Wir haben … und … gefunden… *oder* . . . .

4 **zur Eröffnung der Diskussion im Plenum:**
z.B. Seid Ihr mit unserer Lösung einverstanden? *oder* . . . .

5 **zum Abschluss der Diskussion:**
z.B. Dann können wir festhalten, dass … *oder* . . . .

LernTipp

Scheuen Sie sich nicht, einfache Formulierungen in der Diskussion im Plenum zu nutzen und zunächst auch zu wiederholen.

13

b *Die meisten Diskussionen über Lösungen verlaufen ähnlich, wie in den Beispielen von Aufgabe 13a angezeigt. Welche der folgenden Formulierungen könnten Sie nutzen, wenn unterschiedliche Lösungen zur Diskussion stehen und Sie und Ihre Kolleginnen und Kollegen Argumente für Ihre Lösungen vorbringen müssen?*

(Auch diese Formulierungen stammen aus der genannten internationalen Klasse.)

- ☐ **1** In unserer Arbeitsgruppe haben wir folgende Lösung gefunden: …
- ☐ **2** Damit sind wir nicht einverstanden.
- ☐ **3** Unsere Arbeitsgruppe ging von … aus und kam dann zu dem Schluss, dass …
- ☐ **4** Lasst uns noch einmal in den Text schauen, insbesondere Abschnitt 2, Zeile 3 …
- ☐ **5** Wie seid Ihr zu Eurem Ergebnis gekommen?
- ☐ **6** Die Abbildung zeigt uns, dass …
- ☐ **7** Vielleicht vergleichen wir erst die Punkte, die wir gemeinsam haben.
- ☐ **8** Am besten fragen wir jetzt unsere Lehrerin/unseren Lehrer.
- ☐ **9** Ich glaube, wir haben uns geirrt.
- ☐ **10** Ihr habt uns von Eurer Lösung überzeugt.
- ☐ **11** Das war ein großer Erfolg.

!

Merke

Ergebnisse der Arbeit im Unterricht vorstellen, mit anderen diskutieren und gemeinsam Lösungen aushandeln, sind eine wichtige Vorübung zur Bewältigung unterschiedlicher Situationen in Ausbildung und Beruf.

Eine Diskussion in der Klasse leiten können

13

c *Wenn Sie Ihre oder die Ergebnisse Ihrer Gruppe im Plenum vorstellen und im Rahmen dieser Präsentation mit Ihren Kolleginnen und Kollegen diskutieren, übernehmen Sie automatisch die Diskussionsleitung. Lesen Sie noch einmal die Aussagen von Aufgabe 13a und 13b und die Beispielsätze in den Sprachbaukästen auf S. 14f. Notieren Sie Formulierungen, die Sie als Diskussionsleiter nutzen können, um*

a) Einleitungen zu formulieren: . . . .
b) den Abschluss der Diskussion zu formulieren: . . . .
c) Begründungen zu formulieren: . . . .
d) auf Textstellen, Abbildungen zu verweisen: . . . .
e) Gemeinsamkeiten festzustellen: . . . .
f) Unterschiede zu benennen: . . . .
g) Lösungen zu beschreiben: . . . .
h) Einverständnis auszudrücken: . . . .
i) Ergebnisse und Meinungen zu erfragen: . . . .

Zusammenhängend sprechen können

Die Präsentation eines Unternehmens und die Präsentation von Produkten stehen im Zentrum der Lektion 4. Unabhängig davon werden in den einzelnen Lektionen immer wieder Themen vorgeschlagen, über die Sie referieren, damit Sie in Ausbildung und Beruf für diese Aufgaben vorbereitet sind.

14 **a** *In Prüfungsanforderungen für Auszubildende findet sich beispielsweise folgender Text zur Präsentation bzw. zu einem Vortrag mit anschließender Diskussion. Unterstreichen Sie die Informationen, die zur Bewertung des Vortrages herangezogen werden können.*

Präsentation
Der Prüfling stellt in einem Vortrag ggf. unter Nutzung von Hilfsmitteln einen berufstypischen Sachverhalt, berufliche Zusammenhänge oder die Lösung einer vorab gestellten Aufgabe dar und beantwortet ggf. auf den Vortrag bezogene Verständnisfragen. Gegenstand der Bewertung können z.B. fachliche und kommunikative Kompetenzen, die Form der Darstellung und die Präsentationstechnik sein. Die Präsentation wird vom gesamten Prüfungsausschuss abgenommen.

http://www.bibb.de/dokumente/pdf/pressemitteilung_2_2007_anlage_empfehlung_ha.pdf
Letzter Zugriff: 29. 02. 2008

14 **b** *Ihr Freund ist in der Süßwarenbranche Ihres Heimatlandes beschäftigt. Er und einige seiner Kolleginnen und Kollegen sind an der erfolgreichen Produktpolitik von RITTER SPORT interessiert und bitten Sie, in einem kleinen Kreis informell über die wichtigsten Schritte in der Entwicklung dieser Politik zu berichten.*

1. *Machen Sie sich anhand der Aufgaben 10 und 12 (S. 22–26) Notizen zu den einzelnen Schritten der Entwicklung.*
2. *Ordnen Sie passende Verben zu.*
3. *Suchen Sie Abbildungen heraus.*
4. *Üben Sie mit Ihrem Nachbarn das Kurzreferat.*
5. *Präsentieren Sie in der Gruppe.*

14 **c** *Achten Sie bei Ihrem Vortrag auf folgende Punkte der Checkliste „Regeln für den Vortrag eines Referates" und bitten Sie Ihre Kolleginnen und Kollegen um Rückmeldung zu Ihrem Vortrag.*

Regeln für den Vortrag eines Referates
- möglichst frei sprechen
- langsam, laut und deutlich reden
- Pausen einbauen
- Stimmlage variieren
- auf Körperhaltung achten
- Blickkontakt zu Zuhörern halten
- nicht gegen die Tafel sprechen

Mechatronik, S. 78

Merke
Offizielle Referate, z.B. für eine Prüfung oder offizielle Präsentation vor einem größeren Publikum, werden – auch von Muttersprachlern – schriftlich vorbereitet.

F Lerntipps zum Schreiben

Die Texte, die Sie mithilfe der Informationen und Übungen in diesem Buch schreiben sollen, entsprechen den Texten, die Sie in Ausbildung oder Praktikum schreiben müssen. Die meisten dieser Texte sind sehr stark formalisiert, oft bestehen sie aus Formblättern oder Textbausteinen in einer festgelegten Abfolge. Sie sind sehr oft im Präsens formuliert. Der Sachverhalt kann einfach ausgedrückt sein, aber so, dass er unter allen Umständen richtig ist.

15 a *Überlegen Sie zusammen mit Ihrem Nachbarn, was Sie im Rahmen Ihrer Ausbildung, Ihres Praktikums in einem deutschsprachigen Land schreiben müssen. Kreuzen Sie die entsprechenden Aktivitäten an.*
Arbeiten Sie mit Ihrem Nachbarn zusammen und stellen Sie Ihre Ergebnisse im Plenum vor.

- ☐ Prüfungsaufgaben beantworten
- ☐ Bewerbungsschreiben formulieren
- ☐ Tabellen und Diagramme beschreiben
- ☐ Berichtshefte führen
- ☐ Formulare ausfüllen
- ☐ Checklisten ergänzen
- ☐ Lebenslauf schreiben
- ☐ Notizen machen
- ☐ eine Präsentation schriftlich ausformulieren
- ☐ ein Telefongespräch schriftlich vorbereiten
- ☐ einen Aufsatz über Ihre Ferienerlebnisse schreiben
- ☐ Wartungs- und Reparaturarbeiten dokumentieren
- ☐ Geschäftsbriefe schreiben
- ☐ Protokolle schreiben
- ☐ Memos verfassen

Schreiben dient einerseits dem Verfassen von Texten für andere Leser. Andererseits ist es eine Hilfe für einen selbst, zum Beispiel zur Vorbereitung von Telefongesprächen, Präsentationen etc. Das Lehrbuch widmet sich beiden Fertigkeiten.
In den Sprachbaukästen geben wir Ihnen Beispiele für die spezifischen sprachlichen Mittel, die Sie zum Schreiben von Texten brauchen, wie z. B. Satzanfänge, Satzübergänge oder charakteristische Textabläufe.

Berichtshefte führen

„Berichtshefte führen" ist eine in Ausbildung und Praktikum wichtige Aktivität. Das Berichtsheft besteht aus einzelnen „Ausbildungsnachweisen", die schriftlich oder Online ausgefüllt werden können. Dass man als Nicht-Deutschsprachiger keine Angst davor zu haben braucht, beweist Ihnen das folgende Beispiel auf Seite 31. (Zur Ausbildung in Deutschland vgl. S. 160 ff.)

15

b *Analysieren Sie mit Ihrem Nachbarn den abgedruckten Ausbildungsnachweis mithilfe folgender Fragen:*

1 Was enthält der Ausbildungsnachweis?
2 Welche sprachlichen Kenntnisse sind erforderlich, um ihn auszufüllen?

Ausbildungsnachweis	Nummer 1	für Woche vom/bis 03. 08. – 08. 08. 2009
	Betriebliche Tätigkeit: (Unterweisungen und Lehrgespräche, betrieblicher Unterricht sowie zusätzliche Fachberichte. Hierfür kann auch die Rückseite benutzt werden.) Berufsschule auf den Berufsschultag eintragen mit Fächern, behandeltem Unterrichtsstoff und Stunden.	Stunden
Montag	Auftragsbestätigung geschrieben Rechnungen geschrieben Rechnungen abgelegt Mahnungen geschrieben	2 3 1 2
Dienstag	Posteingang und -ausgang erledigt Telefondienst: Anfragen beantwortet Kundenkartei aktualisiert Lieferscheine abgelegt Neue Ordner angelegt	1 3 1/2 4 1 1/2
Mittwoch	Berufsschule Allgem. Wirtschaftslehre: Beschaffungswesen Rechnungswesen: Einführung in die Systematik Informationsverarbeitung: Aufbau und Funktion eines Datenverarbeitungssystems	 2 2 2
Donnerstag	Neue Waren ausgepackt und kontrolliert Mithilfe bei der Auszeichnung Waren im Lager einsortiert	5 1/2 1 2 1/2
Freitag	Lieferscheine kontrolliert und abgelegt Postausgang erledigt Werbeschreiben für Kunden auf PC erstellt Bankbelege und Überweisungen zur Verbuchung vorsortiert	1 1/2 1 1 1/2 3
Samstag	- frei -	

Datum und Unterschrift des Ausbildenden/Ausbilder:	Datum und Unterschrift des Auszubildenden:	Datum und Unterschrift des/der Erziehungsberechtigten:	Gesamtstunden
10. 8. 2009 P. Felger	9. 8. 2009 Bettina Frisch	9. 8. 2009 R. Frisch	40

Ausbildungsnachweis, Handwerkskammer Konstanz

15 **c** *Blättern Sie durch die Seiten der Vorlektion und notieren Sie die Aufgaben, die Notizen oder Stichpunkte verlangen. Wozu dienen sie?*
Arbeiten Sie mit Ihrem Nachbarn zusammen und stellen Sie Ihre Ergebnisse im Plenum vor.

! **Merke**

Eine wichtige Technik, Informationen zu dokumentieren, besteht darin, stichwortartig Notizen zu machen. Sie müssen kurz, präzise und eindeutig sein. Zur Dokumentation von Tätigkeiten dient das Nomen mit dem Partizip Perfekt wie z.B. „Lieferschein abgelegt".

Texte schreiben

Eine wichtige Voraussetzung für das Schreiben von Texten ist die Abgrenzung des Themas. Das ist besonders wichtig bei Prüfungen.

16 **a** *Im Folgenden finden Sie einige Beispiele für typische Aufgabenstellungen aus der Schule. Wie müssen Sie darauf reagieren? Ergänzen Sie die Tabelle.*

Was wird gefragt? Aufgabenstellungen	Wie wird geantwortet? Reaktionen
1 Nennen Sie Beispiele für …	....
2 Wie beurteilen Sie …	....
3 Worin besteht der Unterschied zwischen …	....
4 Was versteht man unter …	....
5 Vergleichen Sie x mit y	....

x und y haben … gemeinsam / x und y unterscheiden sich in … .
Unter … versteht man … .
Beispiele sind: …
Vor- und Nachteile sind … .
Der Unterschied besteht in … / darin, dass …

! **Merke**

Die Fähigkeit zu definieren, zu vergleichen, zu beurteilen, zu beschreiben, zu interpretieren, ist für das Schreiben vieler Texte von Nutzen. (Übungen mit entsprechenden Sprachbaukästen finden Sie in den Lektionen 1, 2 und 3).

Eine weitere Voraussetzung für das Schreiben von Texten ist das Sammeln und Ordnen der Inhaltspunkte. Viele Texte, die Sie während der Ausbildung und später im Beruf schreiben (oder vortragen) müssen, zeichnen sich dadurch aus, dass die Punkte, die zu behandeln sind, und ihre Reihenfolge festgelegt sind. Das gilt zum Beispiel für die Firmen- und Produktpräsentation, die in Lektion 4 behandelt werden.

16 **b** *Lesen Sie das von Ihnen ergänzte Gliederungsschema (S. 24 Aufgabe 11a) mit Informationen zur Firma Osram, ordnen Sie den einzelnen Punkten passende Verben zu und erstellen Sie dann einen Text zur Firma Osram. Tauschen Sie mit Ihrem Nachbarn die Texte aus und korrigieren Sie sich gegenseitig.*

LernTipp

LernTipp

Sammeln Sie, bevor Sie mit dem Schreiben beginnen, alle für den Text erforderlichen Inhaltspunkte und bringen Sie sie in eine sinnvolle Reihenfolge.

Gut und sorgfältig formulierte Texte mit vorgegebenem Layout sind Briefe.
Im Gegensatz zu individuellen Briefen sind Geschäftsbriefe nach DIN (Deutsche Industrienorm) genormt. Das macht es möglich, Textbausteine zu unterschiedlichen Anlässen wie z.B. Einladung zur Messe, Antwort auf Beschwerden etc. zu nutzen.

G Wortschatz erwerben und behalten

Dieses Buch enthält viele Fachwörter, die Sie in Ausbildung und Praktikum brauchen. Lassen Sie sich davon nicht abschrecken, auch wenn Sie sie nicht kennen. Sie verfügen über viele Entschlüsselungsstrategien! Stellen Sie zunächst fest, ob Sie das unbekannte Wort zur Lösung Ihrer Aufgabe brauchen. Wenn ja, überprüfen Sie, ob Sie es entschlüsseln können.
Ihr Allgemeinwissen, Ihre Erfahrung und Ihr Fachwissen helfen Ihnen dabei.

17 **a** *Eine wichtige Form der Entschlüsselung erfolgt über Text und Abbildung. Erschließen Sie mithilfe der Tabelle und der Abbildung, was „frei Waggon" bedeutet.*

Es kann vereinbart werden	Lieferungsbedingung
1. Der **Käufer** trägt alle Versandkosten:	ab Werk, ab Lager
2. Der **Verkäufer** trägt alle Versandkosten:	frei Haus, frei Lager, frei Werk
3. **Käufer** und **Verkäufer** teilen sich die Kosten; der **Verkäufer** trägt	
– die Kosten für Anfuhr bis zum Versandunternehmen:	unfrei, ab hier
– die Kosten für Anfuhr und Verladung:	frei Waggon, frei Binnenschiff
– die Kosten für Anfuhr, Verladung und Fracht bis Bestimmungsbahnhof:	frei, frachtfrei, frei Bestimmungsort
4. Besondere Lieferbedingungen im Außenhandel (Abschnitt 12.6.6).	

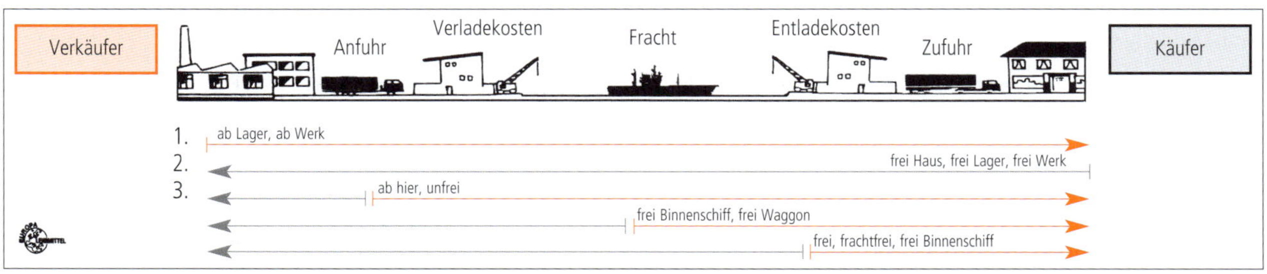

Üblicherweise übernimmt entweder der Käufer oder der Verkäufer die gesamten Versandkosten.

Kaufmännische Betriebslehre, S. 199

17 **b** *Wie sind Sie vorgegangen? Was hat Ihnen besonders geholfen? Arbeiten Sie mit Ihrem Nachbarn zusammen und stellen Sie Ihr Ergebnis im Plenum vor.*

Erschließung von Wortbedeutungen

Sie haben in der Vorlektion einige Strategien, wie in Aufgabe 17a, bei der Erschließung von Wortbedeutungen angewendet und auf diese Weise Fachbegriffe verstanden und gelernt. Hier finden Sie eine Zusammenstellung besonders wichtiger Strategien.

Definition Markt, der, ″-e *Sie erfahren, was Markt ist über eine Definition.*	Unter Markt versteht man jeden ökonomischen Ort des regelmäßigen Zusammentreffens von Angebot und Nachfrage.
Exemplifizierung Fixkosten, die (Pl.)	z.B. Miete, Gehälter etc., die ein Unternehmen regelmäßig zahlt.
Sie erfahren durch Beispiele, was der Begriffsinhalt des Fachbegriffs Fixkosten ist.	
Synonym Kunststoff, der, -e	Plaste, Plastik
Sie erfahren, was ein Kunststoff ist, durch Gleichsetzung mit einem Fachbegriff gleicher Bedeutung.	
Antonym Export, der, -e	Gegenteil von Import
Sie erfahren den Begriffsinhalt durch einen Begriff mit entgegengesetzter Bedeutung.	
Symbole, Einheiten, Abbildungen elektrische Spannung, die, -en	Symbol U, Messeinheit Volt V
Sie erfahren über Symbole, Abbildungen und/oder Einheiten den Begriffsinhalt des Fachwortes.	
Zerlegung eines zusammengesetzten Wortes Naturschutzgesetz, das, -e	Gesetze zum Schutz der Natur
Sie können den Inhalt des Fachwortes durch die Zerlegung des zusammengesetzten Wortes erschließen. Dies ist aber bei sehr vielen zusammengesetzten Wörtern nicht möglich, da die Teile zu einem Wort verschmolzen sind, das eine neue Bedeutung hat (z.B. Arbeitnehmer ist nicht jemand, der Arbeit "nimmt", sondern jemand, der einen Arbeitsvertrag hat und nicht selbstständig arbeitet).	

Nach: Wirtschaftsdeutsch von A–Z, S. 38

18 a *Um welche Art der Entschlüsselung handelt es sich bei folgenden Beispielen?*
Arbeiten Sie mit Ihrem Nachbarn zusammen und stellen Sie Ihre Ergebnisse im Plenum vor.

1 **Hilfsstoff, der, -e** z.B. Reinigungsmittel, Schleifmittel: . . . .
2 **Qualitätsprüfung, die, -en** Prüfung der Qualität: . . . .
3 **Marktforschung, die, -en** systematische Untersuchung der Märkte: . . . .
4 **Einnahme, die, -n** Ausgabe: . . . .
5 **Arbeitsregel, die, -n** Regeln, die bei der Arbeit zu beachten sind: . . . .
6 **Schadensursache, die, -n** Ursache von Schäden: . . . .
7 **elektrische Strom, der, ″-e** Symbol I, Messeinheit Ampere A: . . . .
8 **Versteigerung, die, -en** Auktion: . . . .

18 **b** *Sie haben in den Aufgaben 17a und 17b die Bedeutung des Ausdrucks „frei Waggon" mithilfe der Abbildung entschlüsselt, mit Ihrem Nachbarn darüber gesprochen und die Ergebnisse im Plenum verglichen. Warum werden Sie sie nicht so schnell vergessen? Welche der folgenden 6 Möglichkeiten, sich etwas einzuprägen, haben Sie im Verlauf des Unterrichtes genutzt?*

Wir behalten und nehmen auf:

10% von dem, was wir lesen.

20% von dem, was wir hören.

30% von dem, was wir sehen.

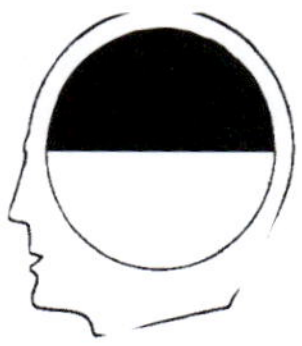

50% von dem,
was wir hören und sehen.

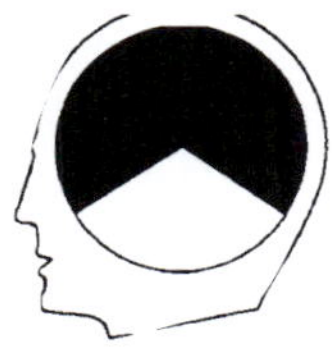

70% von dem,
was wir selbst sagen.

90% von dem,
was wir selbst tun.

! **Merke**

Eine wichtige Technik, Wörter zu behalten, besteht darin, Wörter zu einem bestimmten Bereich zu sammeln und zu ordnen. Dazu kann man beispielsweise Tabellen oder Flussdiagramme nutzen.

18 **c** *Ordnen Sie die folgenden Begriffe den passenden Bereichen zu.*

Abteilungsleiter – Absatzwege – Ausbilder – Besprechung – Geldbetrag – Geschäftsführung – Konto – Kredit – Kundendienst – Marktforschung – Messebericht – Personalpolitik – Produkt – Produktpolitik – Protokoll – Scheck – Telefonnotiz – Telefongespräch – Werbung

Marketing	Management	Bankwesen	Kommunikation im Büro

LernTipp

Wörter sammeln und ordnen bedeutet
Wörter besser lernen und behalten.

H Lerntipps zur Grammatik

Die meisten grammatischen Strukturen, die Sie zum Lesen und Schreiben von Fachtexten brauchen, kennen Sie bereits, wenn Sie mit diesem Buch beginnen. Diejenigen, die Sie darüber hinaus benötigen, vermittelt Ihnen dieses Buch. Das betrifft insbesondere die sprachlichen Mittel, die Sie benötigen, um fachlich angemessen kommunizieren zu können (Kommunikationsverfahren).

Da wir 90% von dem behalten, was wir selbst tun, wird in diesem Buch das S-O-S-Prinzip praktiziert:

S – **S**ammeln: Sie sammeln, unterstreichen und listen neue Formen auf.

O – **O**rdnen: Sie machen eine Tabelle und ordnen die Formen ein.

S – **S**ystematisieren: Sie vergleichen die Formen in der Tabelle und können schnell die Regel erkennen.

Die Phase des Sammelns beginnt in der Regel (i.d.R.) mit dem Lesen von Texten: Bestimmte Strukturen fallen Ihnen auf, mit denen Sie noch nicht vertraut sind.

Sammeln

19 a *Da das Sammeln von Beispielen für bestimmte grammatische Strukturen sehr zeitaufwändig ist, haben wir das „Sammeln" für Sie übernommen, indem wir Ihnen Teile eines möglichen Interviews vorgeben, das der Reporter Rau mit der Werbefachfrau Becker führt, der gerade eine Werbebroschüre für ein Unternehmen der Automobilindustrie erstellt. Um welches grammatische Thema handelt es sich? Unterstreichen Sie die entsprechenden Formen.*

R.: Woran arbeiten Sie gerade?
B.: An einer Werbebroschüre für einen Automobilhersteller.

R.: Von wem haben Sie den Auftrag erhalten?
B.: Von Frau Edler aus der Werbeabteilung.

R.: Worum geht es in der Broschüre?
B.: Um einen neuen Kombi.

R.: An wen verschicken Sie sie?
B.: An Autohändler und Privatkunden.

R.: Wozu wird die Broschüre noch gebraucht?
B.: Zu Repräsentationszwecken.

R.: Wodurch unterscheidet sie sich von anderen?
B.: Durch neue Drucktechniken.

R.: Woran kann man das erkennen?
B.: Vor allem an den Farben.

R.: Wonach haben Sie sich bei der Farbenwahl gerichtet?
B.: Nach der CI (Corporate Identity) der Firma.

R.: Worauf legen Sie bei der Arbeit besonders viel Wert?
B.: Auf Professionalität und Teamarbeit.

R.: Mit wem arbeitet die Firma zur Zeit zusammen?
B.: Mit vielen europäischen Zulieferern.

R.: An wen liefert sie das Auto?
B.: An Händler in der ganzen Welt.

R.: Und jetzt noch eine private Frage. Womit beschäftigen Sie sich selbst am liebsten?
B.: Mit Radsport.

Ordnen

19 **b** *Ergänzen Sie die Tabelle.*

Fragen nach Personen	Fragen nach Gegenständen

Systematisieren

19 **c** *Kreuzen Sie an.*

	wo + Präposition	Präposition + wem/wen
Frage nach Personen		
In allen anderen Fällen		

d *Was halten Sie von der S-O-S Methode? Welche sind die Vorteile, welche die Nachteile? Berichten Sie im Plenum.*

I Selbsteinschätzung/ Selbstbeurteilung

Unter dem Titel „Sich selbst einschätzen lernen“ (S.16) haben Sie schon erste Kannbeschreibungen kennen gelernt, Ihre Kompetenzen eingeschätzt und sich Ziele gesetzt. Dabei ging es um Ihre Lesekompetenz. In dieser Lektion war das Thema „An Gesprächen teilnehmen“ einer der Schwerpunkte. Deshalb bietet es sich an, dass Sie jetzt Ihre Gesprächsfähigkeit (Interaktion mündlich) beurteilen.

20 **a** *Kommentieren Sie die folgenden Kannbeschreibungen (Profile deutsch 2.0, S.116, 130, 152) durch Ihre persönlichen Anmerkungen, wie z.B. „Ja, das kann ich ...“, „Hier könnte ich besser werden ...“, „Da fühle ich mich noch unsicher“ oder ähnlichen Aussagen.*

An Gesprächen teilnehmen / Interaktion mündlich

Kann in direktem Kontakt mit einfachen Mitteln ein kurzes Gespräch beginnen, in Gang halten und beenden.

. . . .

Kann auf viele Fragen situationsangemessen reagieren und entsprechend Auskunft geben.

. . . .

Kann in Gesprächen über vertraute Themen einzelne Elemente zu einer zusammenhängenden Äußerung verbinden.

. . . .

Kann sich in vertrauten Situationen aktiv an informellen Diskussionen beteiligen, dabei Stellung nehmen und eigene Standpunkte darlegen.

. . . .

20 **b** *Besprechen Sie mit Ihrem Nachbarn Ihre und seine Einschätzung. Vielleicht haben Sie sich ja zu streng beurteilt.*

20 **c** *Sie haben die Aufgaben 3a–3d auf S. 14–15 dieser Lektion erfolgreich bearbeitet. Formulieren Sie, was Sie schon können und was Sie auf Grund der Gespräche in der Gruppe gewonnen haben.*

J Mit Sprache spielen

Mit Sprache spielen bedeutet in diesem Buch, mit Gedichten, Liedern, Redewendungen, Kreuzwort- und Gitterrätseln, Rollen- und Quartett-Spielen zu lernen.

Sprachspiele in der Werbung

a *Worauf spielt Ihrer Meinung nach RITTER SPORT mit dem Wort „Schoko-Laden" an? Recherchieren Sie mithilfe von Wörterbüchern und/oder Internet die Bedeutung des Wortes „Laden" und Ausdrücke wie „Tante Emma Laden", „Saftladen", „Versandhandel" bzw. „ladenloser Einzelhandel". Arbeiten Sie mit Ihrem Nachbarn zusammen und stellen Sie Ihre Ergebnisse im Plenum vor.*

b ***1*** *Was verbinden Sie mit dem Wort „fair"? Was bedeutet es und in welchem Umfeld wird es genutzt?*

2 *In Europa gibt es seit 1992 eine Bewegung von Kirchen, sozialen Einrichtungen etc., die sich "Transfair" nennt und mit dem Wort „Transfer" spielt. Heute spricht man generell von „Fair Trade". Was gehört Ihrer Meinung nach zu Fair Trade?*

3 *RITTER SPORT engagiert sich für fairen Handel mit fairen Preisen. Das können Sie am Projekt Cacaonica sehen, dessen Bedeutung Sie im Internet recherchieren können. http://www.ritter-sport.de/#/de_DE/company/cacaonica/*

Arbeiten Sie mit Ihrem Nachbarn zusammen und stellen Sie Ihre Ergebnisse im Plenum vor.

c *Kennen Sie ähnliche Beispiele in Ihrer Muttersprache?*

Umwelt als Thema in der Dichtung

d *Lesen Sie zunächst und hören Sie dann das Gedicht von Franz Hohler.*

Track 2

Papiergewissen
Jedesmal
wenn ich
eine Gratiszeitung
gelesen habe
gehe ich in den Wald
und entschuldige mich
bei den Bäumen

Anna Ryffel

e *Großer Wettbewerb für die Wandzeitung. Haben Sie eine Idee für ein ähnliches Gedicht?*

K Meine persönlichen Dateien: Sich an Diskussionen beteiligen

An dieser Stelle am Ende einer Lektion möchten wir Sie ermuntern, noch einmal durch die Lektion zu blättern und zu prüfen, was für Sie und Ihre Ziele in der deutschen Sprache von besonderer Bedeutung war. Wir empfehlen Ihnen, das in einem eigenen großen Heft mit viel Platz zusammenzustellen oder in einem speziellen Ordner in Ihrem PC unter einem passenden Dateinamen zu speichern.
Sie haben in der Vorlektion Redemittel gelernt und genutzt, die wichtig sind, um an Gesprächen und Diskussionen in Arbeitsgruppen teilnehmen zu können. Deshalb empfehlen wir Ihnen als Einstieg in die Arbeit mit einer Datei das Thema „Sich an Diskussionen beteiligen".
Um das Thema visuell gestalten zu können, haben wir uns eine Struktur überlegt, die unterschiedliche Situationen berücksichtigt. Sie können sie beliebig ergänzen und abändern.

Sich an Diskussionen beteiligen

1 Ergebnisse vorstellen

Muster: Wir haben folgende Lösung gefunden …
Meine Beispiele: . . . .

laufend ergänzen

2 Einem Ergebnis zustimmen

Muster: Das kann ich nur bestätigen.
Meine Beispiele: . . . .

laufend ergänzen

3 Eine Lösung ergänzen

Muster: Für diese Lösung spricht auch noch folgendes Argument.
Meine Beispiele: . . . .

laufend ergänzen

4 Ein Ergebnis bekräftigen

Muster: Ich stimme dir zu, möchte aber noch einen Punkt hinzufügen.
Meine Beispiele: . . . .

laufend ergänzen

5 Einwände erheben/widersprechen

Muster: Ich habe ein Problem mit deinem Lösungsvorschlag.
Meine Beispiele: . . . .

laufend ergänzen

Betriebe und Unternehmen

Einstieg

Fallbeispiel
Paul Olafson ist im letzten Jahr seiner kaufmännischen Ausbildung und macht sich Gedanken darüber, wo und wie das Unternehmen sein sollte, das ihm einen idealen Job anbieten könnte. Er macht sich eine Liste von wichtigen Punkten mit möglichen Alternativen wie z.B.:

1 Standort des Unternehmens im Heimatland, im Ausland, in einer Großstadt, einer Kleinstadt oder auf dem Land?
2 Großunternehmen mit vielleicht 1000 Mitarbeitern, mittleres Unternehmen mit 200, Kleinunternehmen mit 70 Mitarbeitern oder gar ein Kleinstunternehmen?
3 Ein regionales, nationales oder internationales Unternehmen?
4 Ein Dienstleistungsunternehmen (z.B. ein Theater) oder die kaufmännische Abteilung eines Sachleistungsunternehmens (z.B. Hersteller von Kosmetikartikeln)?
5 Ein Unternehmen, das vor allem auf schnelle Gewinne setzt oder ein Unternehmen mit einer Unternehmenskultur, die wirtschaftliche, soziale und ökologische Ziele vereint?
6 Ein Unternehmen mit einer streng hierarchisch ausgerichteten Organisationsstruktur oder ein Unternehmen, in dem man mit dem Chef reden kann?

Lesen Sie zusammen mit Ihrem Nachbarn die einzelnen Punkte und notieren Sie sich jeweils die Alternative, die Ihren Wünschen entspricht.
Stellen Sie Ihre Auswahl im Plenum vor. Nutzen Sie – falls erforderlich – die Redemittel im Sprachbaukasten.

Sprachbaukasten

Wir haben … gewählt.
Unser Unternehmen liegt/ist … .
… finden wir besser / … ziehen wir vor … .

A Betrieb, Unternehmen, Firma?

Fallbeispiel
Silvia aus Finnland macht ein Schülerpraktikum in Kiel. Sie wohnt bei Familie Rabe, mit deren Tochter Anna sie schon länger Kontakt hat. Abends beim gemeinsamen Essen berichten die Rabes von ihrem Arbeitsalltag. Vater Rabe arbeitet bei der Deutschen Bahn, die Mutter ist Kostümbildnerin beim Städtischen Theater, und der große Bruder macht eine Ausbildung zum Zweiradmechaniker in einer Fahrradwerkstatt. In den Erzählungen und Diskussionen geht es um „unsere Firma", „unser Betrieb" und um das „Unternehmen". Silvia fragt sich, ob die Begriffe gleichbedeutend sind bzw. wodurch sie sich unterscheiden. Sie schaut am nächsten Tag in ihrem Schulbuch nach und findet den untenstehenden Text.

1 **a** *Alle Aussagen sind richtig. Gehen sie aus dem Text hervor? Arbeiten Sie mit Ihrem Nachbarn zusammen und stellen Sie Ihre Ergebnisse im Plenum vor.*

		Ja	Nein
1	Die Begriffe „Unternehmen", „Firma" und „Betrieb" werden in der Umgangssprache als gleichbedeutend verwendet.	☐	☐
2	„Betrieb" ist ein Fachbegriff, der definiert ist.	☐	☐
3	Betriebe dienen der Leistungserstellung (Produktion) und dem Absatz.	☐	☐
4	„Unternehmen" und „Unternehmung" sind gleichbedeutend.	☐	☐
5	Die Deutsche Bahn AG ist eine Aktiengesellschaft (AG).	☐	☐
6	Die Begriffe „Unternehmen" und „Betrieb" gelten in der Fachliteratur in vielen Fällen als austauschbar.	☐	☐
7	„Firma" ist ein juristischer Fachbegriff für den gesetzlich vorgeschriebenen Namen eines Unternehmens.	☐	☐

In der Umgangssprache werden die Begriffe „Unternehmen" und „Firma" oft synonym für „Betrieb" verwendet. In der betriebswirtschaftlichen Fachterminologie haben diese Bezeichnungen jedoch andere Bedeutungen. Während „**Betrieb**" gemäß der Definition in erster Linie die Leistungserstellung und den Absatz einer planvoll organisierten Wirtschaftseinheit bezeichnet, bezieht sich „**Unternehmen**" auf die juristisch-finanzielle Einheit, die den Rahmen für die Leistungserstellung bildet. „**Firma**" dagegen ist der Fachbegriff für den Namen eines Unternehmens. In dem Betrieb des Unternehmens, der Firma Daimler AG, werden z.B. Fahrzeuge der Marke Mercedes-Benz hergestellt. Die Gesamtheit aller Elemente kann man auch als eine „Betriebswirtschaft" bezeichnen.
Während also „Unternehmen" und „Betrieb" in vielen Fällen austauschbar verwendet werden können, da der Betrieb ein Teil des Unternehmens ist, hat die Bezeichnung „Firma" nur einen ganz eingeschränkten Anwendungsbereich.

Abitur-Training, S. 10

b *Ordnen Sie die Begriffe „Betrieb", „Unternehmen" und „Firma" den passenden Beispielen zu. Arbeiten Sie mit Ihrem Nachbarn zusammen und diskutieren Sie Ihr Ergebnis im Plenum.*

1 Hotel ibis am Bahnhof in Düsseldorf ....
2 Robert Bosch GmbH* ....
3 Schokoladenfabrik Ritter Sport in Waldenbuch ....
4 Deutsche Bank AG* ....
5 Produktionsstätte von Adidas in Herzogenaurach ....
6 Alfred Ritter GmbH & Co. KG* ....
7 Druckhaus Langenscheidt, Berlin ....

Merke

Viele Fachbegriffe werden in der Umgangssprache sorglos benutzt. Man versteht sich. Im beruflichen oder fachlichen Umfeld muss man damit korrekt umgehen, um sich unmissverständlich auszudrücken.

* GmbH, AG, GmbH & Co. KG sind Abkürzungen für Rechtsformen. Vgl. hierzu S. 54ff

Betriebliche Grundfunktionen

a *Ordnen Sie die Begriffe Produktion (Leistungserstellung), Beschaffung, Lagerung und Absatz den passenden Textteilen zu. Stellen Sie Ihre Lösung im Plenum vor und begründen Sie sie mit Verweis auf den Text. (Zum Verweisen vgl. Vorlektion, S. 28)*

a) .... Sie umfasst alle vorbereitenden und ausführenden Tätigkeiten, die der Bereitstellung von **Sachgütern**, **Rechten** und **Dienstleistungen** für Betriebszwecke dienen (Grundstücke, Maschinen, Werkstoffe, Waren, Patente, Arbeitskräfte, Transportleistungen, Geld und Kapital).
Bei der Beschaffung werden Kaufverträge sowie Dienstleistungsverträge (Dienst-, Werk-, Miet-, Pacht-, Leih-, Darlehensverträge) abgeschlossen.

b) .... Durch den planmäßigen Einsatz von Arbeit, Betriebsmitteln und Werkstoffen werden durch die **Gewinnung** und **Umformung** von Gütern neue Wirtschaftsgüter hergestellt. Die Produktion ist somit die Hauptaufgabe des Industriebetriebes. Leistungen werden aber auch in den Betrieben anderer Wirtschaftszweige erstellt, z.B. in Verkehrs-, Handels-, Bank- und Versicherungsbetrieben.

c) .... Darunter versteht man alle vorbereitenden und ausführenden Tätigkeiten, die der entgeltlichen **Verwertung** von **Betriebsleistungen** am Absatzmarkt dienen. Wenn auch die Leistungsverwertung zeitlich der Leistungserstellung (Beschaffung, Produktion) folgt, so wirkt sie doch nach Art und Umfang bestimmend auf die Leistungserstellung zurück.

Eine weitere Funktion im Güterstrom ist die ...., die bei Beschaffung, Produktion und Absatz eine wichtige Rolle spielt.

Kaufmännische Betriebslehre, S. 111

b *Alle Aussagen sind richtig. Gehen sie aus dem Text oder aus der Abbildung auf S. 45 oder aus beiden oder aus keinem hervor?*

		Text	**Abbildung**
1	Die Grundfunktionen eines Industriebetriebes sind: Beschaffung, Produktion und Absatz.	☐	☐
2	Der Betrieb muss Arbeitskräfte, Betriebsmittel und Werkstoffe auf den Beschaffungsmärkten erwerben.	☐	☐
3	Man unterscheidet zwischen Beschaffungs- und Absatzmärkten.	☐	☐
4	Die wichtigsten Funktionen der Leitung sind Zielsetzung, Planung, Organisation und Kontrolle.	☐	☐
5	Güterströme und Geldströme im Unternehmen sind durch Pfeile dargestellt.	☐	☐
6	Güterströme und Geldströme verlaufen in entgegengesetzter Richtung.	☐	☐
7	Güterströme und Geldströme bilden einen Kreislauf.	☐	☐
8	Das Geld für den Erwerb auf dem Beschaffungsmarkt stammt aus den Verkaufserlösen, dem Eigenkapital der Unternehmen oder aus Fremdkapital, z.B. den Krediten von Banken.	☐	☐
9	Die Finanzierung umfasst alle Maßnahmen, die der Beschaffung und Bereitstellung von Geld- und Sachmitteln für die betriebliche Leistungserstellung dienen.	☐	☐
10	Unter Erlös versteht man das Produkt aus verkaufter Menge und Verkaufspreis.	☐	☐

Zusammenwirken betrieblicher Funktionsbereiche
Für den Betrieb sind die **Produktionsfaktoren** Wirtschaftsgüter, die auf den einschlägigen Beschaffungsmärkten gegen Geld erworben werden müssen. Innerhalb der Betriebe vollzieht sich nach vorgegebenem Plan ein kürzerer oder längerer Prozess der Verkopplung und Verschmelzung von Wirtschaftsgütern, an dessen Ende die **produzierten Leistungen** stehen, die ihrerseits gegen Geld auf dem Absatzmarkt verkauft werden. Das für den Erwerb erforderliche Geld stammt vor allem aus den Verkauferlösen der fertigen Leistungen, aber auch aus anderen Quellen (Einlagen des Unternehmers oder Fremdkapital).

So gibt es in jedem Unternehmen zwei gegenläufige Ströme:
- den **Güterstrom** in Richtung *auf die Absatzmärkte*,
- den **Geldstrom** in Richtung *auf die Beschaffungsmärkte*.

Überblickt man das Geschehen, so stellt man fest, dass in jeder Unternehmung weitgehend unabhängig vom Gegenstand der Leistungserstellung ihrer Betriebe bestimmte **Aufgaben (Funktionen)** zu erfüllen sind. Sie werden in der Abbildung dargestellt.

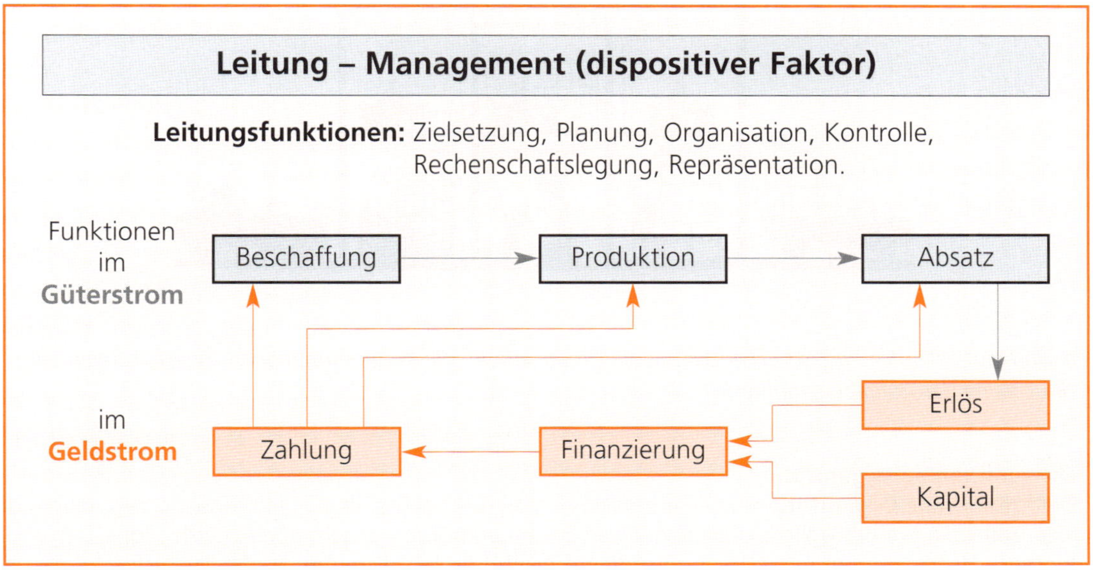

Kaufmännische Betriebslehre, S. 18–19

2 **c** *Überprüfen Sie mithilfe Ihrer Lösungen der Aufgabe 2b, wie viele Informationen nur im Text oder nur in der Zeichnung und wie viele in beiden enthalten sind.*
Welche Schlüsse ziehen Sie daraus für Ihr Leseverhalten?

LernTipp

Zuerst die Abbildung genau studieren und mit dem eigenen Wissen verbinden. Dann mit diesen Kenntnissen den Text lesen.

B Aufbau des Betriebes

Die klassische Organisation eines Unternehmens orientiert sich an den sog. betrieblichen Funktionsbereichen. Diese lassen sich wie folgt visualisieren:

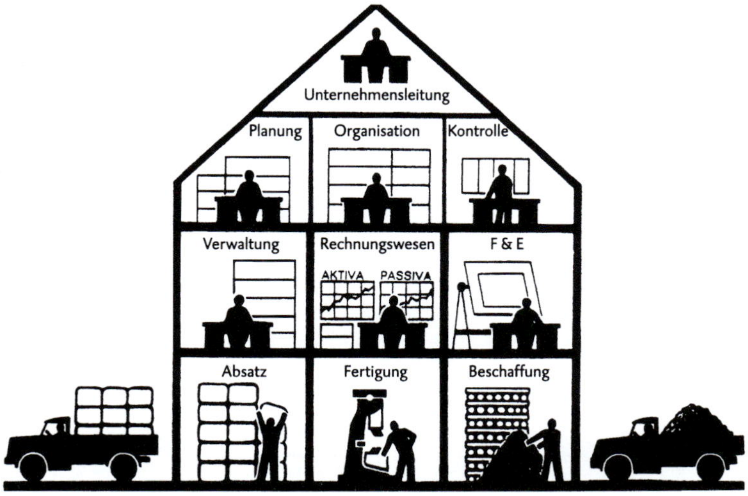

Abitur-Training, S. 24

3 **a** *Unterstreichen Sie im Text „Die funktionale Organisation" die Kerninformationen. Was hat Ihnen bei der Lösung der Aufgabe geholfen?*

Die funktionale Organisation

Die **funktionale Organisation** orientiert sich streng an den betrieblichen Funktionsbereichen, d.h. es gibt je eine Abteilung pro betrieblicher Funktion. Diese Organisationsform ist sehr übersichtlich, eignet sich aber v.a. für **kleinere Unternehmen** mit relativ **homogenem Produktionsprogramm**. Nachteilig kann sein, dass die einzelnen Abteilungen zu stark auf die Optimierung des Abteilungserfolgs orientiert sind und dies zu Zielkonflikten mit anderen Abteilungen bzw. dem Gesamtziel des Unternehmens führt. Bei großen Unternehmen ist diese Organisationsform ungeeignet, da die i.d.R. streng hierarchischen Kommunikations- und Weisungswege unflexibel sind und die Geschäftsleitung mit steigender Betriebsgröße überfordert ist.

Abitur-Training, S. 24–25

3 **b** *Beantworten Sie folgende Fragen zur funktionalen Organisation. Arbeiten Sie mit Ihrem Nachbarn zusammen und stellen Sie Ihre Ergebnisse im Plenum vor.*

1 Was sind ihre Vorteile?
2 Was sind die Nachteile?
3 Wofür eignet sie sich?

Wenn Teilaufgaben eines Arbeitsbereichs für einen Arbeiter oder Angestellten zusammengefasst werden, entsteht eine **Stelle**. Stellen sind die kleinsten organisatorischen Einheiten im Betrieb. Mehrere Stellen mit gleichartigen Aufgabenbereichen werden zu einer **Abteilung** zusammengeschlossen.

3 **c** *Handelt es sich bei dem folgenden Organisationsplan um die Organisation eines Industrie- oder eines Handelsbetriebes? Machen Sie sich Notizen zur Begründung Ihrer Lösung und stellen Sie sie im Plenum vor.*

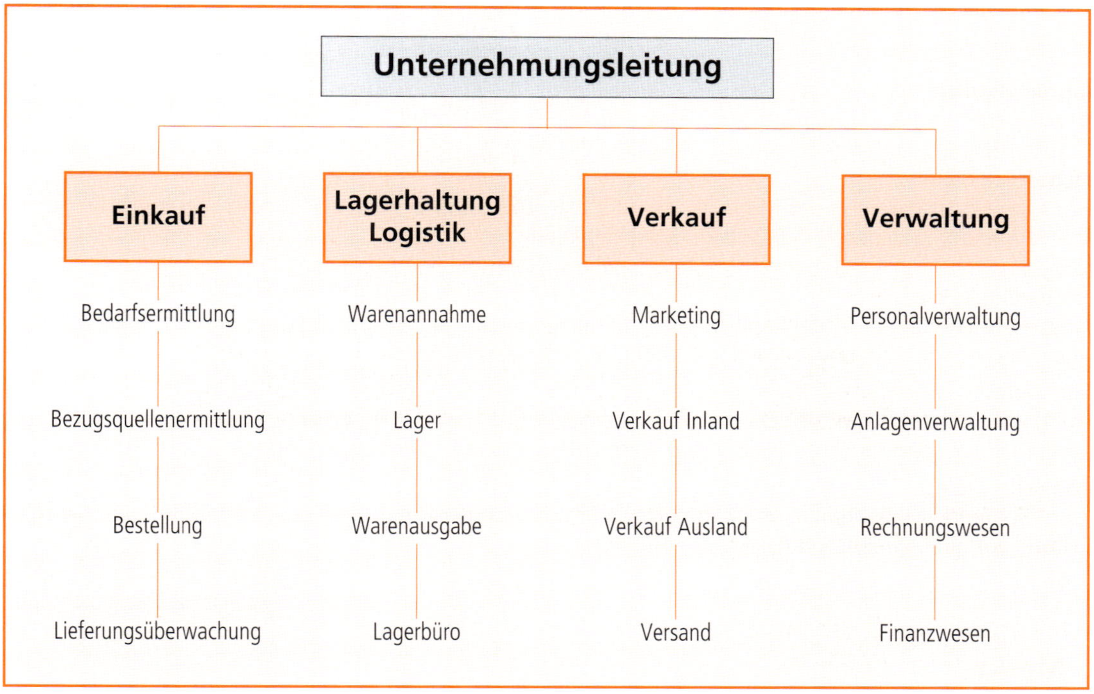

Kaufmännische Betriebslehre, S. 157

3 **d** *Beschreiben Sie kurz den obigen Organisationsplan. Nutzen Sie die Redemittel im Sprachbaukasten. Erstellen Sie, wenn möglich, eine Folie der Abbildung.*

Sprachbaukasten

- Die Abbildung zeigt …
- An der Spitze steht …
- Es gibt … Abteilungen …
- Zur Abteilung … gehören …
- Der Abteilung x unterstehen …

C Unternehmensziele

4 **a** *Welche Ziele muss ein Unternehmen Ihrer Meinung nach verfolgen, welche sollte es verfolgen? Nennen Sie Beispiele. Machen Sie sich zusammen mit Ihrem Nachbarn Notizen und diskutieren Sie die Ergebnisse im Plenum.*

4 **b** *Unterstreichen Sie im folgenden Text die Informationen, die für Sie neu sind, und ergänzen Sie – falls erforderlich – Ziele, die der Text nicht nennt. (OHG = Offene Handelsgesellschaft; vgl. dazu S. 54ff)*

Unternehmenskultur

Beispiel: Die Gebrüder Bauer OHG ist ein mittelständischer Familienbetrieb, der BMX-Fahrräder fertigt. Er definiert seine Unternehmenskultur im folgenden Zielsystem:

1. Wirtschaftliche Ziele:
- Leistungsziele: Ausdehnung des Marktanteils von 10% auf 12,5% des Marktvolumens. Verarbeitung hochwertigen Stahls, Vorbeugung gegen Unfälle wegen Materialfehlern.
- Erfolgsziele: Erzielung eines möglichst hohen Gewinns. Gleichmäßige Auslastung der Kapazität zur Fixkostendegression.
- Finanzziele: Sicherung der Eigenkapitalbasis, Bildung von Rücklagen. Unabhängigkeit von Fremdkapital ist anzustreben. Kreditaufnahmen sollen 200.000 EUR nicht übersteigen.

2. Soziale Ziele:
Erhaltung von Arbeitsplätzen. Absicherung der Mitarbeiter durch eine Betriebsrente, Förderung und Weiterbildung der Arbeitnehmer. Leistungsgerechte Entlohnung. Beschäftigung von Familienangehörigen.

3. Ökologische Ziele:
Energieeinsparende Maßnahmen, Verwendung von Stoffen aus Recyclingverfahren. Sammlung und umweltfreundliche Beseitigung von Problemabfällen (Lackreste, Altöle).

Kaufmännische Betriebslehre, S. 148–149

Merke

Man muss nicht jedes Wort verstehen, um eine Aufgabe zu lösen.

4 **c** *Erstellen Sie in Gruppenarbeit (z.B. zu dritt) ein Zielsystem für die Unternehmenskultur des folgenden Unternehmens und stellen Sie es im Plenum vor.*

Der IT-Fachmann Charly Braun gründet einen Computershop als Einzelunternehmer. Der Standort ist in der Nähe eines großen beruflichen Schulzentrums.

Kaufmännische Betriebslehre, S. 149

In Schulen und Ausbildungsbetrieben werden Übungsfirmen von den Schülern und Auszubildenden gegründet und geführt. Ziel dieser Übungsfirmen ist es, den Schülern und Auszubildenden die Möglichkeit zu geben, wie Manager und Mitarbeiter im Team zu handeln. So können sie praktische Erfahrung erwerben und ihr Fachwissen in der Realität überprüfen.

4 **d** *Stellen Sie sich vor, Sie arbeiten mit Ihren Nachbarn in einer solchen Übungsfirma, die Kosmetkartikel herstellt und den Firmennamen Wellness Kosmetik GmbH führt. Erstellen Sie in der Kleingruppe ein Zielsystem für die Unternehmenskultur dieser Übungsfirma und stellen Sie es im Plenum vor.*

RITTER SPORT

Das Leitbild

NEUIGKEITEN
FAMILIENUNTERNEHMEN
UNSER LEITBILD
DATEN UND FAKTEN
GESCHICHTE
UNSER ENGAGEMENT
KARRIERE
VOR ORT

Unser Leitbild

Das Leitbild dient dem Ziel, zwischen Gesellschaftern, Beirat, Geschäftsführung und allen Mitarbeiterinnen und Mitarbeitern ein Fundament des Vertrauens zu schaffen, eine über das Tagesziel hinausgehende verbindliche Zielorientierung zu gewährleisten und ein konzentriertes Handeln im langfristigen Interesse des Unternehmens sicherzustellen.

- Unsere Marke ist Ritter Sport
- Mitarbeiterinnen und Mitarbeiter
- Chancengleichheit
- Führungskultur
- Unternehmen und Umwelt
- Kunstförderung
- Unternehmerische Unabhängigkeit

Unsere Marke ist Ritter Sport

http://www.ritter-sport.de/#/de_DE/company/mission/
Letzter Zugriff: 26. 11. 2008

FORTSETZUNG FOLGT

5 **a** *Was ist der Unterschied zwischen dem Leitbild von RITTER SPORT und der Unternehmenskultur der Gebrüder Bauer OHG auf S. 48?*

5 **b** *Was bedeutet das Leitbild für Sie, wenn Sie sich bei RITTER SPORT bewerben wollen? Welchen Link würden Sie als nächsten anklicken?*

c *Im Folgenden finden Sie Textteile aus dem Internet, in denen RITTER SPORT die Ziele des Unternehmens und ihre Realisierung in der Praxis darstellt. Schreiben Sie an den Rand, ob es sich um wirtschaftliche Ziele (Leistungsziele, Erfolgsziele, Finanzziele), soziale Ziele, ökologische Ziele, gesellschaftliche oder politische Ziele handelt. Mehrfachzuordnung ist möglich.*

1 Der weitere Ausbau des europäischen Marktes bedeutet für RITTER SPORT eine große Herausforderung. Unser Ziel ist es, den europäischen Markt beharrlich und stetig zu erschließen und darüber hinaus unsere Marktposition international auszubauen. ....

2 Wir nehmen auf die Belange älterer und behinderter Mitarbeiterinnen und Mitarbeiter Rücksicht. ....

3 Die langfristige Existenzsicherung des Unternehmens und der Arbeitsplätze steht im Mittelpunkt unseres Handelns. ....

4 Obwohl Investitionen für den Umweltschutz zunächst die Erträge belasten, sind wir überzeugt, dass sich rechtzeitige Maßnahmen in diesem Bereich langfristig auszahlen. ....

5 Die Kunst besitzt die Fähigkeit, unsere Fantasie anzuregen. Deshalb sehen wir als Unternehmen die Förderung junger Künstlerinnen und Künstler als Investition in die Zukunft an. ....

6 Der Schutz der natürlichen Lebensgrundlagen ist eine der vordringlichsten Aufgaben unserer Zeit. Wir verpflichten uns zu umweltschonendem Handeln. ....

7 Wir stellen sicher, dass in unseren Produktionsstätten nur einwandfreie Rohstoffe verwendet werden und dass nur RITTER SPORT-würdige Produkte zum Kunden gelangen. ....

8 Wir wollen – wo immer möglich – den Bedürfnissen der Mitarbeiterinnen und Mitarbeiter mit dem Angebot von flexibler Arbeitszeitgestaltung entsprechen. ....

9 Wir fördern Teamarbeit zur Lösung vielschichtiger Aufgaben. Wir erreichen unsere Unternehmensziele gemeinsam. ....

Zusammenstellung nach: http://www.ritter-sport.com/sites/ueberuns/210_leitbild.htm
Letzter Zugriff: 12. 05. 2008

FORTSETZUNG FOLGT

d *Welche Ziele von RITTER SPORT würden Sie als Mitarbeiter oder Mitarbeiterin besonders schätzen?*

Marktplatz

Marktplatz ist eine Methode, die man nutzen kann, um die Kenntnis der Begriffsinhalte der gelernten Fachwörter im Gespräch mit Kolleginnen und Kollegen spielerisch zu überprüfen und zu festigen. Im Folgenden finden Sie 4 Begriffe (Vorderseite) mit entsprechenden Erklärungen (Rückseite) als Beispiele für die Gestaltung der Kärtchen. Weitere Kärtchen zum Marktplatz stellt Ihnen Ihr Lehrer zur Verfügung. Jeder sollte sich mit mindestens 3 Partnern ausgetauscht haben, wenn das Spiel zu Ende geht.

6 **a** *Ziehen Sie ein Kärtchen mit einem Wort. Falls Sie dieses Wort nicht kennen, lesen Sie die Erklärung auf der Rückseite des Kärtchens. Suchen Sie sich dann auf dem „Marktplatz" herumlaufend einen Partner und lassen Sie sich das Wort auf Ihrem Kärtchen erklären. Wenn Ihr Partner das Wort nicht kennt, helfen Sie ihm, lesen Sie aber die Erklärung nicht vor. Dann ist Ihr Partner an der Reihe.*

6 **b** *Tauschen Sie Ihr Kärtchen und suchen Sie sich einen neuen Gesprächspartner. Die Marktplatzsituation ist zu Ende, wenn alle Lernenden alle Begriffe bearbeitet haben.*

Vorderseite	Rückseite
Betrieb	Betrieb ist der Ort, an dem Güter, also Sach- und Dienstleistungen, hergestellt werden.
Firma	Unter Firma versteht man den juristisch korrekten Namen eines Unternehmens, z.B. Deutsche Bahn AG.
Abteilung	Mehrere Stellen mit gleichartigem Aufgabenbereich bilden eine Abteilung.
Stelle	Unter Stelle versteht man die kleinste organisatorische Einheit eines Betriebes.

6 **c** *Erstellen Sie zusammen mit Ihrem Nachbarn weitere Kärtchen mit den Fachbegriffen auf der Vorderseite und den Erklärungen auf der Rückseite und spielen Sie dann den Marktplatz noch einmal. Suchen Sie entsprechende Begriffe auch in der Vorlektion.*

D Rechtsformen deutscher Unternehmen

Fallbeispiel

Anna und Claudio besuchen in Turin einen Sprachkurs „Wirtschaftsdeutsch". Bei der Durchsicht des Programms stellen sie fest, dass es in den kommenden zwei Wochen um Fachbegriffe und Texte zum Thema „Rechtsformen in Deutschland" geht. Sie sind unsicher, inwieweit ihnen dieses Thema in ihrer späteren beruflichen Position als Groß- und Außenhandelskaufleute von Nutzen sein könnte und diskutieren darüber.

7

Track 3

a *Alle Aussagen sind richtig. Werden sie von Anna und Claudio in der Diskussion berücksichtigt? Lesen Sie zunächst die Aussagen und unterstreichen Sie, was Ihnen persönlich wichtig erscheint. Hören Sie dann das Gespräch und kreuzen Sie an.*

		Ja	Nein
1	Die wichtigsten Rechtsformen deutscher Unternehmen zu kennen, gehört zum Lehrplan einer kaufmännischen Ausbildung in Deutschland.	☐	☐
2	Der Firmenname deutscher Unternehmen enthält Abkürzungen wie OHG, KG, GmbH und AG, die die Rechtsform des Unternehmens anzeigen.	☐	☐
3	Abkürzungen wie GmbH & Co. KG muss man aussprechen können, wenn man mit einer Firma wie der Alfred Ritter GmbH & Co. KG Geschäftskontakt hat.	☐	☐
4	Es gibt juristische Fakten wie z.B. die beschränkte Haftung einer Kapitalgesellschaft oder die unbeschränkte Haftung eines Einzelunternehmens, die für einen ausländischen Unternehmer bei der Wahl eines neuen Geschäftspartners in Deutschland von Bedeutung sind.	☐	☐
5	Man muss nicht alle einzelnen Merkmale der Rechtsformen kennen, aber man muss wissen, wo und wie man sich informieren kann.	☐	☐
6	Die gesetzlichen Vorschriften für eine Aktiengesellschaft sind in den einzelnen Ländern unterschiedlich.	☐	☐

7

b *Was spricht „für", was spricht „gegen" die Beschäftigung mit deutschen Rechtsformen im Kurs „Wirtschaftsdeutsch"? Notieren Sie sich zusammen mit Ihrem Nachbarn Argumente, die für oder gegen die Beschäftigung mit Rechtsformen sprechen. Berichten Sie im Plenum.*

!

Merke

Die Abkürzung der Rechtsform ist im Firmennamen eines Unternehmens enthalten. Man muss sie lesen können. Wenn man sie auch noch grob versteht, weiß man das Unternehmen einzuordnen.

Die Einzelunternehmung

8 **a** *Ergänzen Sie das folgende Gliederungsschema mithilfe der Informationen des Textes Einzelunternehmung.*

Definition: ....
Firma: ....
Beispiel: ....
Haftung: ....
Kapitalaufbringung: ....

Einzelunternehmung
Die **Einzelunternehmung** ist ein **Gewerbebetrieb**, dessen **Eigenkapital von einer Person aufgebracht** wird, die das **Unternehmen verantwortlich leitet** und das **Risiko alleine trägt**.
Firma. Sie muss zur Kennzeichnung des Kaufmanns geeignet sein und Unterscheidungskraft besitzen. Bei Einzelkaufleuten muss die Bezeichnung „eingetragener Kaufmann", „eingetragene Kauffrau" oder eine allgemein verständliche Abkürzung dieser Bezeichnung, insbesondere „e. K.", „e. Kfm." oder „e. Kfr." enthalten sein.
Beispiel: Der Geschäftsmann Jens Uwe Lück, der eine Kfz-Zubehörhandlung gegründet hat, kann als Firma wählen: Jens Uwe Lück e.K.; Jens Lück eingetragener Kaufmann; Lück e. K., Kfz-Zubehör; Kaefzet-Lück e. K., Teile World.
Haftung. Der Unternehmer muss gegenüber Außenstehenden (Dritten) für die Verbindlichkeiten mit seinem Vermögen einstehen.
Kapitalaufbringung. Das Eigenkapital wird von einer Person, dem Unternehmer, aufgebracht. Der Umfang der Mittel, die eingesetzt werden können, und damit die Betriebsgröße sind deshalb in der Regel begrenzt.

Kaufmännische Betriebslehre, S. 51

8 **b** *Welches sind die Vorteile, welches die Schwierigkeiten bei der Erstellung eines Gliederungsschemas? Machen Sie sich Notizen und diskutieren Sie im Plenum.*

„e. K." bezieht sich auf die Eintragung ins Handelsregister. Das Handelsregister ist öffentlich, d.h. es kann von jedem eingesehen werden. Neueintragungen und Änderungen werden z.B. in den lokalen Zeitungen veröffentlicht.

Auszug aus dem Handelsregister

Handelsregister

Die in () gesetzten Angaben der Geschäftsanschrift und des Unternehmensgegenstandes erfolgen ohne Gewähr.

Neueintragungen

HRA 701188: 14.08.2008 …

Veränderungen

HRA 380883: 15.08.2008 Schwaketen-Apotheke Wolfram Männer e.K. (Stifterstr.65, 78464 Konstanz). Firma geändert; nun: Schwaketen-Apotheke Gisela Winkler e.K. Neuer Inhaber: Winkler, Gisela, Amlikon (Schweiz), * 13.12.1961. Ausgeschieden als Inhaber: Männer, Wolfram Friedrich, Apotheker, Konstanz. Das Handelsgeschäft ist übergegangen auf Winkler, Gisela, Amlikon (Schweiz), *13.12.1961

Südkurier, Nr. 196, 22. 08. 2008, S. K25

Gesellschaftsunternehmen

9 **a** *Ergänzen Sie den folgenden Text mithilfe der Informationen des Flussdiagramms.*

Das Flussdiagramm gibt einen Überblick über . . . . der Unternehmen im Privatrecht.*
Zunächst wird zwischen . . . . und Gesellschaftsunternehmen unterschieden.
Zu den Gesellschaftsunternehmen gehören . . . ., ...
und Genossenschaften. Wichtige Beispiele für . . . . sind die . . . .
. . . . (OHG) und die . . . . (KG).
Beispiele für Kapitalgesellschaften sind die . . . .
. . . . (GmbH) und die . . . . (AG).
Mischformen zwischen Personengesellschaften und . . . . stellen die Kommanditgesellschaft auf Aktien (KGaA) und die (GmbH & Co. KG) dar.
Beispiele für Genossenschaften gibt der Überblick nicht. Die Genossenschaft ist eine . . . . mit nicht geschlossener Mitgliederzahl zur Förderung des Erwerbs oder der Wirtschaft ihrer Mitglieder (= Genossen) z.B. Fischereigenossenschaft oder Winzergenossenschaft.

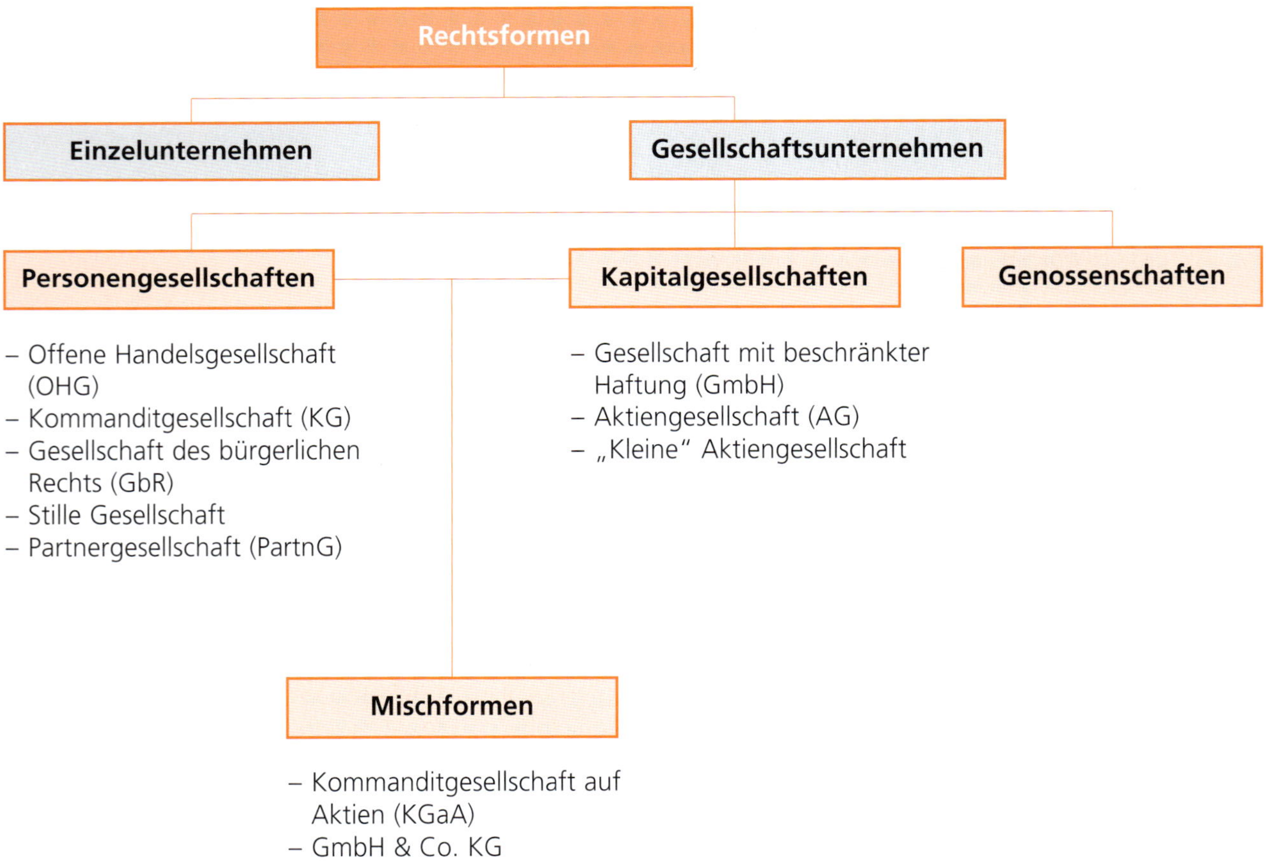

Abitur-Training, S. 30

*Unternehmensformen des öffentlichen Rechts sind z.B. Stiftungen oder Anstalten, wie die Fernsehanstalten ARD und ZDF.

9 **b** *Ergänzen Sie mithilfe der Informationen des Textes „Gesellschaftsunternehmen“ das unten abgedruckte Gliederungsschema. Arbeiten Sie mit Ihrem Nachbarn zusammen und stellen Sie Ihr Ergebnis im Plenum vor.*

Gesellschaftsunternehmen
Bei **Personengesellschaften** steht das aktive Mitunternehmertum der Gesellschafter im Vordergrund. Ein oder mehrere Gesellschafter leiten die Gesellschaft grundsätzlich selbst und haften persönlich (auch mit dem Privatvermögen) für die Schulden des Unternehmens. Die bedeutendsten Personengesellschaften des Privatrechts sind die Offene Handelsgesellschaft (OHG), die Kommanditgesellschaft (KG) und die Gesellschaft des bürgerlichen Rechts (GbR). Seit 1995 gibt es zusätzlich die Partnergesellschaft (PartnG).
Bei **Kapitalgesellschaften** steht die Bereitstellung von Kapital im Vordergrund. Die Gesellschafter müssen das Unternehmen weder leiten noch mit ihrem Privatvermögen haften. Außerdem müssen die Geschäftsführer keine Kapitalanteile besitzen. Die wichtigsten Kapitalgesellschaften des Privatrechts sind die Aktiengesellschaft (AG) und die Gesellschaft mit beschränkter Haftung (GmbH). Neben diesen gibt es **Sonderformen** wie die Genossenschaft, bei der das Solidarprinzip im Vordergrund steht. Die GmbH & Co. KG, eine KG mit einer GmbH als Vollhafter, und die Kommanditgesellschaft auf Aktien (KGaA), eine KG, bei der die Kommanditisten Aktionäre sind, sind **Mischformen** zwischen Personen- und Kapitalgesellschaft. Fast drei Viertel der Unternehmen in Deutschland sind Einzelunternehmen, gefolgt von der GmbH und OHG. KG und AG gibt es deutlich seltener.

Abitur-Training, S. 31

Gesellschaftsunternehmen

Personengesellschaften
Leitung: ……………………………………………
Haftung: ……………………………………………
Wichtige Formen: ……………………………………………

Kapitalgesellschaften
Leitung: Geschäftsführung (GmbH); Vorstand (AG) ……………………………
Haftung: ……………………………………………
Wichtige Formen: ……………………………………………
Sonderformen: ……………………………………………
Mischformen: ……………………………………………

LernTipp

Wenn Sie mit eigenen Worten ein Thema schriftlich oder mündlich darstellen sollen, ist das Gliederungsschema eine wichtige Hilfe, um einfache Sätze zu bilden, bekannte Verben zu nutzen und das Auswendiglernen zu vermeiden.

9 **c** *Referieren Sie kurz über Gesellschaftsunternehmen mithilfe der Gliederung.*

RITTER SPORT

Die GmbH & Co. KG ist eine Kommanditgesellschaft, bei der eine Gesellschaft mit beschränkter Haftung (GmbH) Vollhafter ist. In Deutschland gibt es annähernd 450.000 GmbH & Co. KG.
Haftungsbeschränkung. Die GmbH haftet als Komplementärin zwar unbeschränkt mit ihrem Vermögen, ihre Gesellschafter haften dagegen nur mit ihren Einlagen.
Nachfolgeregelung. Bei Familienunternehmen ist die Unternehmensfortführung gesichert, weil an Stelle der natürlichen Person als Vollhafter eine GmbH tritt. Die persönlich haftende GmbH ist „unsterblich".

Kaufmännische Betriebslehre, S. 58

10 **a** *Sie arbeiten in einem mittleren Unternehmen im Bereich Import-Export von Nahrungsmitteln in Ihrem Heimatland. Sie sind einer der wenigen Mitarbeiter, die Deutsch sprechen und auch einen Kurs in Wirtschaftsdeutsch besucht haben. Immer wieder ruft Sie Ihr Chef und stellt Ihnen Fragen zu deutschen Unternehmen. Jetzt ist er an RITTER SPORT interessiert und überlegt, RITTER SPORT Schokolade in sein Sortiment aufzunehmen. Er fordert Sie auf, ein kleines Dossier zu erstellen. Zur Zusammenstellung der wichtigsten Fakten stehen Ihnen die Website „Über uns" auf Seite 57 und die Informationen der Lektion 1 und der Vorlektion zur Verfügung.*
Machen Sie sich zusammen mit Ihrem Nachbarn Notizen zu folgenden Punkten und stellen Sie sie im Plenum vor. Achten Sie auf die optische Gestaltung Ihrer Notizen!

1 Gründung, Firmensitz, Inhaber
2 Größe und Bedeutung von RITTER SPORT
3 Image des Unternehmens als Geschäftspartner
4 Qualität der Produkte, Marke
5 Geschäftsführung, möglicher Ansprechpartner
6 Firma, Rechtsform

10 **b** *Erstellen Sie zusammen mit Ihrem Nachbarn Kurztexte zu den einzelnen Punkten, berücksichtigen Sie dabei die Perspektive und das Interesse Ihres Chefs. Was spricht für RITTER SPORT als neuen Geschäftspartner?*

10 **c** *Fassen Sie – wenn möglich – die Kurztexte für Ihren Chef in der Muttersprache zusammen.*

RITTER SPORT

Daten und Fakten

Gegründet:
1912
Inhaber:
Familie Ritter
Geschäftsführer Vorsitz:
Alfred T. Ritter
Vertrieb:
Michael Gahbauer
Marketing:
Jürgen Herrmann
Kaufmännischer Bereich:
Bernhard Kühl
Produktion & Technik:
Andreas Ronken
Produktion:
in Waldenbuch
Mitarbeiter:
ca. 800
Umsatz 2007:
290 Mio. EUR
Internationales Geschäft:
in mehr als 80 Ländern weltweit vertreten
Managementsysteme:
Zertifiziert nach IFS (International Food Standard) und BRC (British Retail Consortium) seit 2004 im jeweils höchsten Level.
Marke:
Distribution in 100% aller Geschäfte (LEH*)
Markenbekanntheit gestützt 98%

Hausanschrift
Alfred Ritter GmbH & Co. KG
Alfred-Ritter-Straße 25
Postanschrift
71111 Waldenbuch
Postfach 12 40
71108 Waldenbuch
Telefon: 0 71 57/97-0
Telefax: 0 71 57/97-39 9
e-Mail: info@ritter-sport.de
Internet: http://www.ritter-sport.de

Jobangebote

Aktuelle Stellenanzeigen finden Sie hier. Jetzt informieren

FORTSETZUNG FOLGT

*LEH = Lebensmitteleinzelhandel

E Definieren, Klassifizieren

Sie haben im ersten Teil dieser Lektion Definitionen zum Verstehen von Fachwörtern genutzt. Sie haben auch erfahren, wie man z.B. Gesellschaftsformen einteilen (klassifizieren) kann.
Da Definitionen und Klassifikationen in den Fachtexten aller Disziplinen immer wieder auftauchen, wollen wir im Folgenden auf die logischen Prozesse und die sprachlichen Mittel besonders eingehen, so dass Sie bei Bedarf definieren und klassifizieren können. In beiden Fällen geben wir Ihnen Beispiele und damit die Möglichkeit, die S-O-S-Methode, Sammeln, Ordnen, Systematisieren, anzuwenden.

Definieren

11 **a** *Bei den folgenden Aussagen handelt es sich um Definitionen oder Beschreibungen. Markieren Sie die Definitionen (sammeln).*

1 Investitionsgüter sind Güter, die der Produktion von Produktionsmitteln dienen wie z.B. eine Werkzeugmaschine oder eine Abfüllanlage.
2 Unternehmen erstellen Leistungen, die am Markt verwertet werden.
3 Betriebsmittel sind Anlagen und Einrichtungen, die die technische Voraussetzung zur Produktion bilden.
4 Den Namen, unter dem ein Unternehmer seine Unternehmung betreibt, nennt man in der Sprache des Handelsrechts Firma.
5 Die Unternehmensleitung muss die Organisationsstruktur festlegen.
6 Unter Lizenz versteht man das Recht, das einem Unternehmen gegeben wird, um etwas herstellen zu können, wofür ein Dritter ein Patent hat.
7 Unter Absatz versteht man alle Tätigkeiten, die mit dem Verkauf der erzeugten Güter zusammenhängen.
8 Die Aufbauorganisation muss sicher stellen, dass die Planungsentscheidungen der Unternehmensführung an die zuständigen Stellen gelangen.

11 **b** *Ergänzen Sie mithilfe der Definitionen in Übung 11a die folgende Tabelle, die eine Möglichkeit darstellt, die Komponenten einer Definition zu ordnen und zu systematisieren. Arbeiten Sie mit Ihrem Nachbarn zusammen und stellen Sie die Ergebnisse im Plenum vor.*

Beispiel: Unter Markt versteht man den Ort, an dem sich Angebot und Nachfrage treffen.

Zu definierender Begriff (Unterbegriff)	Verb	Oberbegriff	Spezifische Merkmale
Markt	verstehen unter	Ort	an dem sich Angebot und Nachfrage treffen

LernTipp

Definitionen genau und kritisch lesen. Selbstformulierte Definitionen mit Lexikon oder Fachbuch überprüfen.

Klassifizieren

12 a *Bei den folgenden Aussagen handelt es sich um Klassifikationen oder Beschreibungen. Markieren Sie die Klassifikationen (sammeln).*

Tipp: Klassifikationen werden oft als Flussdiagramme dargestellt. Nutzen Sie diesen Tipp, wenn Sie sich nicht sicher sind, ob es sich um eine Klassifikation handelt.

1 Stellen- und Abteilungsbildung sind die Grundlagen für den Aufbau einer Organisation des Betriebes.
2 Märkte kann man nach dem Gut einteilen, das jeweils gehandelt wird. So kann man den Getreidemarkt, den Kaffeemarkt, den Kapitalmarkt, den Arbeitsmarkt usw. unterscheiden.
3 Bei den Rechtsformen kann man zwischen Unternehmen des öffentlichen Rechts und des privaten Rechts unterscheiden.
4 Die offene Handelsgesellschaft OHG ist eine Personengesellschaft.
5 Bei den Kapitalgesellschaften unterscheidet man zwischen Aktiengesellschaft und Gesellschaft mit beschränkter Haftung.
6 Betriebe kann man nach ihrer Größe in kleine, mittlere und Großunternehmen unterteilen.
7 Nach Art der verarbeiteten Rohstoffe unterscheidet man z.B. Holzindustrie, Metallindustrie, Glasindustrie.
8 Klassifiziert man Betriebe nach der Art der Erzeugnisse, so unterscheidet man Baustoffindustrie, Spielwarenindustrie, Elektroindustrie usw.
9 Man spricht von Großbetrieben, wenn die Zahl der Beschäftigen über 500 liegt.

12 b *Tragen Sie die Verben zum Klassifizieren mit den dazugehörenden Präpositionen in den Sprachbaukasten ein.*

Sprachbaukasten

klassifizieren nach
....
....

12 c *Unterstreichen Sie die Beispielsätze in Übung 12a, in denen angegeben wird, wonach klassifiziert wird. Wie viele Kriterien werden in den Beispielen angegeben, nach denen Industriebetriebe eingeteilt werden können? Nennen Sie die Kriterien.*

LernTipp

Es gibt Klassifikationen, in denen die Kriterien nicht erwähnt werden. Wenn sie erwähnt werden, verdienen sie Ihre besondere Aufmerksamkeit. Denken Sie daran: Bücher kann man nach Größe, nach Gewicht, nach Farbe, nach Verlag, nach Genre, nach Autoren, nach Alter, nach Preis klassifizieren. Die Folge davon ist, dass man jeweils andere Unterbegriffe erhält, z.B. unterscheidet man nach Genre: Kriminalromane, Reiseführer, Belletristik, Sachbücher etc.

F Selbsteinschätzung/ Selbstbeurteilung

In der Vorlektion haben Sie sich bereits mit der Selbsteinschätzung oder, wie man auch sagt, Selbstbeurteilung der Fremdsprachenkenntnisse auseinandergesetzt (S. 16 und 38). Sie haben Kannbeschreibungen kennen gelernt und erfahren, wie man mit deren Hilfe seinen Sprachstand konkret beschreiben kann.
Eine Gruppe deutscher Unternehmen hat sich zusammengeschlossen, um sich über betriebliche Fremdsprachenqualifikationen auszutauschen. Ein Ergebnis dieser Treffen war die Broschüre „Arbeitsplatz Europa", in der die Kannbeschreibungen unter dem Aspekt der Erfordernisse im Beruf formuliert werden. So entstanden die berufsbezogenen Kannbeschreibungen, von denen wir Ihnen in diesem, aber auch in den folgenden Kapiteln, einige vorstellen werden, da sie für Ihre zukünftige berufliche Karriere von Bedeutung sind.

13 a *Kommentieren Sie die folgenden Kannbeschreibungen durch persönliche Anmerkungen wie z.B. „Ja, kann ich...", „Hier könnte ich besser werden", „Da fühle ich mich noch unsicher", „Da bin ich nahe dran" oder einen anderen passenden Kommentar.*

Zusammenhängend sprechen

Kann Auskunft geben über Tätigkeit, Abteilung, Firma, Produkte.

. . . .

Kann kurze Passagen aus arbeitsrelevanten Texten auf einfache Weise mündlich wiedergeben.

. . . .

Kann in Besprechungen seinen Standpunkt durch Erklärungen/Argumente/Kommentare begründen.

. . . .

Lesen

Kann die Hauptaussage und wichtige Details in Artikeln und Berichten über Themen aus dem eigenen Fachgebiet verstehen.

. . . .

Kann Texte zum Fachgebiet, einschließlich grafischer Darstellungen, im Detail verstehen.

. . . .

Arbeitsplatz Europa, S. 13 und 11

13 b *Besprechen Sie mit Ihrem Nachbarn Ihre und seine Einschätzung. Vielleicht haben Sie sich ja zu streng beurteilt!*

13 c *Sie haben die Aufgaben 4a–5d auf S. 48–50 gelöst. Formulieren Sie, was für Sie wichtig war.*

G Mit Sprache spielen

14 **a** *In Deutschland hört man oft den Spruch „Geld regiert die Welt". Was könnte dieser Spruch für die Unternehmensziele eines Unternehmens bedeuten? Gibt es ähnliche Sprüche in Ihrer Muttersprache?*

14 **b** *Es passiert nicht selten, dass Unternehmen „Insolvenz anmelden" müssen, d.h. zahlungsunfähig sind. In Deutschland wählt man, um das bildlich auszudrücken, einen Raubvogel den „Pleitegeier". In der Umgangssprache sagte man „Ich bin pleite", d.h. ich habe kein Geld. Geier sind Vögel, die nicht beliebt sind. Gibt es in Ihrer Muttersprache ähnliche Ausdrücke?*

14 **c** *Manchmal spricht man auch vom „Profitgeier". Wie würden Sie das erklären? Nennen Sie Beispiele.*

15 *Gitterrätsel: Wer findet die meisten Begriffe zu den Unternehmensformen?*

H	A	F	T	U	N	G	A	F	U	H	R	Z	S	L	P	D	O	W	C	L	T
L	S	E	I	N	L	A	G	E	R	E	C	H	T	S	F	O	R	M	E	N	D
K	A	P	I	T	A	L	G	E	B	E	R	I	J	M	L	B	V	D	F	K	F
T	Z	U	P	R	I	V	A	T	V	E	R	M	Ö	G	E	N	O	L	F	E	H
Z	U	E	I	N	Z	E	L	U	N	T	E	R	N	E	H	M	E	N	B	C	J
Y	G	E	S	E	L	L	S	C	H	A	F	T	E	R	K	O	L	M	K	N	K
F	K	O	M	M	A	N	D	I	T	G	E	S	E	L	L	S	C	H	A	F	T
A	K	T	I	E	N	G	E	S	E	L	L	S	C	H	A	F	T	S	V	I	L
S	Y	G	E	N	O	S	S	E	N	S	C	H	A	F	T	M	U	G	O	R	P
K	A	G	T	**S**	**T**	**A**	**M**	**M**	**K**	**A**	**P**	**I**	**T**	**A**	**L**	A	F	K	R	M	G
P	E	R	S	O	N	E	N	G	E	S	E	L	L	S	C	H	A	F	T	K	R
I	S	A	P	R	I	V	A	T	V	E	R	M	Ö	G	E	N	N	T	A	G	H
T	E	K	O	M	P	L	E	M	E	N	T	Ä	R	K	O	F	I	P	N	J	U
A	U	I	R	E	P	O	H	G	I	A	D	L	V	C	B	I	P	H	D	S	N
L	T	S	O	N	D	E	R	F	O	R	M	E	N	L	I	P	T	B	N	F	P

H Meine persönlichen Dateien: Definieren

An dieser Stelle möchten wir Sie ermuntern, noch einmal durch die Lektion zu blättern und zu prüfen, was für Sie von besonderer Bedeutung war und dies in Ihrem Ordner unter einem entsprechenden Dateinamen zu speichern.
Als Thema schlagen wir Ihnen „Definieren" vor, da Sie sich in dieser Lektion eingehend damit befasst haben und Definieren in der Ausbildung wichtig ist.
Unser Vorschlag zur Vorgehensweise ist, Beispiele von Definitionen in der Vorlektion und in dieser Lektion zu sammeln und diese zu analysieren.
Anhand der gesammelten Beispiele werden Sie gewisse Regelmäßigkeiten feststellen, die Sie dann systematisieren können.
Durch die Systematisierung erhalten Sie bestimmte Muster, die Ihnen helfen, die Besonderheit des Definierens zu verstehen.

Unser Vorschlag zur Gestaltung dieses Verfahrens sieht folgendermaßen aus:

1 Definieren mithilfe von Relativsätzen

Beispiel: Markt ist ein Ort, an dem Angebot und Nachfrage zusammentreffen.
So gehe ich vor:
- den passenden Oberbegriff bestimmen: **Ort**
- spezifische Merkmale zusammenstellen und benennen: **Zusammentreffen von Angebot und Nachfrage**
- passendes Verb zuordnen: **sein**

Muster: Ein x ist ein y, an dem …
Meine Beispiele: . . . .

laufend ergänzen

2 Definieren mithilfe von Attributen

Beispiel: Unter einer Abteilung versteht man einen gleichartigen Aufgabenbereich mit mehreren Stellen.
So gehe ich vor:
- den passenden Oberbegriff bestimmen: **Aufgabenbereich**
- spezifische Merkmale zusammenstellen und benennen: **gleichartiger** Aufgabenbereich **mit mehreren Stellen**
- passendes Verb zuordnen: **verstehen unter**

Muster: Unter einem x versteht man ein … y mit …
Meine Beispiele: . . . .

laufend ergänzen

Lektion 2

Marketing

Einstieg

Interkulturelles Marketing

Ein Praxisfall

Die weltweite Nivea-Kampagne „Fühlt sich an, wie ein warmer Sommerregen auf der Haut" musste bezüglich der Bedeutung des Sommerregens und der Darstellung leicht bekleideter Frauen an die lokalen Bedingungen angepasst werden. In asiatischen Ländern, in denen der sommerliche Regen einem Taifun gleichkommt, wurde der Sommerregen ersetzt durch „Morgentau" (Malaysia) oder „die leichte frische Brise" (China). In arabischen Ländern, in denen es im Sommer nicht regnet und zudem keine nackte Frauenhaut gezeigt werden darf, wurde die Botschaft der Frische durch einen Windstoß symbolisiert, der durch die wallenden Gewänder einer Muslimin streicht.

Kotler/Bliemel, S. 641

a *Warum ist Ihrer Meinung nach die Nivea-Kampagne letztendlich weltweit erfolgreich verlaufen? Machen Sie sich zusammen mit Ihrem Nachbarn Notizen und berichten Sie im Plenum.*

b *Wie wirkt der deutsche Werbespruch der Kampagne von Nivea auf Sie?*
Was ist Ihrer Meinung nach die Botschaft?
Könnten Sie eine der Formulierungen in Ihrem Heimatland nutzen? Oder: Wie würden Sie sie abändern?
Machen Sie sich zusammen mit Ihrem Nachbarn Notizen und diskutieren Sie im Plenum.

A Ein fremder Markt

Internationales Marketing

1 **a** *Unterstreichen Sie in den folgenden Beispielen die Informationen, die Probleme kennzeichnen.*

1 Die „Ronnie-McDonald-Werbung" von McDonald's fiel in Japan durch. Ronnie trat als Clown mit weißgeschminktem Gesicht auf. In Japan gilt aber ein weißbemaltes Gesicht als ein Synonym für den Tod.

2 Bei Philips machte man in Japan erst dann Gewinne, als man seine Kaffeemaschinen so verkleinerte, dass sie zu den kleineren japanischen Küchen passten, und die Rasierapparate verkleinerte, so dass sie den kleineren Händen der japanischen Männer angepasst waren.

3 Coca-Cola musste seine 2-Liter-Flaschen in Spanien zurückziehen, nachdem man entdeckt hatte, dass nur wenige Spanier Kühlschränke besaßen, deren Kühlfächer dafür groß genug waren.

4 Der Versuch von Procter & Gamble, mit einer Direktwerbe-Kampagne die Marktposition in Osteuropa auszubauen, schlug fehl. Die Warenproben, die man an Tausende von Haushalten lieferte, landeten ungenutzt im Müll. Das Unternehmen hatte die Erfahrung der Empfänger unterschätzt, dass alles, was „gratis" ist, auch „schlecht" ist.

5 Bahlsen scheiterte bei der Einführung eines „Kipferl"-Gebäcks in Frankreich an Sprachproblemen. Das Gebäck wurde nicht nachgefragt, weil der Name für den französischen Verbraucher kaum auszusprechen war. Erst nach einer Umbenennung in „Croissant de Lune" war das Gebäck in Frankreich erfolgreich.

Kotler/Bliemel, S. 620

1 **b** *Was muss man beim Eindringen in einen fremden Markt beachten, um Fehler zu vermeiden? Ordnen Sie die 5 Beispiele den folgenden Aussagen zu. Mehrfachzuordnungen sind möglich.*

A Größe und Gestaltung des Produktes müssen zum Kunden und in sein gewohntes Umfeld passen.

Beispiel: . . . .

B Werbemaßnahmen müssen auf die Kultur, Gewohnheiten und Vorurteile des Landes eingehen.

Beispiel: . . . .

C Der Name eines Produktes muss sprachlich und inhaltlich erschließbar sein.

Beispiel: . . . .

1 **c** *In welche Märkte wollen die amerikanischen Unternehmen McDonald's, Coca Cola und Procter & Gamble (Waschmittel etc.) eindringen, in welche die europäischen Unternehmen Philips (Niederlande) und Bahlsen (Deutschland)?*
Was schließen Sie daraus bezüglich interkultureller Unterschiede und Entfernungen der Länder voneinander?
Machen Sie sich Notizen und berichten Sie im Plenum.

Merke

Als Praktikant in Deutschland oder als Angestellter eines Handelsunternehmens, das heimische Produkte nach Deutschland exportiert, sind nicht nur Ihre Deutschkenntnisse gefragt, sondern auch Ihre Kenntnisse der deutschen Kultur und Wirtschaft, des deutschen Marktes und der Mentalität des deutschen Kunden.

1 **d** *Was erwarten Sie von einem Artikel des Magazins „Der Spiegel" mit dem Titel „Wie ticken die Deutschen?" Machen Sie sich zusammen mit Ihrem Nachbarn Notizen und berichten Sie im Plenum.*

1 **e** *Unter dem Titel „Wie ticken die Deutschen" werden beispielsweise folgende Themen behandelt: Wie deutsch sind die Deutschen? Was verdienen die Deutschen? Woran glauben die Deutschen? Wie ängstlich sind die Deutschen? Wie oft waschen sich die Deutschen? Wie viel trinken die Deutschen? Wie dumm sind die Deutschen?*

Entspricht das Ihren Erwartungen? Diskutieren Sie im Plenum.

LernTipp

Sammeln Sie, wenn immer Sie können, Informationen über die Deutschen, den deutschen Markt und die deutsche und europäische Wirtschaft und Wirtschaftspolitik.

Fallbeispiel

Maria Viktoria hat ihre Ausbildung zur Kauffrau im Außenhandel in ihrem Heimatland erfolgreich abgeschlossen. Jetzt absolviert sie ein Praktikum von 6 Monaten in einem Handelsunternehmen der Lebensmittelbranche in Norddeutschland. Sie will ihre Deutschkenntnisse aufbessern, Land und Leute kennen lernen und Erfahrungen im beruflichen Alltag sammeln. Darüber hinaus möchte sie die Zeit in Deutschland intensiv nutzen, um Informationen über den deutschen Markt und insbesondere über den Konsumgütermarkt zu sammeln. Denn ihr Vater leitet ein mittelgroßes Familienunternehmen, das qualitativ hochwertige Marmeladen herstellt und eine verkehrsmäßig günstige Lage zu Deutschland hat. Da der heimische Markt gesättigt ist und Kapazitäten bei der Herstellung noch frei sind, überlegen Vater und Tochter, ihre Marmeladen zu einem entsprechenden hohen Preis auf den deutschen Markt zu bringen.
Ihre Erkundungen führen Maria Viktoria bereits nach den ersten Wochen zu dem Ergebnis, dass die Preisgestaltung problematisch sein wird. Sie stellt nämlich fest, dass der Preis bei der Kaufentscheidung der Käufer in Deutschland eine außerordentlich große Rolle spielt. Bei 54% der Deutschen entscheidet der Preis und nicht die Qualität darüber, was gekauft wird. Preise von Anbietern werden verglichen, nach Sonderangeboten Ausschau gehalten und monatelang mit dem Slogan „Geiz ist geil" geworben. Positiv wertet Maria Viktoria dagegen die Tatsache, dass gesunde Nahrungsmittel aus biologischem Anbau hoch geschätzt sind und die Nachfrage nach Bioprodukten kontinuierlich steigt, so dass es zum Teil zu Engpässen kommt, weil nicht genügend Waren zur Verfügung stehen. In diesem Zusammenhang passt es auch, dass Discounter wie Aldi auch Bioprodukte in ihrem Sortiment haben und überall große Biosupermärkte wie z. B. Alnatura entstehen, deren Marketingkonzept Maria Viktoria sehr gefällt.

2 a *Alle Aussagen sind richtig. Gehen sie aus dem Fallbeispiel hervor? Arbeiten Sie mit Ihrem Nachbarn zusammen und diskutieren Sie Ihre Ergebnisse im Plenum.*

		Ja	Nein
1	Persönliche Eindrücke und Erfahrungen in Deutschland können die Entscheidung eines Unternehmens für oder gegen einen Eintritt in den deutschen Markt beeinflussen.	☐	☐
2	Informationen über den deutschen Markt generell und über den Markt spezieller Branchen (z.B. den Konsumgütermarkt) liefern die deutschen Auslandshandelskammern in den einzelnen Ländern.	☐	☐
3	Zahlreiche ausländische Unternehmen bieten ihre Produkte am deutschen Markt an.	☐	☐
4	Der Kaufpreis ist für den durchschnittlichen Käufer in Deutschland der wichtigste Faktor für oder gegen den Kauf eines Produktes.	☐	☐
5	In jedem Land gibt es spezifische Verhaltensweisen der Käufer, die auf ihrer Geschichte und Kultur beruhen und die ein Unternehmen kennen und berücksichtigen muss, wenn es in den Markt eindringen will.	☐	☐
6	Discounter sind billig ausgestattete Einzelhandelsgeschäfte, die ein stark begrenztes Sortiment in Selbstbedienung anbieten.	☐	☐
7	In Deutschland nimmt die Nachfrage nach Bioprodukten seit mehreren Jahren kontinuierlich zu.	☐	☐
8	Nach der EG-Öko-Verordnung dürfen nur Waren das Biosiegel führen, die den gesetzlichen Standards entsprechen.	☐	☐
9	Geiz ist gleichbedeutend mit übertriebener Sparsamkeit.	☐	☐

2 b *Als Mitbegründer der Firma Wellness Kosmetik GmbH werden Sie beauftragt, in Ihrem Heimatland zu recherchieren, ob es eine Chance gibt, eine preiswerte Pflegeserie auf biologischer Basis für Jugendliche in Apotheken anzubieten.*
Was ist Ihre erste persönliche Einschätzung? Machen Sie sich Notizen und berichten Sie im Plenum.

2 c *Welche der folgenden Fragen über den Markt von Pflegeprodukten für Jugendliche können Sie ähnlich wie Maria Viktoria selbst recherchieren, bei welchen sind Sie auf Veröffentlichungen z. B. statistische Angaben angewiesen? Arbeiten Sie mit Ihrem Nachbarn zusammen und stellen Sie Ihre Ergebnisse im Plenum vor.*

- Wie viel Geld steht den Jugendlichen monatlich zur Verfügung? (Kaufkraft)
- Welche Angebote gibt es wo und unter welchen Bedingungen? (Konkurrenz)
- Sprechen wir die Mädchen oder die Jungen oder beide an? (Zielgruppe)
- Wie ist das Kaufverhalten der Jugendlichen?
- Welche Chance haben biologische Produkte?
- Wer ist Marktführer?

BiO nach EG-Öko-Verordnung · Bio Kreis · Bioland Ökologischer Landbau · BIOPARK · ECOVIN · demeter · Naturland anerkannt ökologischer Landbau

Marktforschung

3 a *Wie kann Maria Viktoria ihre persönlichen Erkundungen weiter ausdehnen, um konkrete Informationen zu gewinnen? Unterstreichen Sie die entsprechenden Textteile.*

Markterkundung – Marktforschung

Der Begriff der Markerkundung umschließt sämtliche Methoden zur Gewinnung von Informationen über die Lage und die Entwicklung der Märkte. Solche Informationen ergeben sich

a) unsystematisch aus Gesprächen mit Lieferanten und Kunden, Mitteilungen des Verkaufspersonals, Berichten von Vertretern, Besuchen auf Ausstellungen und Messen, Beobachtungen der Konkurrenten, Marktberichten in Tages- und Fachzeitungen, durch Suchen im Internet,

b) systematisch aus Marktuntersuchungen, die mit wissenschaftlichen Methoden vorbereitet, durchgeführt und ausgewertet werden.

Als **Marktforschung** bezeichnet man die **systemische Untersuchung der Märkte**.

Kaufmännische Betriebslehre, S. 257

3 b *Ergänzen Sie das unten abgedruckte Flussdiagramm mithilfe des Textes.*

Die Marktforschung umfasst die Teilbereiche: a) Marktanalyse und b) Marktbeobachtung. An diese schließt sich c) die Marktprognose an.

Zu a): Unter Marktanalyse ist eine einmalige, zeitpunktbezogene Untersuchung eines abgegrenzten Teilmarktes zu verstehen, bei der die Struktur dieses Marktes ermittelt werden soll.

Zu b): Die Marktbeobachtung dagegen ist eine Zeitraumbetrachtung, d.h. sie verfolgt die Entwicklung und Veränderung eines Marktes im Zeitablauf.

Zu c): Marktanalyse und Marktbeobachtung bilden die Voraussetzung für die Marktprognose. Mit ihr soll die zukünftige Entwicklung des Marktes ermittelt werden. Hierfür stehen verschiedene Verfahren zur Verfügung.

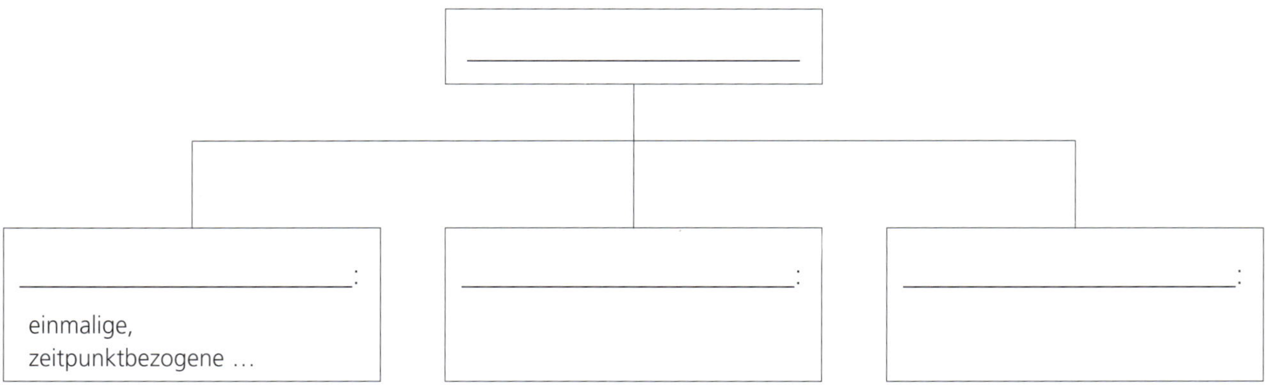

Nach: Buhlmann/Fearns, BWL, S. 140

LernTipp

Schaffen Sie sich mithilfe eines Flussdiagrammes eine Übersicht über die Zusammengehörigkeit von Fachbegriffen, das hilft beim Lernen und Behalten.

c *In welchen der folgenden Abbildungen werden die Ergebnisse a) einer Marktanalyse, b) einer Marktbeobachtung und c) einer Marktprognose dargestellt? Arbeiten Sie mit Ihrem Nachbarn zusammen und stellen Sie Ihr Ergebnis im Plenum vor.*

1

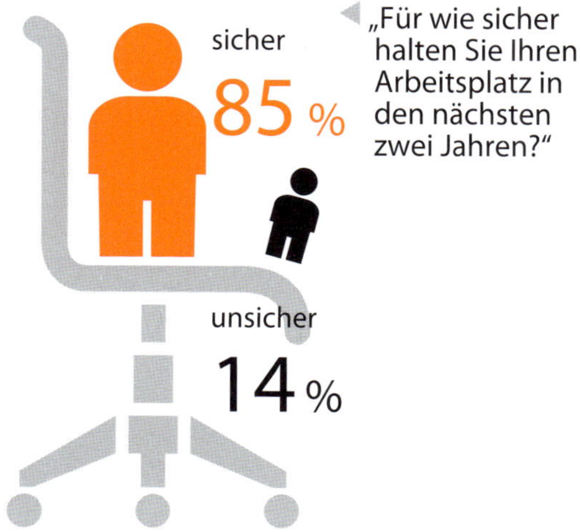

2

3

Pro-Kopf-Verbrauch

	1900		2005/2006
Brot	139,2 kg	↘	85,9 kg
Gemüse, Salat	61,5 kg	↗	95,1 kg
Kartoffeln	271,1 kg	↓	67,6 kg
Öle, Fette	3,2 kg	↑	27,0 kg

4

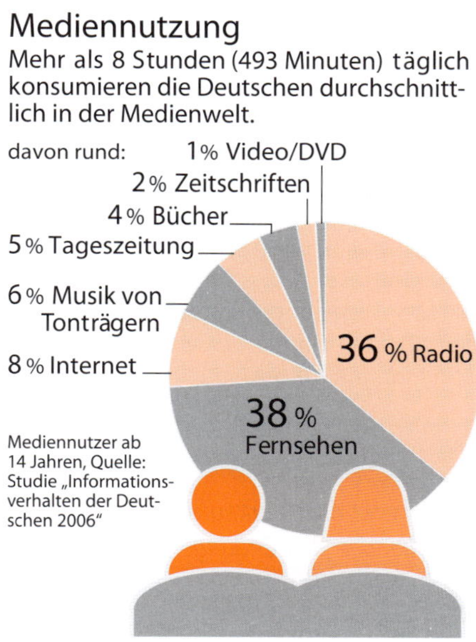

Alle Abbildungen sind aus „Der Spiegel" Nr. 17/21. 04. 2008

d *Die Darstellung der Ergebnisse der Marktforschung erfolgt in unterschiedlicher Form.*
1 Wozu dient das Kreisdiagramm (Abb. 4)?
2 Wozu dienen Kurven wie in Abbildung 2?

e *Wie würden Sie die Abbildung 1 beschreiben?*
Wie würden Sie die Informationen der Abbildung als Aussage zum deutschen Markt bewerten?
Wie schätzen Sie die Situation in Ihrem Heimatland ein?
Machen Sie sich zusammen mit Ihrem Nachbarn Notizen und berichten Sie im Plenum.

Vom Verkäufermarkt zum Käufermarkt

Ein für die Entwicklung des Marketing wichtiger Faktor ist der Wandel vom Verkäufermarkt zum Käufermarkt.

a *Mit welchen Entschlüsselungsstrategien (vgl. S. 34) können Sie sich die Begriffsinhalte von „Verkäufermarkt" und „Käufermarkt" erschließen?*
Ergänzen Sie:

Ein Verkäufermarkt ist ein Markt, auf dem ....

Ein Käufermarkt ist ein Markt, auf dem ....

b *Überprüfen Sie das Ergebnis mithilfe des folgenden Textes. Unterstreichen Sie die Textteile, die für oder gegen Ihre Lösung sprechen. Arbeiten Sie mit Ihrem Nachbarn zusammen und stellen Sie Ihr Ergebnis im Plenum vor.*

Seit Mitte des 20. Jahrhunderts hat ein Wandel von so genannten Verkäufermärken zu Käufermärkten stattgefunden und entsprechende Veränderungen in der Unternehmensführung bewirkt. Bis ca. Anfang der 1970er-Jahre herrschten durch Nachholbedarf und raschen technischen Fortschritt sog. **Verkäufermärkte** vor, auf denen die Nachfrage stets größer als das Angebot war, so dass der Hauptengpass die Produktion war. Daher war die Unternehmensführung primär produktions- und entwicklungsorientiert und Ingenieure sowie Produktionsfachleute trafen die zentralen Entscheidungen in den Unternehmen. Ab etwa 1970 traten Sättigungseffekte und entsprechende Marktwiderstände auf; die Märkte wurden zu sog. **Käufermärkten**, auf denen das Angebot größer als die Nachfrage ist, so dass der ausreichende Absatz den Hauptengpass darstellt. Solche Märkte erfordern eine absatzorientierte Unternehmensführung, in der Marketingexperten die zentralen Entscheidungen treffen.

Abitur-Training, S. 130

c *Käufermarkt oder Verkäufermarkt? Ergänzen Sie die folgende Liste mit den passenden Begriffen und entsprechenden Begründungen.*

1 Rohölmarkt der OPEC:

....

2 Deutsche Bahn AG für Zugreisende:

....

3 Konsumgütermarkt in Deutschland:

....

4 Uhrenmarkt in der Schweiz:

....

d *Notieren Sie Beispiele für Käufer- und Verkäufermärkte in Ihrem Heimatland. Berichten Sie im Plenum.*

4

***e** Alle Aussagen sind richtig. Gehen sie aus der unten abgedruckten Tabelle „Vom Verkäufermarkt zum Käufermarkt" hervor?*
Arbeiten Sie mit Ihrem Nachbarn zusammen und stellen Sie Ihr Ergebnis im Plenum vor.

		Ja	Nein
1	Von 1950–1970 war der Bedarf an Gütern in Deutschland so groß, dass die Nachfrage nicht befriedigt werden konnte.	☐	☐
2	Unter Produktionskapazität versteht man die Menge an Gütern, die ein Unternehmen in einem bestimmten Zeitraum produzieren kann, z.B. 300 Autos pro Tag.	☐	☐
3	Seit 1970 ist das Angebot von Waren und Dienstleistungen größer als die Nachfrage, die Unternehmen können oft nur einen Teil ihrer Produktion am Markt absetzen.	☐	☐
4	Unter Absatz versteht man alle mit dem Verkauf verbundenen Tätigkeiten des Unternehmens.	☐	☐
5	Absatzziele auf dem Käufermarkt sind die Sicherung und Ausweitung bestehender Märkte und die Gewinnung neuer Märkte.	☐	☐
6	Die Preisgestaltung der Konkurrenz muss von den Unternehmen kontinuierlich beobachtet werden.	☐	☐
7	Kundenorientierung und Marketing sind die Kennzeichen eines Käufermarktes.	☐	☐

Vom Verkäufermarkt zum Käufermarkt

	Verkäufermarkt ca. 1950–1970	**Käufermarkt ab ca. 1970**
Nachfrage-Situation	Nachfrage > Angebot	Angebot > Nachfrage
Hauptengpass	Produktionskapazität	Absatzvolumen
Forschungsschwerpunkt	Produktforschung	Marktforschung
Absatzziele	Bedarfsdeckung	neue Märkte erschließen, bestehende Märkte sichern oder ausweiten
Preisgestaltung	kostenorientiert	konkurrenzorientiert
vorrangige Unternehmensstrategie	technischer Fortschritt als Selbstzweck	Produkt- und Programmentwicklung nach Kundenorientierung
Unternehmensführung	produktorientiert	marktorientiert = Marketing

Abitur-Training, S. 130

B Absatz und Marketing

5 **a** *Was verbinden Sie mit dem Begriff Marketing?*
Machen Sie sich zusammen mit Ihrem Nachbarn Notizen und berichten Sie im Plenum.

5 **b** *Unterstreichen Sie im folgenden Text die Definitionen. Entspricht die Definition von Marketing Ihren Vorstellungen? (Zu Definitionen vgl. L1, S. 58)*

Im engeren Sinn bezeichnet **Absatz** nur die letzte Stufe im betrieblichen Prozess. Im weiteren Sinne versteht man darunter alle Maßnahmen, die dem Verkauf eines Produktes mit den **Zielen** Markterschließung, Marktsicherung und Marktausweitung dienen. Der Begriff **Marketing** umschreibt dagegen eine vollständige marktorientierte Unternehmensführung, d.h. eine Ausrichtung aller Unternehmensbereiche und -aktivitäten auf den Absatz. Diese Unternehmensphilosophie ist in erster Linie auf Kundenorientierung und -zufriedenheit ausgerichtet und strebt damit die Optimierung des Absatzes an.

Abitur-Training, S. 130

5 **c** *Die folgende Abbildung zeigt, welche Stellung das Marketing in einem Unternehmen einnehmen kann. Beantworten Sie zusammen mit Ihrem Nachbarn die folgenden Fragen.*

1 Welche Abbildung würden Sie wählen, um den Begriff des Marketing zu erklären und warum?
2 Welche Abbildungen würden Sie wählen, um den zunehmenden Einfluss der Marketingabteilung in der Organisation eines Unternehmens zu beschreiben? (vgl. auch L1, S. 46)
3 Finden Sie die Visualisierung des Autors für das Verständnis hilfreich?

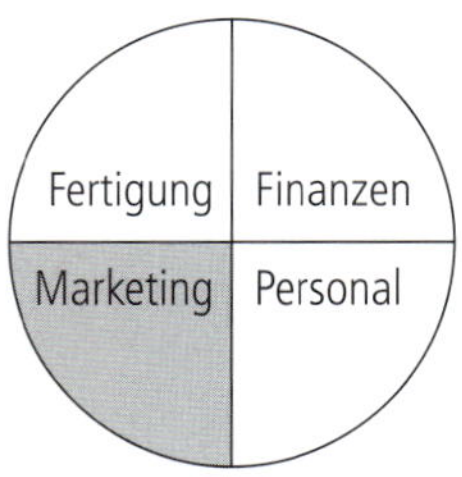

a) Marketing als gleichrangige Funktion

b) Marketing als vorrangige Funktion

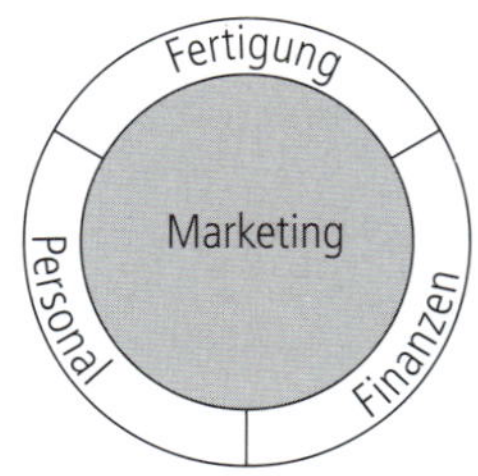

c) Marketing als zentrale Funktion

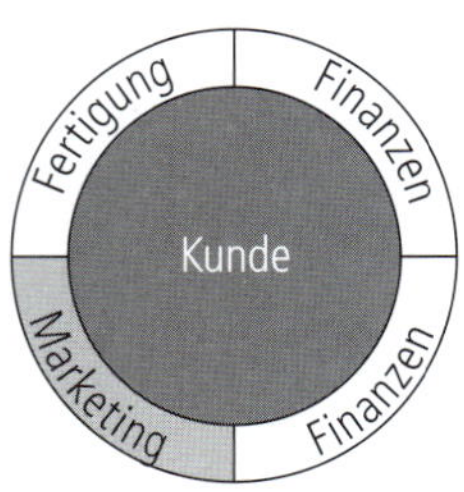

d) Kunde im Mittelpunkt

e) Kunde im Mittelpunkt und Marketing als integrative Kraft

Kotler/Bliemel, S. 43

Marketing in der Praxis

BBT Thermotechnik GmbH gehört zur Bosch-Gruppe. BBT steht für Bosch Buderus Thermotechnik. Das Unternehmen verfügt über starke, mit einer langen Tradition verbundene Marken (Bosch, Buderus, Junker usw.) und ist weltweit einer der führenden Anbieter von Heizungsprodukten. Werbungsmäßig formuliert das BBT so: „Anbieter von Systemen für behagliches Raumklima und warmes Wasser."

6

Track 4

a *Ein Mitglied der Geschäftsführung von BBT, Herr Huttelmaier; gibt ein Interview zum Thema „Exzellenz in Marketing und Vertrieb."*
Die Interviewerin stellt Herrn Huttelmaier u.a. folgende Frage: „Herr Huttelmaier, Sie agieren im internationalen Markt. Was genau verstehen Sie unter dem Ziel ‚Exzellenz in Marketing und Vertrieb'?"

Alle Aussagen sind richtig. Lesen Sie sie und hören Sie dann das Interview zweimal. Kreuzen Sie zusammen mit Ihrem Nachbarn die Aussagen an, die aus dem Interview hervorgehen. Hören Sie dann das Interview noch einmal.

1 Kundenbindung, Kundenzufriedenheit und diese Gewinnung neuer Kunden sind Ziele des Marketing. ☐
2 Im Marketing müssen wir besser sein als unsere Konkurrenz. ☐
3 Wir müssen unsere Kunden begeistern. ☐
4 Der Kundendienst ist ein wichtiges Marketinginstrument, das v. a. bei technischen Produkten die Kaufentscheidung bestimmt. ☐
5 Nicht nur das Produkt auch die Kommunikation mit den Vertretern des Unternehmens muss den Kunden Freude bereiten. ☐

Welchen Hörstil haben Sie angewandt? Totales Hören (jedes Wort), kursorisches Hören (grob den Inhalt erfassen) oder selektives Hören (sich auf bestimmte Informationen konzentrieren)?

6

b *Auf den Seiten 22, 23, 25, 49 und 57 finden Sie einen Internettext zum Leitbild von RITTER SPORT. Welche Informationen enthält der Text zum Thema „Marketing bei RITTER SPORT" (Marketingziele, Beziehung zum Kunden, Bedeutung des Marketing im Unternehmen, Markenpolitik, Produktqualität und Werbung)?*
Machen Sie sich Notizen und berichten Sie im Plenum.
Achten Sie auf die optische Gestaltung Ihrer Notizen. Beraten Sie sich mit Ihrem Nachbarn.

LernTipp

Notizen dienen beim Lernen zur Wiederholung. Je übersichtlicher man sie gestaltet, desto besser prägen sie sich ein. Optisch gestaltet können sie oft auch als Folie für Berichte genutzt werden.

C Marketingmix*

Um seine Marketingziele zu erreichen, stehen dem Unternehmer eine Reihe von Marketinginstrumenten zur Verfügung, wie z.B. Preisgestaltung, Produktqualität, Markenpolitik, Kundendienst, Absatz über den Großhandel usw. Um auf dem Markt erfolgreich zu sein, muss das Unternehmen die Marketinginstrumente auswählen, individuell gestalten und aufeinander abstimmen, so dass eine harmonische Mischung, das spezifische Marketingmix des Unternehmens, entsteht.
Die Marketinginstrumente lassen sich auf unterschiedliche Weise systematisieren. In der Regel unterscheidet man 4 Hauptbereiche, die man nach der amerikanischen Literatur als die 4 Ps bezeichnet: Product, Price, Place, Promotion.
In deutschen Lehrbüchern findet man dafür Produktpolitik, Preispolitik, Distributionspolitik und Kommunikationspolitik oder Produktmix, Kontrahierungsmix, Distributionsmix und Kommunikationsmix.

7 **a** *Produktpolitik, Preispolitik, Distributionspolitik oder Kommunikationspolitik?*
Welche Politik steht einem Unternehmen zur Verfügung, um folgende Probleme zu lösen?
Antworten Sie mithilfe der Informationen der Tabelle „Absatzpolitisches Instrumentarium".

1 Welche Leistungen sollen in welcher Form am Markt angeboten werden?

. . . .

2 An wen und auf welchen Wegen sollen die Produkte verkauft bzw. an die Käufer herangetragen werden?

. . . .

3 Zu welchen Bedingungen sollen die Güter und Dienste am Markt angeboten werden?

. . . .

4 Welche auf Kommunikation mit den Marktteilnehmern ausgerichteten Maßnahmen sollen ergriffen werden, um die Güter und Dienste abzusetzen?

. . . .

Absatzpolitisches Instrumentarium

Produktpolitik	**Preispolitik**	**Kommunikationspolitik**	**Distributionspolitik**
• Produktgestaltung • Programm- und Sortimentsgestaltung • Kundendienst • Garantieleisung	• Preisfestlegung • Rabatte und Boni • Liefer- und Zahlungsbedingungen	• Werbung • Persönlicher Verkauf • Verkaufsförderung • Öffentlichkeitsarbeit	• Absatzwege • Logistik
→ PRODUCT	→ PRICE	→ PROMOTION	→ PLACE

Abitur-Training, S. 131

* Es finden sich zwei Schreibweisen: Marketingmix und Marketing-Mix. Gleiches gilt für Produktmix etc.

7 *b Ergänzen Sie mithilfe der Informationen auf S. 74 und der Tabelle „Absatzpolitisches Instrumentarium" die folgenden Aussagen.*

1 Die Gestaltung der Produkte einschließlich Verpackung, der Kundendienst und die Garantieleistungen sind Instrumente der . . . .

2 Lagerung, Transport und Lieferungszeit sind ebenso wie Einschaltung des Groß- und Einzelhandels der . . . . zuzurechnen.

3 Die Preisgestaltung ist eine Entscheidung der . . . .

4 Eine Entscheidung für einen Markennamen oder für den Verkauf von so genannten „weißen Produkten" (No Names) ist Teil der . . . .

5 Schmutzige Verkaufsläden, langwierige, teure Transporte, unfreundliche Vertreter und Verkäufer sind Beispiele einer missglückten . . . .

6 Die vertragliche Festlegung von Preisen, Preisnachlässen, Liefer- und Zahlungsbedingungen gehört zur . . . .

7 Die Verkaufsförderung z.B. durch Warenproben, Sonderangebote, Treueprämien oder Gewinnspiele ist Teil der . . . .

8 Bei Public Relations (PR) geht es darum, Verbindungen (Relations) zwischen Unternehmen und Öffentlichkeit (Public) herzustellen. Sie gehören zum . . . .

Auszug aus einem Katalog

7 c *Zu welchen der 4 Hauptgruppen von Marketinginstrumenten gehören folgende Fallbeispiele? Arbeiten Sie mit Ihrem Nachbarn zusammen und stellen Sie Ihr Ergebnis im Plenum vor.*

________	________	________	________
Der neue Telefonanbieter „Ruf mich oft an" bietet samstags und sonntags Billigtarife an.	Deutsche Bank – Leistung aus Leidenschaft.	Der Eisverkäufer Giovanni di Gelati verkauft sein Eis am Schultor.	Am Ende der Wintersaison erhält man verbilligte Skier.
________	________	________	________
Kaufhäuser wie Karstadt bieten zinslose Kredite für den Kauf von Waschmaschinen an.	Der Bäcker Knauss aus Bäckershausen entwickelt einen köstlichen Diätschokoladenkuchen.	Die Allfinanz Versicherung bietet ihre Lebensversicherungen über einen Kaffeegroßhändler an.	Die Filiale von Wellness Kosmetik GmbH verteilt Warenproben.

8 Track 5

a *Auf die Gestaltung des Marketingmixes geht auch Herr Huttelmaier von BBT in seinem Interview ein.*

1 Was sagt er über die 4 Ps?
2 Welche Bedeutung hat der Service für BBT?

Hören Sie den kurzen Ausschnitt aus dem Interview zweimal und beantworten Sie dann die beiden Fragen zusammen mit Ihrem Nachbarn.
Welchen Hörstil haben Sie angewendet?

8 Track 6

b *Herr Huttelmaier sieht im Kundendienst eine besondere Stärke des Marketing von BBT. Warum? Lesen Sie zusammen mit Ihrem Nachbarn die folgenden Fragen. Hören Sie dann das Interview zweimal und beantworten Sie die Fragen.*

1 Wie lange am Tag ist der BBT Kundendienst erreichbar?
2 Wie hoch ist der Prozentsatz der Ersatzteile, die weltweit immer zur Verfügung stehen?
3 Welche Berufsgruppen müssen als „Absatzhelfer" immer informiert und betreut werden?

Welchen Hörstil haben Sie angewendet?

8 **c** *Welche Erfahrungen haben Sie bzw. Ihre Familie mit Serviceleistungen gemacht? Wie beeinflusst ein gutes Serviceangebot Ihre Verkaufsentscheidungen? Berichten Sie im Plenum.*

8 **d** *Sie haben die Möglichkeit, das ganze Interview zu hören. Wir empfehlen Ihnen, das am Ende der Lektion zu tun.*

Track 7

9 **a** *Alle Aussagen sind richtig. Gehen sie aus dem Text hervor? Arbeiten Sie mit Ihrem Nachbarn zusammen und stellen Sie Ihr Ergebnis im Plenum vor.*

		Ja	Nein
1	Unter dem Begriff Distributionspolitik werden Entscheidungen zusammengefasst, die für den Weg des Produktes vom Hersteller zum Kunden notwendig sind.	☐	☐
2	Man spricht von direktem Absatz, wenn Hersteller – über eine Verkaufsabteilung oder eine eigene Verkaufsniederlassung – direkt an den Verbraucher verkaufen.	☐	☐
3	Groß- und Einzelhandel sind wichtige Absatzmittler.	☐	☐
4	Makler und Handelsvertreter kaufen im Gegensatz zu den Groß- und Einzelhändlern die Ware nicht, sondern vermitteln nur den Verkauf.	☐	☐
5	Die Distributionspolitik eines Unternehmens beeinflusst den Marketingmix eines Unternehmens entscheidend.	☐	☐
6	Der Versandhandel gehört zu den werkseigenen Vertriebssystemen.	☐	☐
7	Reisende sind Angestellte des Herstellers und schließen für ihn Geschäfte ab.	☐	☐

Die meisten Hersteller verkaufen heute ihre Waren nicht direkt an den Endverwender. Hersteller und Endverwender sind durch eine Vielzahl von *Partnern im Distributionssystem (Absatzmittler)* verbunden, die verschiedene Funktionen übernehmen und unterschiedliche Namen tragen. Einige der Partner des Herstellers, wie z.B. die Groß- und Einzelhändler, kaufen die Ware, erwerben das Eigentum daran und verkaufen sie anschließend weiter, d.h. sie sind *im eigenen Namen tätige Kaufleute.* Andere, wie z.B. Makler, Handelsvertreter und Verkaufsagenten oder -kommissionäre, erwerben die Ware jedoch nicht selbst, d.h. sie sind *im fremden Namen tätige Kaufvermittler.*
Entscheidungen über das Distributionssystem sind für das Unternehmen äußerst kritisch. *Sind die Distributionskanäle gewählt, dann üben sie einen ganz wesentlichen Einfluss auf alle anderen Marketingentscheidungen des Unternehmens aus.* Die Preisgestaltung hängt z.B. davon ab, ob man für seine Produkte Supermärkte oder den Fachhandel als Absatzpartner gewählt hat. Die Entscheidungen über Aufgaben des Vertriebs und der Werbung hängen davon ab, in welchem Umfang die gewählten Handelspartner geschult und motiviert werden müssen. Distributionsentscheidungen sind auch deshalb kritisch, weil sie *relativ langfristige Bindungen an andere Unternehmen* mit sich bringen. Wenn z.B. ein Autohersteller einen Vertragshändler aufnimmt, kann er diesen nicht einfach am nächsten Tag aufkaufen und durch eine eigene Werksvertretung ersetzen.

Kotler/Bliemel, S. 1073

9 **b** *Welchen Lesestil haben Sie angewendet und welche Funktion hatte dabei der Kursivdruck?*

9 **c** *Erklären Sie Ihrem Nachbarn mithilfe einer Skizze den Unterschied zwischen direktem Absatz und indirektem Absatz über Groß- und Einzelhändler.*
Stellen Sie Ihre Skizze im Plenum zur Diskussion.

d *Im Folgenden finden Sie eine Liste von möglichen Vertriebsformen. Welche ist in der dazugehörenden Abbildung nicht eingezeichnet?*

Vertriebsformen

1 Hersteller – Verwender
2 Hersteller – Reisender* – Verwender
3 Hersteller – Reisender – Einzelhändler – Verwender
4 Hersteller – Einzelhändler – Verwender
5 Hersteller – Reisender – Großhändler – Verwender
6 Hersteller – Reisender – Großhändler – Einzelhändler – Verwender
7 Hersteller – Großhändler – Verwender
8 Hersteller – Großhändler – Einzelhändler – Verwender
9 Hersteller – Vertreter** – Großhändler – Verwender
10 Hersteller – Vertreter – Großhändler – Einzelhändler – Verwender
11 Hersteller – Vertreter – Einzelhändler – Verwender
12 Hersteller – Vertreter – Verwender

Distributionswege

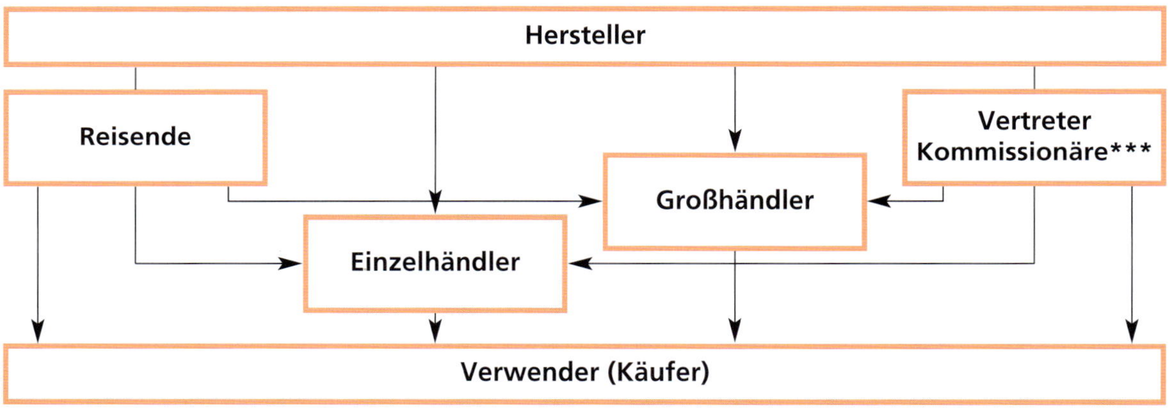

Diese Handelsketten können insbesondere im Fall des Exports und Imports noch eine weitaus größere Zahl von Gliedern haben. Der Produzent hat jedoch in vielen Fällen auf die Zahl der Glieder in der Handelskette keinen unmittelbaren Einfluss. Oft kann er nur das erste Glied der Kette bestimmen, also z.B. den Groß- und Einzelhandel. In manchen Fällen werden auch mehrere Handelsketten nebeneinander angewendet, beispielsweise liefern Hersteller von Werkzeugen oder kleineren Maschinen sowohl an den Großhandel, den Einzelhandel als auch an den Verwender.

Markt Lexikon Wirtschaft, S. 351

e *Nennen Sie Beispiele aus Ihrem Heimatland für direkten und indirekten Absatz. Machen Sie sich Notizen und berichten Sie im Plenum.*

* Reisender: Angestellter des Unternehmens mit der Aufgabe, für seine Firma Kunden zu gewinnen und Geschäfte mit ihnen abzuschließen
** Vertreter: selbstständiger Gewerbetreibender, der gegen Vergütung (Provision) für einen anderen Unternehmer Geschäfte vermittelt oder abschließt, ohne Eigentümer der Ware zu werden
*** Kommissionär: selbstständiger Kaufmann, der gegen Kommission für einen Verkäufer oder Käufer im eigenen Namen für Rechnung seines Auftraggebers Verträge abschließt, ohne dass die Ware in sein Eigentum übergeht

10 **a** *Bilden Sie Gruppen mit vier Personen und machen Sie konkrete Vorschläge für jedes Marketinginstrument, um den Absatz des neuen Rasierwassers für junge Männer von Wellness Kosmetik in Ihrem Heimatland zu steigern. Überlegen Sie sich eine geeignete Form der Visualisierung zur Vorstellung im Plenum. Für die Arbeit in Ihrer Gruppe können Sie die Redemittel in den Sprachbaukästen nutzen.*

Unser Marketing-Mix:

Produktpolitik
Welche Farbe und Form soll das Produkt/die Verpackung haben?
Welche Qualität soll unser Produkt haben?
Wie können wir das Produkt/die Verpackung umweltfreundlich gestalten?
Ist ein biologisches Produkt sinnvoll?

Preispolitik
Was soll unser Produkt kosten?
Welche Vorteile haben wir mit einem Rabattsystem für Händler?
Was kostet ein vergleichbares Produkt bei der Konkurrenz?

Distributionspolitik
Wo und wie verkauft unsere Konkurrenz ihre Produkte?
Wo vertreiben wir am besten unsere Produkte?
Im Fachhandel oder beliefern wir auch Discounter, Warenhäuser?
Eröffnen wir eigene Filialen?

Kommunikationspolitik
Wen wollen wir mit der Werbung ansprechen?
Mit welchen Mitteln können wir unsere Zielgruppen am besten erreichen?
Welche Medien können wir uns leisten?
Wie könnte ein Werbespruch lauten?

Sprachbaukästen

Ich schlage als Form ... vor.
Der Umwelt zuliebe sollten wir ... .
Als Verpackung eignet sich ... .
Meiner Meinung nach darf ... nicht nach ... riechen, weil ... .
... sollte (nicht) aussehen wie ... .

Ich glaube, wir müssen mit dem Preis runter/höher gehen.
Der Preis liegt deutlich über/unter ... .
Im Preis zeigt sich ... .
Ich halte viel von Rabatten, weil ... .

Wir sollten vor allem an/über ... verkaufen.
Dieser Vertriebsweg ist meiner Meinung nach ... .
Von der Konkurrenz können wir lernen, dass ... .
Filialen haben den Vorteil/Nachteil, dass ... .

Wir sind nur erfolgreich, wenn wir ... .
Mein Vorschlag wäre, dass ... .
Ich erwarte den höchsten Werbeerfolg mit ... .
Erinnert ihr euch an die letzte Kampagne, da haben wir doch ... .

10 **b** *Wählen Sie einen Sprecher in der Gruppe, der Ihre Ergebnisse im Plenum vorstellt.*

10 **c** *Was müssten Sie an Ihrem Marketingmix ändern, wenn Sie das Rasierwasser für junge Männer in Deutschland auf den Markt bringen wollen?*
Erstellen Sie in der Gruppe das Marketingmix für Deutschland, machen Sie sich Notizen, was für Informationen Sie in Deutschland einholen müssten. Stellen Sie das Marketingmix für Deutschland im Plenum vor. Achten Sie auf eine überzeugende Visualisierung.

10 **d** *Welches Marketing-Mix der Produkte „Standard" und „Prestige" entspricht Ihren Vorstellungen? Unterstreichen Sie in der folgenden Übersicht die Informationen, die Sie noch nicht berücksichtigt haben, die aber zu Ihrem Produkt passen.*

Beispiel: Ein Unternehmen für kosmetische Artikel stellt für zwei Rasierwasser-Sorten folgendes Marketing-Mix auf:

Marketingaktivitäten	**Marketing-Mix** für	
	Rasierwasser „Standard" für Marktsegment Männer unter 30 Jahren	Rasierwasser „Prestige" für Marktsegment Männer über 30 Jahren
Absatzplanung	monatlich 300.000 Einheiten	monatlich 170.000 Einheiten
Absatzwege	Direktbelieferung der Einzelhändler	Direktbelieferung der Einzelhändler, zusätzlich Einsatz von Handlungsreisenden und Handelsvertretern
Absatzhelfer	keine	Handelsvertreter und Handlungsreisende
Produktpolitik	herber Duft, stark, farblos	dezenter, aber anhaltender Duft, mild, leicht getönt
Versandeinheiten	Kartons à 50 Flaschen	Kartons à 50 Flaschen
Packungsgestaltung und -inhalt	eckige Flaschen in einfachem Karton 50 cm^3 und 100 cm^3	runde Flasche in aufwändiger Aufmachung 25 cm^3 und 50 cm^3
Preispolitik	mäßiger Preis	gehobener Preis
Konditionen	keine Rabatte	Rabattstaffel und Jahresbonus
Sortimentspolitik	weitere 5 Rasierwasser der mittleren Klasse von anderen Herstellern	weitere 2 Rasierwasser der gehobenen Klasse von einem anderen Hersteller
Absatzförderung	Display-Material beim Einzelhändler	erstklassige Warenplatzierung beim Einzelhändler
Werbung und Public Relations	keine Medienwerbung, sondern Werbung beim Einzelhändler – Idee: Sportlichkeit, Jugend	Anzeigen in Zeitschriften, Spots in Rundfunk und Fernsehen – Idee: Lebensfreude, Wohlstand

Kaufmännische Betriebslehre, S. 280

10 **e** *Ergänzen Sie in der Gruppe Ihr Marketing-Mix in den Bereichen, in denen Sie neue Anregungen erhalten haben und stellen Sie es im Plenum vor.*

Informationen zur Preispolitik und Distributionspolitik finden Sie in Lektion 3,
zur Kommunikationspolitik in den Lektionen 4 und 5.

D Visualisierung und Beschreibung

In dieser Lektion haben Sie sich mehrfach mit der Frage der Visualisierung von fachlichen Sachverhalten auseinandergesetzt und Vor- und Nachteile unterschiedlicher Gestaltungsweisen diskutiert. In diesem Kapitel möchten wir die Ergebnisse Ihrer Arbeit zusammenfassen.

11 **a** *Blättern Sie noch einmal durch die Lektion 2 und notieren Sie sich zusammen mit Ihrem Nachbarn 5 für Sie wichtige Beispiele von unterschiedlichen Formen der Visualisierung.*
Nennen Sie das Thema, die Form und die jeweiligen Vor- und Nachteile.

Beispiel:
Thema: Marketing-Mix für Rasierwasser-Sorten
Form: Tabelle mit 3 Spalten und 13 Zeilen
Vorteil: Kürze, Konzentration auf die wichtigsten Punkte; man kann die beiden Produkte schnell vergleichen.

11 **b** *Ergänzen Sie Ihre Aufstellungen durch Beispiele aus der Vorlektion und der Lektion 1, die bisher in der Lektion 2 noch nicht aufgetreten sind.*

11 **c** *Welche Form der Visualisierung findet man in den Zeitungen Ihres Heimatlandes besonders häufig? Berichten Sie im Plenum.*

11 **d** *Im Folgenden finden Sie 4 Beispiele für Sicherheitszeichen am Arbeitsplatz. Es handelt sich um ein Warnzeichen, ein Rettungszeichen, ein Verbotszeichen und ein Gebotszeichen. Ordnen Sie den Piktogrammen die passenden Bezeichnungen zu und formulieren Sie entsprechende Sätze, die den Inhalt des Piktogramms wiedergeben.*

____

Kein Trinkwasser

____

Richtungsangabe für Erste Hilfe

____

Gehörschutz tragen

____

Warnung vor feuergefährlichen Stoffen

Industrielle Metallberufe, S.21

RITTER SPORT

12 **a** *Ritter Sport hat seinen Internetauftritt im Sommer 2008 neu gestaltet. Im Folgenden finden Sie als ein Beispiel dafür die Website „Unsere Schokoladengeschichte – Quadratisch. Praktisch. Gut."*
Stellen Sie sich vor, Sie werden als Praktikant um Ihre Meinung zur neuen Gestaltung gebeten. Welche Punkte würden Sie ansprechen? Machen Sie sich zusammen mit Ihrem Nachbarn Notizen und berichten Sie im Plenum.

- NEUIGKEITEN
- FAMILIENUNTERNEHMEN
- GESCHICHTE
- UNSER ENGAGEMENT
- KARRIERE
- VOR ORT

Unsere Schokoladengeschichte -
Quadratisch. Praktisch. Gut.

Die Geschichte von RITTER SPORT fängt da an, wo die meisten Liebesfilme aufhören: bei der Ehe. 1912 heiraten der Konditor Alfred Eugen Ritter und Clara Göttle, Inhaberin eines Süßwarengeschäfts. Zusammen gründen sie die Schokolade- und Zuckerwarenfabrik. Alfred Ritter Cannstatt – die Liebe zu guter Schokolade liegt bei uns also in der Familie.
Wir laden Sie ein: Werfen Sie einen Blick auf die schokoladigsten Meilensteine des 20. Jahrhunderts!

http://www.ritter-sport.de/#/de_DE/company/history/
Letzter Zugriff: 29. 01. 2008

FORTSETZUNG FOLGT

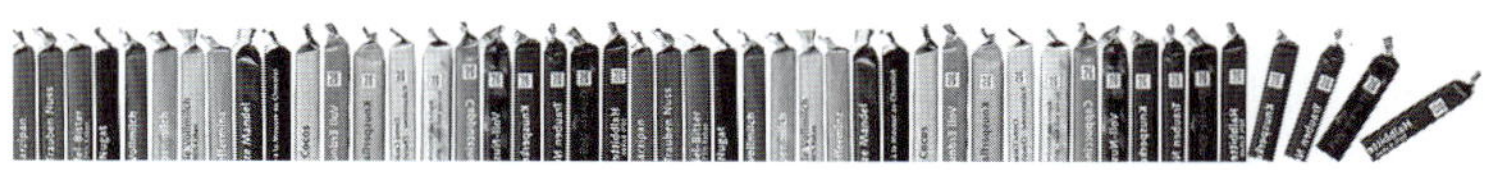

12 **b** *Beantworten Sie zusammen mit Ihrem Nachbarn die folgenden Fragen zur Website : „Unsere Schokoladengeschichte – Quadratisch. Praktisch. Gut." und stellen Sie Ihre Ergebnisse im Plenum vor.*

1. Was gefällt Ihnen an der Website, was gefällt Ihnen nicht?
2. Wie ist die Website aufgebaut?
3. Welche Mittel, wie z.B. Schriftgröße, werden zur Gestaltung der einzelnen Abschnitte genutzt?
4. Welche Navigationshilfen für weitere Informationen werden gegeben?

Fallbeispiel

Das Unternehmen Wellness Kosmetik GmbH Köln hat seit Jahren die gleiche Website. Im Unternehmen herrscht Übereinstimmung darüber, dass man den Internetauftritt überarbeiten müsste.

12 **c** *Im Folgenden finden Sie ein Beispiel der alten Website. Was sollte Ihrer Meinung nach geändert werden und wie könnte die neue Website aussehen? Arbeiten Sie mit Ihrem Nachbarn zusammen und stellen Sie Ihre Ergebnisse im Plenum vor.*

12 **d** *Erstellen Sie eine Skizze zur neuen Website auf Folie und stellen Sie sie im Plenum vor.*

Der Begriff „Nachhaltigkeit“ stammt aus der Forstwirtschaft und wurde bereits um 1700 in Sachsen benutzt. Als „nachhaltig“ bezeichnet man eine Forstwirtschaft, bei der immer nur so viel Holz geschlagen wird, wie durch Neuanpflanzung (Wiederaufforstung) nachwächst. Heute ist der Begriff weiter zu fassen, es geht um den Erhalt des Waldes als ein ökologisches System mit einer Vielfalt von Pflanzen und Tieren, die für unsere Umwelt (Luft, Wasser, Klima, Freizeit etc.) von existentieller Bedeutung sind.

13 **a** *Im oben abgedruckten Info-Text haben Sie sich mit der Bedeutung des Begriffs Nachhaltigkeit in Vergangenheit und Gegenwart beschäftigt. Was ist Ihrer Meinung nach als Botschaft neu in der nebenstehenden Abbildung und in dem unten stehenden Internettext der Firma Henkel*? Welche Bedeutung hat Nachhaltigkeit für das weltweit agierende Unternehmen Henkel? Arbeiten Sie mit Ihrem Nachbarn zusammen und stellen Sie Ihr Ergebnis im Plenum vor.*

Wir wirtschaften nachhaltig und gesellschaftlich verantwortlich.

Interne Kommunikation des Wertes Nachhaltigkeit

Um unsere Geschäfte weltweit verantwortlich zu gestalten, muss der Gedanke der Nachhaltigkeit im Bewusstsein und täglichen Handeln aller Mitarbeiter fest verankert sein. Unseren Mitarbeitern vermitteln wir unser Verständnis von Nachhaltigkeit und gesellschaftlicher Verantwortung durch eine Vielzahl interner Kommunikationsinstrumente.

http://www.henkel.de/cps/rde/xchg/henkel_de/hs.xsl/10143_DED_HTML.htm, letzter Zugriff 09. 07. 2008

13 **b** *Welche Vorteile hat die Visualisierung für Sie?*
Kreuzen Sie an und nennen Sie Beispiele aus der Vorlektion und Lektion 1. Arbeiten Sie mit Ihrem Nachbarn zusammen und diskutieren Sie Ihre Ergebnisse im Plenum.

Visualisierung hilft mir

- ☐ beim Lernen und Wiederholen des Wortschatzes
  Beispiel: ....
- ☐ beim Verstehen von Abläufen und Prozessen
  Beispiel: ....
- ☐ beim Überblicken eines Fachgebietes
  Beispiel: ....
- ☐ beim freien Sprechen/Vortragen/Präsentieren
  Beispiel: ....
- ☐ beim Vergleichen von Alternativen
  Beispiel: ....
- ☐ bei schneller Informationsaufnahme
  Beispiel: ....
- ☐ beim Erklären einer Situation / eines Sachverhaltes in meiner Gruppe
  Beispiel: ....

* Zu Henkel vgl. auch S. 123

13

c *Schreiben Sie die Komponenten des Makroumfeldes eines Unternehmens aus dem folgendem Text heraus. Ordnen Sie jeder Komponente ein passendes Beispiel zu.*
Überlegen Sie sich, wie Sie Ihr Ergebnis anschaulich darstellen können.
Arbeiten Sie mit Ihrem Nachbarn zusammen und stellen Sie Ihr Ergebnis mithilfe einer Folie oder eines Tafelbilds. im Plenum vor.

Gestaltungskräfte im Makroumfeld
Zusammenfassung

Das Makroumfeld des Unternehmens ist voller Chancen und Risiken, die es rechtzeitig zu erkennen gilt. Hier muss das Unternehmen seine Suche nach Chancen ansetzen. Es muss die Trends und Megatrends in seinem Umfeld erkennen und verstehen.
Das Makroumfeld setzt sich aus sechs Komponenten zusammen: der demographischen, volkswirtschaftlichen, naturgegebenen, technologischen, politisch-rechtlichen und sozio-kulturellen Komponente.
Die demographische Entwicklung ist durch ein enormes Wachstum der Weltbevölkerung, schwache Geburtenziffern in der Bundesrepublik, eine Überalterung der deutschen Bevölkerung, diverse Veränderungen der deutschen Familienstruktur, eine Zunahme der Nichtfamilienhaushalte, ein höheres Bildungsniveau und eine steigende Zahl von Angestellten, Veränderungen in der ethnischen Bevölkerungsstruktur sowie eine Zersplitterung des Massenmarkts in zahlreiche Mikromärkte gekennzeichnet.
Im volkswirtschaftlichen Umfeld sind Einkommensverteilung, Sparverhalten und Verbraucherausgaben zu analysieren.
Im naturgegebenen Umfeld droht die Gefahr der Verknappung verschiedener Rohstoffe; außerdem ist es geprägt von den schwankenden Energiepreisen, der zunehmenden Umweltverschmutzung und der veränderten Rolle des Staates beim Umweltschutz.
Im technologischen Bereich sind besonders der beschleunigte technische Fortschritt, die unbegrenzten Innovationsmöglichkeiten, die hohen Forschungs- und Entwicklungsaufwendungen und die zunehmende Reglementierung des technischen Fortschritts zu erwähnen.
Der politisch-rechtliche Sektor zeichnet sich durch eine umfangreiche wirtschaftsrechtliche Gesetzgebung, die strenge Anwendung der Gesetze durch die Behörde, eine wachsende Zahl von Interessenverbänden und den verstärkten Einfluss der Verbraucherbewegung aus.
Die sozio-kulturelle Entwicklung schließlich ist geprägt durch das Streben nach Selbsterfüllung, unmittelbarer Befriedigung, einem leichten Leben, informellen, offenen Beziehungen und einer weltlichen Orientierung.

Kotler/Bliemel, S. 320–321

13

d *Sie haben in dieser Lektion eine Reihe von Informationen über die Besonderheiten des internationalen Marketing erhalten. Sammeln Sie an der Tafel auf Zuruf Ihrer Kollegen Punkte, die Unternehmen berücksichtigen müssen.*

Marktplatz
Marktplatz ist eine Methode, die man nutzen kann, um die Kenntnis der Begriffsinhalte der gelernten Fachwörter im Gespräch mit Kolleginnen und Kollegen zu überprüfen und zu festigen (vgl. S. 51).

14 **a** *Ziehen Sie ein Kärtchen mit einem Wort. Falls Sie dieses Wort nicht kennen, lesen Sie die Erklärung auf der Rückseite des Kärtchens. Suchen Sie sich dann auf dem „Marktplatz" einen Partner und lassen Sie sich das Wort auf Ihrem Kärtchen erklären. Wenn Ihr Partner das Wort nicht kennt, helfen Sie ihm, lesen Sie aber die Erklärung nicht vor. Dann ist Ihr Partner an der Reihe, Sie zu fragen.*

14 **b** *Tauschen Sie Ihr Kärtchen und suchen Sie sich einen neuen Gesprächspartner. Die Marktplatzsituation ist zu Ende, wenn z.B. alle Lernenden alle acht Begriffe bearbeitet haben.*

Vorderseite	Rückseite
Großhandel	Handel, der nicht an Konsumenten (Endverbraucher) sondern an Wiederverkäufer (Einzelhändler oder Großhändler), an Gewerbebetriebe (z.B. Industrie) und an Großabnehmer (z.B. Krankenhäuser) verkauft
Sortiment	Darunter versteht man die Gesamtheit der Güter und Dienstleistungen, die ein Unternehmen anbietet.
Sortimentsbreite	Die Anzahl der Produktarten (z.B. Autoradios, Stereoanlagen, tragbare CD-Player, Fernseher) eines Unternehmens bezeichnet man als Sortimentsbreite.
Sortimentstiefe	Darunter versteht man die Anzahl der unterschiedlichen Ausführungen eines angebotenen Produktes (z.B. Milchschokolade, Bio-Schokolade, Diät-Schokolade, Schokoladen mit unterschiedlicher Füllung, verschiedenen Größen, Verpackungen etc.).
Discounter	Einzelhandelsgeschäft mit einfacher Ausstattung, das ein begrenztes Sortiment mit Selbstbedienung anbietet
Markenartikel	Produkte oder Dienstleistungen mit einer spezifischen Kennzeichnung (Marke), die vom Hersteller (Herstellermarke) oder vom Händler (Händlermarke) auf den Markt gebracht werden
No Names / Weiße Produkte	Waren, die ohne Markennamen auf den Markt kommen
Versandhandel	Form des direkten Absatzes, bei dem die Käufer ihre Ware nach Katalog oder über Internet und Fernsehen bestellen und beispielsweise per Post erhalten

E Selbsteinschätzung/ Selbstbeurteilung

In der Phase Selbsteinschätzung/Selbstbeurteilung der Vorlektion haben Sie bereits Kannbeschreibungen zur Rezeption von schriftlichen Testen kennen gelernt. In Lektion 1 haben Sie Ihre Kompetenzen zu Sprechen und Lesen eingeschätzt. In dieser Lektion bitten wir Sie, Ihre Hörkompetenz einzuschätzen. Dabei sollen Sie nicht nur über Ihre Stärken und Schwächen nachdenken, sondern auch **Ziele** formulieren und **Wege** dahin beschreiben.

15

a *Kommentieren Sie die folgenden Kannbeschreibungen (Profile deutsch 2.0, S. 158, 181) durch Ihre persönlichen Anmerkungen, wie z.B. „ Ja, kann ich ... “, „ Hier könnte ich besser werden“, „Da fühle ich mich noch unsicher“ oder eine andere, Ihnen passend erscheinende Aussage.*

Hören/Rezeption mündlich

Kann in einer Diskussion über Themen des eigenen Fach- oder Interessengebietes der Argumentation folgen und die besonders hervorgehobenen Punkte im Detail verstehen.

....

Kann beim Besuch eines deutschen Kollegen aus einer Partnerfirma dessen Bericht über die Geschäftsentwicklung im letzten Jahr und deren vermutliche Ursachen verstehen.

....

Kann verstehen, wie in seiner Firma auf die Bedürfnisse und Wünsche der Kunden eingegangen wird.

....

Kann verstehen, wie seine Firma im internationalen Markt die Konkurrenten überholt.

....

Kann verstehen, wie „Exzellenz in Marketing und Vertrieb“ am Beispiel der Kundenbetreuung umgesetzt wird.

....

Kann verstehen, dass in der Kundenbetreuung alle Partner des Vertriebsprozesses einbezogen werden müssen.

....

15

b *Sie haben zu den Aufgaben 6a und 8b Ihre Kompetenz in Bezug auf kursorisches Hören eingeschätzt. Was müssen Sie tun, um Einzelheiten zu verstehen, und welchen Weg schlagen Sie vor?*

15

c *Sie hatten bzw. haben die Möglichkeit, auf der Hör-CD unter Track 7 das vollständige Interview mit Herrn Huttelmaier zu hören. Diskutieren Sie mit Ihrem Partner, welche Ziele Sie sich setzen wollen und wie Sie sie realisieren können.*

F Mit Sprache spielen

a *Stellen Sie sich mit einer Karte so in einer Reihe auf, dass sich ein sinnvoller Satz ergibt, der eine verkürzte Definition des Begriffes Marketing darstellt.*

Die	auf	des	Erfordernisse	Marktes
Unternehmens	Marketing	Ausrichtung	konsequente	:
	.	die	des	

b *In dieser Lektion haben Sie eine Reihe von Wörtern genutzt, die in einem übertragenden Sinn verwendet werden. Im Folgenden finden Sie einige Beispiele. Wie können Sie sie erklären?*
Gibt es Entsprechungen in Ihrer Muttersprache?

1 Wie ticken die Deutschen?
2 Ritter Sport hat einen neuen Internetauftritt im Netz.
3 Die Werbekampagne von McDonald´s in Japan hatte keinen Erfolg.
4 Eine Marktposition verteidigen.

Sind Ihnen ähnliche Ausdrücke aufgefallen?

c *Im Folgenden finden Sie einige Werbeslogans, die in Deutschland erfolgreich sind bzw. waren. Können Sie sie übersetzt in Ihrem Heimatland zur Werbung nutzen oder müssten sie verändert werden? Wie könnten sie abgeändert werden?*
Machen Sie sich zusammen mit Ihrem Nachbarn Notizen und berichten Sie im Plenum.

1 Geiz ist geil (Media Markt)
2 Pack den Tiger in den Tank (Shell)
3 Nichts ist unmöglich – Toyota (Toyota)
4 Wir machen den Weg frei (Volksbank/Raiffeisenbanken)
5 Weil Sie es sich wert sind (L'ORÉAL)

16 **d** *Sammeln Sie Werbesprüche in Ihrem Heimatland. Übersetzen Sie sie ins Deutsche. Machen die Übersetzungen Sinn? Könnte einer der übersetzten Slogans in Deutschland erfolgreich sein? Warum? Warum nicht? Stellen Sie Ihre Ergebnisse im Plenum vor.*

Wundertüten-Produkte

16 **e** *Bilden Sie Gruppen (je vier Personen)*

Sie brauchen folgende Materialien:

1 Besorgen Sie sich vier große Umschläge und beschriften Sie diese wie folgt:
– **P**roduct (Produktpolitik)
– **P**rice (Preispolitik)
– **P**lace (Distributionspolitik)
– **P**romotion (Kommunikationspolitik)

2 Schneiden Sie sich vier Papierstreifen in unterschiedlichen Farben (blau, rot, grün, gelb): je einen Papierstreifen für: Produkt, Preis, Platz, Promotion.

Spielregel:
- Jeder Lernende macht auf seinen Papierstreifen für ein Phantasie-Produkt Angaben zu den vier **Ps**.
- Die Papierstreifen werden gefaltet, nach Farben geordnet und in die Umschläge gesteckt.
- Jeder Lernende zieht aus jedem Umschlag einen Streifen und stellt dieses **Wundertütenprodukt** seiner Gruppe vor.

G Meine persönlichen Dateien: Mindmapping

17 **a** *In dieser Lektion haben Sie eine Reihe von Visualisierungen kennen gelernt, die unterschiedliche Zwecke erfüllen. Eine Methode, die das Lernen und Ordnen von Fakten erleichtert, ist das Mindmapping. Mindmaps kann man mit der Hand oder auch mithilfe von Computerprogrammen* erstellen. Wir schlagen Ihnen vor, folgende Mindmap zum Marketing zu ergänzen. Arbeiten Sie mit Ihrem Nachbarn zusammen und stellen Sie Ihre Ergebnisse im Plenum vor.*

Mindmapping

16 **b** *Welche Erfahrungen haben Sie bei der Ergänzung der Mindmap gemacht? Wofür würden Sie die Methode anwenden? Machen Sie sich Notizen und berichten Sie im Plenum.*

* vgl. z.B. http://www.teachsam.de/deutsch/d_schreibf/schr_schule/eroert/ero_arbs_3_2.htm

Kommunikation mit Kunden und Geschäftspartnern

Einstieg

Fallbeispiel

Nicolai darf als Praktikant in der kaufmännischen Abteilung eines Herstellers von High-Tech-Geräten an der CeBIT in Hannover teilnehmen. Darüber freut er sich sehr, denn die CeBIT ist eine internationale Fachmesse mit Ausstellern und Besuchern aus aller Welt. Das Messeteam besteht aus Ingenieuren aus der Produktion und Kaufleuten vom Verkauf, die die Produkte der Firma präsentieren. Als Praktikant muss er überall einspringen, wo „Not am Mann" ist, vor allem beim Aufräumen am Stand, beim Überprüfen und Ergänzen der Broschüren, Visitenkarten und Bestellformulare. Wenn für kurze Zeit einmal keiner vom Team zur Verfügung steht, muss er die Leute begrüßen, sich vorstellen, die Situation erklären und entschuldigen, die Gäste an einen Tisch bitten und etwas zu trinken anbieten. Er muss sich auch darauf einstellen, ein kleines unverbindliches Gespräch, einen so genannten Smalltalk, z.B. über das Wetter, zu führen. Davor hat er etwas Angst. Seine Kolleginnen und Kollegen beruhigen ihn: Smalltalk kann man lernen. Er soll einfach mal beobachten, wie so etwas abläuft. So konzentriert er sich, wenn es seine Zeit zulässt, darauf, zu beobachten, wie die Kolleginnen und Kollegen die Besucher begrüßen, sich vorstellen, die Gespräche beginnen und welche Themen sie beim Smalltalk anschneiden. Er beobachtet, dass die Zeitdauer für den Smalltalk unterschiedlich ist. Viele der Stammkunden genießen offensichtlich das unverbindliche Gespräch. Insbesondere Besucher aus Lateinamerika, Afrika und Asien schätzen die „Aufwärmphase".

a *Alle Aussagen sind richtig. Gehen sie aus dem Text hervor? Arbeiten sie mit Ihrem Nachbarn zusammen und stellen Sie Ihr Ergebnis im Plenum vor.*

		Ja	Nein
1	Internationale Fachmessen sind eine hervorragende Möglichkeit für Unternehmen, sich und ihre Produkte zu präsentieren.	☐	☐
2	Das persönliche Gespräch stärkt die Beziehung zwischen Unternehmen und Kunden.	☐	☐
3	Fachmessen dienen dem persönlichen Verkauf, wobei nach Mustern, Abbildungen und Modellen bestellt wird.	☐	☐
4	Zum Smalltalk eignen sich Themen wie Wetter, Anreise, kulturelle oder sportliche Ereignisse, während Bereiche wie Politik, Religion, Krankheiten etc. tabu sind.	☐	☐
5	Man sagt, dass viele Deutsche Probleme mit dem Smalltalk haben, weil sie ihn für Zeitverschwendung halten.	☐	☐
6	Es gibt Kulturen, in denen ein persönliches Gespräch über scheinbar nebensächliche Dinge Voraussetzung für ein erfolgreiches Geschäft sind.	☐	☐

b *Wie laufen Geschäftsgespräche in Ihrem Heimatland ab? Machen Sie sich Notizen und berichten Sie im Plenum.*

A Verkaufsgespräche

Fallbeispiel

Anna hat einen Ausbildungsplatz im Schuhhaus Maier, einem angesehenen Fachgeschäft in einem süddeutschen Urlaubsort. Maier bietet Damen-, Herren- und Kinderschuhe der mittleren und höheren Preislage an. Nach einer Phase der Einarbeitung im Büro des Schuhhauses soll nun für Anna eine Phase im Verkauf folgen, und zwar in der Abteilung Damenschuhe, in der man hochpreisige italienische Designerschuhe, modische deutsche Markenschuhe und Gesundheitsschuhe mit Fußbett und Luftkissen in mittlerer Preislage findet. Billigprodukte bietet Maier nicht an. Am Ende der Sommer- und Wintersaison findet man aber bei Maier günstige Sonderangebote mit bis zu 50% Rabatt.
Wichtig für sie ist es nun, genau zu beobachten, wie Verkaufsgespräche ablaufen, welche Typen von Käufern es gibt, welche Informationen der Käufer wünscht.
Einmal in der Woche besucht sie die Berufsschule am Ort. Hier beschäftigen sich die Auszubildenden gerade mit dem Ablauf von Verkaufsgesprächen. Es gibt verschiedene Modelle. Eines davon ist das KAAPAV. Es unterscheidet theoretisch folgende sechs Phasen:

Kontakt	Atmosphäre schaffen
Analyse	Kundenwünsche analysieren
Angebot	Angebot unterbreiten
Prüfung	Auswahl prüfen
Abschluss	Abschluss des Vertrages herbeiführen
Verstärker	Abschluss bestätigen

Anna nimmt sich vor zu bobachten, inwieweit das Modell in der Praxis verwirklicht wird und welche Wirkung es hat.

1 a *Ordnen Sie zusammen mit Ihrem Nachbarn die auf S. 93 abgedruckten Fragen und Aussagen den passenden Phasen des KAAPAV zu und tragen Sie diese in die Tabelle ein.*
Stellen Sie Ihre Tabelle im Plenum vor. Nutzen Sie zur Beschreibung der Tabelle den folgenden Sprachbaukasten:

Sprachbaukasten

Die Tabelle stellt … dar
Man unterscheidet … Phasen
Zu … gehören z.B. …

KAAPAV	Mögliche Fragen und Aussagen
Kontaktphase	*Guten Tag, kann ich Ihnen helfen?*
Analysephase	
Angebotsphase	
Prüfungsphase	
Abschlussphase	
Verstärker	

1 Ist das der Schuh, den Sie sich vorgestellt haben?
2 Wollen Sie vielleicht hier ein paar Schritte laufen, um festzustellen, ob sie passen?
3 Guten Tag, kann ich Ihnen helfen?
4 Wie viel wollen Sie denn ungefähr ausgeben?
5 Darf ich Ihnen dieses Paar einpacken?
6 Sie haben eine gute Wahl getroffen.
7 Suchen Sie etwas Bestimmtes?
8 Zu welchem Anlass wollen Sie diese Schuhe tragen?
9 Wollen Sie die Schuhe gleich anziehen?
10 Darf ich Sie zur Kasse bitten?
11 Diesen Schuh gibt es in den Farben schwarz und grau.
12 Sie haben einen hochwertigen Markenschuh erworben.
13 Vielen Dank und auf Wiedersehen.
14 Sie sehen an dem Lederfutter, wie sorgfältig dieser Schuh gearbeitet ist.
15 Ich wünsche Ihnen viel Freude mit dem Schuh.

b *Wie laufen vergleichbare Verkaufsgespräche in Ihrem Land ab? Gibt es Phasen von KAAPAV, die in Ihrem Land erfahrungsgemäß viel Zeit in Anspruch nehmen oder gibt es Phasen, die nicht berücksichtigt werden? Arbeiten Sie mit Ihrem Nachbarn zusammen und stellen Sie Ihr Ergebnis im Plenum vor.*

c *Beantworten Sie zusammen mit Ihrem Nachbarn die folgenden Fragen zum Text „Zufriedene Kunden".*

1 Wann ist ein Kunde zufrieden, wann ist er begeistert?
2 Was bedeuten zufriedene Kunden für ein Unternehmen?

Zufriedene Kunden
Kundenzufriedenheit ist ein Resultat der nach dem Kauf empfundenen Produktleistung, verglichen mit den Erwartungen vor dem Kauf. Der Kunde ist zufrieden, wenn Erwartetes und Erhaltenes übereinstimmen. Er ist erfreut oder sogar begeistert, wenn seine Erwartungen übertroffen werden. Zufriedene Kunden bleiben dem Unternehmen länger treu, kaufen mehr, reagieren weniger auf Preise der Wettbewerber und sagen Gutes über den Anbieter. Immer mehr Unternehmen haben dies erkannt und stellen die Kundenzufriedenheit in den Mittelpunkt ihrer Bemühungen.

Kotler/Bliemel, S. 96

d *Finden Sie zusammen mit Ihrem Nachbarn eine Überschrift für den folgenden Text, unterstreichen Sie die Kerninformationen und stellen Sie Ihr Ergebnis im Plenum zur Diskussion vor.*

Der Besitzer eines profitablen Supermarktes sieht mit jedem erbosten Kunden 50.000 Euro Umsatz aus seinem Geschäft verschwinden. Er berechnet dies so: Im Durchschnitt gibt ein Kunde 100 Euro pro Woche bei ihm aus, kauft über 50 Wochen im Jahr und verbleibt über weitere 10 Jahre Kunde. Wenn also dieser Kunde aufgrund einer schlechten Erfahrung zu einem anderen Supermarkt wechselt, so verschwinden 50.000 Euro Umsatz. Diese Rechnung untertreibt sogar noch den Schaden, denn der erboste Kunde sagt oft Schlechtes über dieses Geschäft und bringt andere Kunden dazu zu wechseln. Mit dem Umsatz verschwindet auch die Gewinnspanne.

Kotler/Bliemel, S. 94

2 **a** *Im Folgenden finden Sie auf KAAPAV bezogene Teile eines Verkaufsgesprächs in der Abteilung „Alles fürs Bad" eines Möbelhauses. Wie könnten die Fragen/Aussagen des Verkäufers lauten, so dass es zu folgenden Reaktionen des Kunden kommt? Arbeiten Sie mit Ihrem Nachbarn zusammen und stellen Sie Ihr Ergebnis im Plenum vor.*

Aus der Kontaktphase:
V.: ....
K.: Ja, ich möchte mir gerne Badezimmermöbel ansehen.

Aus der Analysephase:
V.: ....
K.: Ich suche einen kleinen Spiegelschrank, der über dem Waschbecken hängen soll.

Aus der Angebotsphase:
V.: ....
K.: Ah, der gefällt mir schon ganz gut. Gibt es dieses Modell auch in Weiß?

Aus der Prüfungsphase:
V.: ....
K.: Lieber mit Glühlampen. Neonlicht ist mir zu grell.

Aus der Abschlussphase:
V.: ....
A.: Ich nehme ihn gleich mit.

Als Verstärker:
V.: ....
K.: Nein, danke, ein Unterschränkchen habe ich schon.
V.: ....
K.: Ja, ich hoffe, dass das Schränkchen auch meiner Frau gefällt.

2 **b** *Hören Sie nun das Gespräch zweimal und vergleichen Sie Ihre Fragen mit denen des Sprechers. Welche Unterschiede stellen Sie fest?*

Track 8

2 **c** *Was hat Ihnen bei der Lösung der Aufgabe 2a geholfen? Machen Sie sich Notizen und berichten Sie im Plenum.*

2 **d** *Es gibt einen Ausdruck, der lautet: „Wer fragt, der führt!" Würden Sie dem zustimmen? Warum? Warum nicht? Ziehen Sie die Fragen der Aufgabe 2a als Begründung heran.*

2 **e** *Bitte ergänzen Sie einige Beispiele für offene und geschlossene Fragen aus Verkaufsgesprächen und nehmen Sie Stellung zu der Aussage „Bei geschlossenen Fragen ist das Gespräch schnell zu Ende."*

Offene Fragen	Geschlossene Fragen
– Was kann ich für Sie tun? – Wie kann ich Ihnen helfen?	– Kann ich Ihnen helfen?
– – –	– – –

Fallbeispiel: Fortsetzung

Im Geschäft stellt Anna fest, dass viele Gespräche nach KAAPAV ablaufen, wobei die einzelnen Phasen je nach Kunden unterschiedlich lang bzw. sehr kurz geraten können.

Die nächsten Tage ist sie abends damit beschäftigt, die Fragen der Kunden und die professionellen Antworten ihrer Kolleginnen und Kollegen zu notieren. Es geht vor allem um Informationen zur Beantwortung von Sachfragen nach dem Material, der Herstellung, dem Image der Firma des Herstellers usw. Sie klärt diese Fragen mit ihren Kolleginnen und Kollegen immer dann, wenn keine Kunden da sind. Vieles kann sie auch am „Schultag" klären.

3

a *Notieren Sie zusammen mit Ihrem Nachbarn Fragen, die Sie als Kunde beim Kauf eines sehr teuren Markenschuhs (Damen- oder Herrenschuh) stellen würden und welche Antworten zu erwarten wären. Welche Art von Fragen (offene oder geschlossene) nutzen Sie wozu?*

3

b *Simulieren Sie als Käufer mit Ihrem Nachbarn als Verkäufer einen Schuhkauf im Schuhhaus Maier, z.B. von einem hochwertigen Schuh.*
Achten Sie dabei auf Körperhaltung und Bewegung (Gehen, Stehen, Sitzen, Mimik, Gestik, Entgegenhalten des Schuhes zur Anprobe usw.). Bitten Sie eine Gruppe des Plenums, vor allem den Käufer zu beobachten. Eine zweite Gruppe beobachtet den Verkäufer. Beide Gruppen machen sich Notizen und geben am Ende des Rollendialogs ihr Feedback: Müssen Sie mehr lächeln, langsamer gehen, überzeugender, aber leiser sprechen, mehr Geduld beim Zuhören haben?
Diskutieren Sie die Ergebnisse im Plenum.

In den Lehrbüchern für Auszubildende wird auf die Bedeutung der Körpersprache als nonverbale Kommunikation eingegangen. Verkäufer werden mithilfe von Videoaufnahmen geschult, sich bewusst auf den Kunden zuzubewegen, ihm „aktiv zuzuhören", indem man Blickkontakt mit ihm hält und ab und zu zustimmend nickt. Sie werden aber auch geschult, den Käufer zu beobachten.

3

c *Unter dem Titel „Elemente der Körpersprache und deren Bedeutung" wird in der folgenden Tabelle die Wirkung des Blickkontaktes behandelt.*
Beantworten Sie zusammen mit Ihrem Nachbarn die folgenden Fragen mithilfe der Informationen in der Tabelle und berichten Sie im Plenum.

1 Gelten die Beobachtungen für Käufer und/oder Verkäufer?
2 Sind Sie mit der Bedeutung der Signale einverstanden?
3 Kennen Sie aus Erfahrung Situationen, bei denen der Gesprächspartner keinen Blickkontakt zu Ihnen herstellt und Sie das aber voll akzeptiert haben?
4 Wie beurteilen Sie die in der Tabelle vorgeschlagenen „möglichen Reaktionen"?
5 Welche Bedeutung hat Blickkontakt für Sie persönlich z.B. bei Gesprächen und bei Präsentationen im Plenum?

	beobachtete Signale	mögliche Bedeutung	mögliche Reaktion
Blickkontakt	• offener, zugewandter Blick des Kunden • Kunde schaut verlegen weg • Blick „von oben herab“	• Interesse, Zuwendung, Zuneigung, Sympathie, Offenheit, Wertschätzung, Freude • Interesse-, Teilnahmslosigkeit, Ablehnung (vgl.: „keines Blickes würdigen“) • Überlegenheit, Stolz, Hochmut, Verachtung, soll Unsicherheit erzeugen	• weitermachen hinsichtlich Gesprächsinhalt, der Warenvorführung und der Verkaufsargumente • Kontakt schaffen durch andere Ware, anderen Gesprächsinhalt, andere Argumente • nichts unternehmen, was die Spannung weiter steigern könnte

Kundenorientiert verkaufen, S. 280

3 **d** *Spielen Sie noch einmal mit einem neuen Partner einen Schuhkauf im Schuhhaus Maier. Machen Sie aus, wer Käufer oder Verkäufer ist und wer immer mal wieder wegschaut, den Blickkontakt verweigert oder „von oben herab blickt“.*
Schildern Sie anschließend die Wirkung auf die Kommunikation.

e *Im Folgenden finden Sie einige Fotos von Kommunikationssituationen. Um welche Art von Kommunikation handelt es sich bei den Bildern und welche Bedeutung hat der Blickkontakt in den einzelnen Fällen? Arbeiten Sie mit Ihrem Nachbarn zusammen und diskutieren Sie Ihre Ergebnisse im Plenum.*

Abb. 1

Abb. 2

Abb. 3

Abb. 4

Abb. 5

Abb. 6

Um den Kunden zu überzeugen, muss der Verkäufer über Sachinformationen (warenbezogene Argumente) und Bedürfnisinformationen (kundenbezogene Argumente) verfügen.

4 **a** *Frau Maier ist Stammkundin in der Filiale der Kosmetik Wellness GmbH, Herr Weigert Filialleiter. Lesen Sie das Verkaufsgespräch. Markieren Sie die waren- und kundenbezogenen Argumente und tragen Sie diese in die Tabelle ein.*

W.: Guten Tag, Frau Maier.

M.: Guten Tag, Herr Weigert.

W.: Was kann ich für Sie tun, Frau Maier?

M.: Ich suche ein anderes Parfüm. Jetzt im Frühjahr vielleicht etwas Frisches.

W.: Ja also, wenn Sie ein Parfüm fürs Frühjahr kaufen wollen, kann ich Ihnen Rosenholz aus der ganz neuen Kreation von Wellness-Parfüms empfehlen. Es ist eine Mischung aus Sandelholz und Rosenwasser. Und sehen Sie hier die Flasche, ist das nicht ein Traum? Mit Doppelverschluss, damit nichts verfliegt.

M.: Sicher sehr teuer in dieser Luxusflasche?

W.: Ja, dafür aber auch sehr exklusiv und verführerisch, genau das Richtige für Sie. Übrigens können Sie wählen zwischen dem kleinen handlichen Handtaschenflakon und der größeren Ausführung für zu Hause.

M.: Ich weiß nicht, ist Rosenwasser nicht eher etwas süßlich?

W.: Schon! Aber in der Kombination mit Sandelholz bekommt es eine frische Note. So wie Sie es lieben. Außerdem tragen Sie heute diese Bluse mit den kleinen Blättchen. Fast wie Rosenblätter. Wenn das nicht zusammenpasst! Wollen Sie mal testen? Na, wie ist's?

M.: Ja, wirklich frisch, duftig und doch ein bisschen süß. Ich glaub, ich nehm's.

W.: Darf ich Sie zur Kasse bitten? – Ich darf mich dann von Ihnen verabschieden. – Bis zum nächsten Mal, Frau Maier. Und viel Spaß mit dem tollen Parfüm!

warenbezogene Argumente	kundenbezogene Argumente
– eine neue Kreation	– zu der Bluse passend
–	–
–	–
–	–

4 **b** *Hören Sie nun das Gespräch und machen Sie sich Notizen über den Umgangston, die Lautstärke und über alles, was Ihnen auffällt. Berichten Sie im Plenum.*
Würde das Gespräch in ähnlicher Form verlaufen, wenn sich Käufer und Verkäufer nicht kennen würden? Unterstreichen Sie im Dialog von Aufgabe 4a die Passagen, die für Ihre Lösung sprechen.

Track 9

Track 10

c Sie können jetzt ein Verkaufsgespräch in einer Drogerie hören. Die Verkäuferin hat gerade eine Schulung bei der Firma Wellness Kosmetik gemacht und möchte vor allem die Produkte von Wellness Kosmetik verkaufen. Gelingt ihr das? Wenn ja, wie? Hören Sie das Gespräch zweimal, machen Sie sich mit Ihrem Nachbarn Notizen und berichten Sie im Plenum.

Track 11

d Das folgende Verkaufsgespräch findet ebenfalls in einer Drogerie statt. Es wird von einer Aushilfekraft geführt. Es ist ihr erstes Verkaufsgespräch in der Praxis. Sie weiß, wie ein gutes Verkaufsgespräch aufgebaut ist (vgl. z.B. S. 92). Was gelingt ihr, was gelingt ihr weniger? Hören Sie das Gespräch zweimal, machen Sie sich zusammen mit Ihrem Nachbarn Notizen und diskutieren Sie im Plenum.

e Lesen Sie die folgenden ausgewählten Beispiele für unfreundliche Verhaltensweisen von Verkäufern in unterschiedlichen Situationen. Machen Sie zusammen mit Ihrem Nachbarn Vorschläge für mögliche kundenfreundliche Reaktionen. Berichten Sie im Plenum.

	Kunde:	**Verkäufer:**	**Und Sie? Ihre Vorschläge:**
1	Ich suche einen kleinen Reisewecker.	*Ich kann jetzt nicht; ich mache gerade Kaffeepause.*	
2	Ich warte jetzt schon 10 Minuten, dass mich jemand bedient.	*Sie sehen doch, was hier los ist.*	
3	Ist das wirklich Baumwolle?	*Wenn ich Ihnen das sage, stimmt das.*	
4	Können Sie mir den neuen Macintosh Laptop zeigen?	*Der ist sowieso zu teuer für Sie.*	
5	Können Sie mir bitte den Fahrpreis von Stuttgart nach Nancy sagen?	*Nein! Ich sag Ihnen doch: „Nein".*	
6	Geben Sie mir bitte 100 g von der Leberwurst.	*Wollen Sie etwa sonst nichts?*	
7	Können Sie mir bitte das Kaffeeservice noch mal zeigen.	*Wir schließen gleich. Wir müssen auch mal Feierabend machen.*	
8	Entschuldigung, wo kann ich zahlen?	*Können Sie denn nicht lesen? Da steht doch ganz groß „Kasse" geschrieben.*	

f Schreiben Sie zusammen mit Ihrem Nachbarn einige Kurzdialoge, die in einem Fachgeschäft Ihrer Wahl stattfinden. Spielen Sie die Dialoge im Plenum und achten Sie dabei auf Körpersprache und Intonation. Bitten Sie das Plenum um Rückmeldung für Käufer und Verkäufer.

B Das Beratungsgespräch

Fallbeispiel
Alice Merkatz ist ausgebildete Automobilkauffrau und hat gerade ihre erste Stelle bei der VW-Vertretung in Konstanz angetreten. Nach einer relativ problemlosen Arbeitsphase im Büro wird sie nun zunehmend im Kundengeschäft eingesetzt. Da ist sie noch unsicher, denn von der Kommunikation mit dem Kunden hängt viel ab. Immer wieder schaut Alice deshalb in ihre Notizen und Lehrbücher. Da findet sie auch folgenden Text über die Strukturierung von Beratungsgesprächen, d.h. die 4 Phasen und die dazugehörenden Vorgehensweisen und deren spezifische Ziele.

5

a *Unterstreichen Sie im folgenden Text, was neu ist im Vergleich mit der Situation im Schuhgeschäft (S. 92).*

Ein Beratungsgespräch lässt sich in verschiedene Phasen aufteilen.

1. Kontaktphase
- Aktive Begrüßung:
  Vor- und Zuname nennen, Platz anbieten, Lächeln, Handschlag
- Positives Auftreten gegenüber dem Kunden (Beziehungsebene), positiver erster Eindruck
- Bewusstes Wahrnehmen der verbalen und non- verbalen Signale des Gesprächspartners
- Smalltalk

Ziel: Herstellung einer positiven Atmosphäre! Nicht argumentieren! Nicht informieren!

2. Informationsphase
- Kundenbedürfnis/Kundenwünsche feststellen
- Fragetechniken einsetzen – gezielt fragen
- Aktiv/aufmerksam zuhören

Ziel: Die Wünsche oder Probleme des Kunden durch gezielte Fragen in Erfahrung bringen!

3. Verhandlungsphase
- Vorteile und Nutzen für den Kunden aufzeigen
- Positive Formulierungen – gezielt argumentieren
- Einwände des Kunden beachten und positiv behandeln
- Ergebnisorientierte Gesprächsführung
- Kunden zufrieden stellen/ begeistern

Ziel: Argumentation und Ausräumen von möglichen Einwänden des Kunden!

4. Abschlussphase
- Positive Aspekte zusammenfassen (gutes Gefühl mitgeben)
- Weiteres Vorgehen abklären
- Aktive Verabschiedung (als Gesprächspartner anbieten)
- Visitenkarte mitgeben
- Beziehung herstellen für die Zukunft (Smalltalk, gute Wünsche)

Ziel: Positiver zukunftsorientierter Ausklang!

Fachkunde Kraftfahrzeugtechnik, S. 48

b *Welchen Phasen und welchem Punkt dieser Phase können Sie die folgenden Fragen und Aussagen von Frau Merkatz zuordnen? Arbeiten Sie mit Ihrem Nachbarn zusammen und stellen Sie Ihr Ergebnis im Plenum vor. Mehrfachlösungen sind möglich.*

1 Wie sehen Sie denn die weitere Entwicklung der Benzinpreise? ....
2 Wollen Sie sich kurz mit mir zusammen das modell in unserem Ausstellungsraum ansehen, das Sie interessiert? ....
3 Haben Sie Wünsche bezüglich der Sonderausstattung, wie z.B. einen Navigator? ....
4 Kann ich Ihnen etwas zu trinken anbieten? ....
5 Wir haben noch ein paar Wagen der letzten Serie. Kommt ein solches Auslaufmodell für Sie in Frage, da sind dann Extras im Preis mit eingeschlossen? ....
6 Ich hoffe, dass ich Ihnen die Informationen gegeben habe, die Sie für Ihre Entscheidung brauchen. Aber vielleicht haben Sie noch eine Frage? ....
7 Welche Ansprüche haben Sie privat oder auch geschäftlich an ein Auto? ....
8 Ja, dann wünsche ich Ihnen noch einen schönen Tag. Sie können mich jederzeit anrufen, um weitere Informationen zu erhalten. ....
9 Einen Termin zur Probefahrt können Sie jederzeit vereinbaren. ....
10 Haben Sie unser Geschäft schnell gefunden? ....
11 Dieser Sommer verspricht sehr regnerisch zu bleiben ....
12 Was halten Sie denn vom Trend zum Elektroauto? ....

c *Welche Funktion haben Ihrer Meinung nach die geschlossenen Fragen von Frau Merkatz?*

d *Schauen Sie sich zusammen mit Ihrem Nachbarn die folgenden Fotos an. Was können Sie der Körperhaltung, Gestik und Mimik der Gesprächsteilnehmer entnehmen? Machen Sie sich Notizen und berichten Sie im Plenum.*

C Smalltalk

6 **a** *Im Folgenden finden Sie drei Kurztexte, A, B und C, zum Thema Smalltalk.*
Beantworten Sie die folgenden Fragen Arbeiten Sie mit Ihrem Nachbarn zusammen und stellen Sie Ihr Ergebnis im Plenum vor.

1 Welcher der drei Texte ist für Sie persönlich besonders wichtig und warum?
2 Welcher der Texte ist an eine ganz bestimmte Situation gebunden?
3 Welcher der Texte beschreibt die Funktion des Smalltalks im Rahmen eines Kundengespräches?
4 Auf welche Situation beziehen sich die Tipps von Text B Ihrer Meinung nach?

Merke
Sie können Aufgaben lösen, ohne jedes Wort zu verstehen.

Locker ins Gespräch kommen

Berufs-Knigge: Was Sie über die Kunst des Plauderns wissen sollten.
Von Corinna Cohen-Cossen

Text A
Der direkte Weg ist nicht immer der kürzeste. Diese Erfahrung macht Michael Otto bei seiner Arbeit nahezu täglich. Der 36-jährige Banker ist bei der Berenberg Bank für die Privatkunden zuständig. „Intelligenter Smalltalk ist neben der fachlichen Kompetenz das A und O in unserem Job", sagt Otto.
Im Tagesgeschäft bedeutet das, dass er die potenziellen Kunden am Telefon oder im persönlichen Gespräch kennen lernt. „Die meisten Menschen erwarten eine lockere Aufwärmphase", sagt Otto. Gleich in medias res zu gehen, sei dem geschäftlichen Kontakt nicht förderlich. „Smalltalk wird genutzt, um zu prüfen, ob man eine gemeinsame kommunikative Ebene findet, ob die Chemie stimmt, und ob man sich sympathisch ist", argumentiert der Banker. Erst auf diesem persönlich gefärbten Fundament könne man gemeinsame Projekte besprechen.
Smalltalk wird in Deutschland nach wie vor unterschätzt. Viele betrachten Kommunikation rein ergebnisorientiert und Smalltalk mithin als überflüssig. Frei nach dem Motto: Wer spricht, sollte auch etwas zu sagen haben. Und genau damit bauen viele sich eine Hemmschwelle, mit anderen in lockeren Kontakt zu treten, der auf mittlere und lange Sicht sehr wohl zu handfesten Ergebnissen führen kann.

Text B
Ein paar Tipps der Experten:
- Wichtigster Merksatz, um Hemmungen abzubauen: Die anderen sind auch unsicher – machen Sie den ersten Schritt.
- Nehmen Sie Blickkontakt zu demjenigen auf, mit dem Sie sich unterhalten möchten.
- Wenn Sie auf eine Gruppe zugehen, bitten Sie einfach um Aufnahme: „Erlauben Sie, dass ich mich dazugeselle?"
- Gesprächsthemen: In einer Gruppe können Sie sich ins allgemeine Gesprächsthema einklinken. Ansonsten können Sie sich auf den Anlass der Zusammenkunft beziehen, auffällige Beobachtungen in der Umgebung, das Wetter, sportliche Ereignisse, Hobbys und Beruf. Lästern ist tabu, Verallgemeinerungen – vor allem negative – sollten unterbleiben.

Text A und B: http://www.abendblatt.de/daten/2003/03/01/129350.html
Letzter Zugriff: 20. 04. 2008

Text C
Der erste Tag im Büro

In den ersten 30 Sekunden des Kennenlernens wird der Sympathiewert gebildet, wie eine Art Test der Chemie. Sie bestimmen darüber, wie Ihr Gegenüber Sie als Gesamtpersönlichkeit einschätzt. Bei der Begrüßung durch den neuen Chef ist es ratsam, ihm die Initiative zu überlassen.
Hören sie gut zu und reagieren Sie auf seine Small-Talk-Themen natürlich, mit wenigen Sätzen und wertschätzend. Entwickeln Sie ein Sensorium für Themen, die ihm besonders am Herz liegen.
Wenn Sie sich im Büro umschauen, finden Sie oftmals Hinweise auf Steckenpferde, Interessen, sportliche Vorlieben und besondere Ereignisse, wie Kongresse oder Messen. Vielleicht finden Sie Motive, die Sie später in Gesprächen aufnehmen und vertiefen können.
Auf neue Kollegen sollten Sie spontan zugehen. Mit dem Small-Talk-Modul „Begrüßung-Name-Information-Frage" machen Sie in ihrer neuen Arbeitsumgebung nichts falsch. Beispiel: Sie treffen auf dem Flur eine Kollegin aus dem Nachbarbüro und sagen:

Guten Tag, darf ich mich vorstellen? (Begrüßung)
Ich heiße Eva Herrmann (Name) und arbeite seit gestern im Team XY. (Information)
Wofür sind Sie zuständig? (Frage)

Die Kombination aus Information und W-Frage ist wichtig, um das kleine Gespräch in Gang zu bringen. Sie können es mit einer Ich-Botschaft („Ich freue mich auf unsere Zusammenarbeit.") oder einer Floskel („Darf ich Sie ansprechen, wenn ich eine Frage zum Thema XY habe?") abschließen.

6 **b** *Smalltalk gibt es auch immer wieder in Pausen bei Weiterbildungsseminaren, Sprachkursen etc. Bilden die folgenden Fotos die Situation von Smalltalk ab? Wenn ja, warum? Wenn nein, warum nicht?*
Arbeiten Sie mit Ihrem Nachbarn zusammen und diskutieren Sie Ihre Ergebnisse im Plenum.

Zu viel Smalltalk?

7 **a** *Die folgende Geschichte von den Deutschen in Sizilien beruht auf einer wahren Begebenheit. Was passiert? Machen Sie sich zusammen mit Ihrem Nachbarn Notizen und berichten Sie im Plenum.*

Die Deutschen in Sizilien

Eine deutsche Firma, die seit Jahren nach Norditalien exportiert, will ihre Aktivitäten nach Süditalien ausdehnen, in das die italienische Regierung immer mehr investiert, so dass dank dieser staatlichen Beteiligung auch dort ansässige Firmen interessante Aufträge bekommen können.

Die deutsche Firma hat bereits Kontakt zu einigen Firmen geknüpft, die ihrerseits großes Interesse an deutschen Produkten gezeigt haben. Sie schickt einen im Export tätigen Manager und einen Ingenieur nach Sizilien, um die ersten Geschäftskontakte zu knüpfen. Diese kommen am Spätnachmittag in Palermo an, der Gesprächstermin ist für 9:30 des nächsten Tages geplant. Ein Mitarbeiter holt beide am Flughafen ab und lädt sie zum Abendessen ein.

Im Restaurant sitzen sie mit sechs italienischen Gesprächspartnern und dem Unternehmer zusammen, der sich als großzügiger Gastgeber erweist. Nur wenige Italiener sprechen fließend Englisch, deshalb ist ein Dolmetscher für Deutsch und Italienisch anwesend. Der Firmeninhaber ist locker, gesprächig, manchmal lustig, er spricht laut. Das Tischgespräch läuft für deutsche Verhältnisse eher chaotisch, alle sprechen gleichzeitig, einige sind mit Telefonieren beschäftigt, geschäftliche Themen werden nicht angeschnitten; die freundlichen Gastgeber sorgen aber für einen angenehmen Abend.

Am späteren Abend vor dem Dessert hält der Gastgeber eine kurze Rede und bittet die Deutschen, ihre Produkte kurz und bündig vorzustellen und über die Geschäftsmodalitäten zu reden. Dies sei unbedingt notwendig, weil er am Tag darauf in die USA fliegen müsse. Der Entscheidungsträger ist der Unternehmer (der Padrone), die Funktion der anderen Mitarbeiter ist nicht ganz klar. Die Deutschen sehen sich außerstande, der Bitte des Padrone nachzukommen, sie seien nicht vorbereitet, ihre Unterlagen seien im Hotel, es sei ihnen zu laut, sie würden ihre Produkte lieber, wie vereinbart, am nächsten Morgen präsentieren. Der Padrone ist enttäuscht.

Man trifft sich zwar am nächsten Morgen mit den italienischen Fachleuten, eine prinzipielle Entscheidung wird jedoch nicht getroffen, da der Padrone abwesend ist. Die Deutschen fahren ohne Ergebnis nach Hause.

Präsentieren und Verhandeln, S. 53

7 **b** *Was sind Ihrer Meinung nach die Gründe dafür, dass es zu keinem Ergebnis kam? Machen Sie sich zusammen mit Ihrem Nachbarn Notizen und berichten Sie im Plenum.*

7 **c** *Wie wären die Deutschen in Ihrem Heimatland empfangen worden? Und mit welcher Reaktion würden Sie dann rechnen?*

7 **d** *Wie hätten Sie sich z.B. in einer solchen Situation als Vertreter von Wellness Kosmetik GmbH gefühlt und wie hätten Sie reagiert?*
Machen Sie Notizen und berichten Sie im Plenum.

7 **e** *Eine Delegation Ihrer Firma im Heimatland fährt zu Geschäftsverhandlungen nach Deutschland. Welche Empfehlungen zum Umgang mit den deutschen Geschäftspartnern würden Sie Ihnen mitgeben?*

D Kommunikation zur Anbahnung und Erfüllung eines Kaufvertrages

Der Kaufvertrag

8 a *Was verbinden Sie mit dem Begriff Kaufvertrag? Wählen Sie ein Produkt wie z.B. einen Computer, ein Fahrrad oder Ähnliches aus Ihrem Erfahrungsbereich. Ergänzen Sie zusammen mit Ihrem Nachbarn das folgende Assoziogramm und stellen Sie Ihr Ergebnis an der Tafel vor. Ergänzen Sie Ihr Assoziogramm auf Zuruf, falls Ihre Kollegen zusätzliche Punkte notiert haben.*

8 b *Beantworten Sie zusammen mit Ihrem Nachbarn folgende Fragen zum Text „Kaufvertrag".*

1 Was gehört zu einem Kauf?
2 Wann ist der Vertrag geschlossen?
3 Wie lautet die Definition von Kaufvertrag?
4 Kann ein Kaufvertrag mündlich abgeschlossen werden?

Kaufvertrag
Der häufigste Vertrag, den ein Mensch im Wirtschaftsleben abschließt, ist der Kaufvertrag. Bei ihm geht es um den Erwerb einer Sache gegen Geld. Der Kauf besteht dabei zum einen aus dem Abschluss des Vertrages, zum anderen aus dessen Abwicklung. Beim Alltagskauf im täglichen Leben fallen beide Teile des Kaufaktes zeitlich zusammen.
Der Vertrag wird durch ein Angebot der Ware und die Annahme dieses Angebotes abgeschlossen. Die Abwicklung erfolgt durch die Übergabe der Ware und des Geldes.
Der Kaufvertrag ist ein gegenseitiger Vertrag, der auf den Austausch von Sachen und Rechten gegen Geld gerichtet ist.
Für Kaufverträge in der Bundesrepublik Deutschland gelten dabei die Bestimmungen des Bürgerlichen Gesetzbuches (BGB). Ist an dem Geschäft mindestens ein professioneller Kaufmann beteiligt, so muss er zusätzlich Bestimmungen des Handelsgesetzbuches (HGB) beachten.
Ein Kaufvertrag kommt – wie jeder andere Vertrag – durch Antrag bzw. Angebot und Annahme dieses Angebots zustande, d.h. es müssen übereinstimmende Willenserklärungen beider Partner, Käufer und Verkäufer, vorliegen. Ob dies mündlich oder schriftlich geschieht, ist gleichgültig; beides gilt.

Markt Lexikon Wirtschaft, S. 178

Anbahnung und Erfüllung eines Kaufvertrages

9 **a** *In welcher Reihenfolge erfolgt die Abwicklung eines Vertrages? Ergänzen Sie die Liste mit den Punkten 1–6 zum zeitlichen Ablauf eines Kaufes.*

1 . . . .
2 . . . .
3 . . . .
4 . . . .
5 . . . .
6 . . . .

Bestellung
Durch eine Bestellung weist der Besteller die Lieferfirma an, eine bestimmte Ware zu bestimmten Bedingungen zu liefern.

Auftragsbestätigung
Der Lieferant bestätigt förmlich die Annahme der Bestellung.

Angebot
Ein Lieferant bietet dem Interessenten eine Leistung an und informiert ihn über Preis, Menge, Qualität, Lieferzeit und Zahlungsbedingungen

Anfrage
Ein Kunde erkundigt sich unverbindlich nach den Produkten, den Liefer- und Zahlungsbedingungen und bittet um Kataloge, Preislisten und Muster.

Zahlung
Nach Eingang der ordnungsgemäß gelieferten Ware bezahlt der Käufer entsprechend den Zahlungsbedingungen.

Auslieferung
Der Verkäufer liefert entsprechend den Bedingungen die bestellte Ware.

9 **b** *Ergänzen Sie den folgenden Kurztext.*
Arbeiten Sie mit Ihrem Nachbarn zusammen und stellen Sie Ihr Ergebnis im Plenum vor.

Bei der Abwicklung eines Kaufes geht es um die Anfrage des . . . . , das Angebot durch den . . . . , die Bestellung durch den . . . . und die Auftragsbestätigung durch den. . . . .

Die Kommunikation zwischen den Geschäftspartnern ist durch den folgenden Ablauf geprägt: Anfrage, Angebot, Bestellung (Auftrag), Auftragsbestätigung, Zahlung und Auslieferung. Die Kommunikation für diesen Ablauf ist genau geregelt; z.B. gibt es für Rechnungen, Bestellungen, Lieferscheine und Bestellungsannahmen spezielle „Vordrucke für Industrie, Handel und Verwaltung". Bei Erstkontakten und Fällen, die nicht genau der Routine entsprechen, werden Geschäftsbriefe genutzt, die nach DIN genormt sind. Für weniger formelle und schnelle Kommunikation zwischen langjährigen Geschäftspartnern nutzt man Mails oder das Telefongespräch.

9

Track 12

c *Lesen Sie die folgenden Fragen. Hören Sie dann ein Telefongespräch zwischen Herrn Tischler, dem Kunden, und Herrn Greiner, dem Verkäufer, zweimal und beantworten Sie erst dann die Fragen.*

1 Kennen sich die Gesprächspartner?
2 Welche Rolle spielt der PC im Gesprächsverlauf?
3 Um welche Phase der Abwicklung des Kaufes geht es?
4 Kommen die Gesprächspartner schnell zur Sache oder gibt es einen Smalltalk?
5 Wie ist das Gesprächsklima?

Da der Kaufvertrag durch Annahme des Angebotes durch den Käufer (schriftlich oder mündlich) als abgeschlossen gilt, kommt dem Inhalt des Angebotes eine zentrale Bedeutung zu.

10

a *Um welche Bestandteile des Angebotes handelt es sich bei folgenden Beispielen? Ergänzen Sie die Tabelle mithilfe der Abbildung aus dem Markt Lexikon Wirtschaft.*

Beispiele aus Angeboten	**Bestandteile des Angebots**
Wir liefern innerhalb von zwei Wochen nach Eingang der Bestellung.	
Die Verpackung ist im Preis enthalten.	
Unsere Preise gelten ab Werk (Transportkosten zahlt der Käufer.).	
Unsere Holzspielwaren sind ohne gesundheitsschädliche Farben und Lacke.	
Wir bitten Sie, die Ware im Voraus zu zahlen.	
Bei einer Abnahme von 1000 Stück können wir einen Mengenrabatt anbieten.	

Ein Warenangebot sollte folgende Bestandteile enthalten:

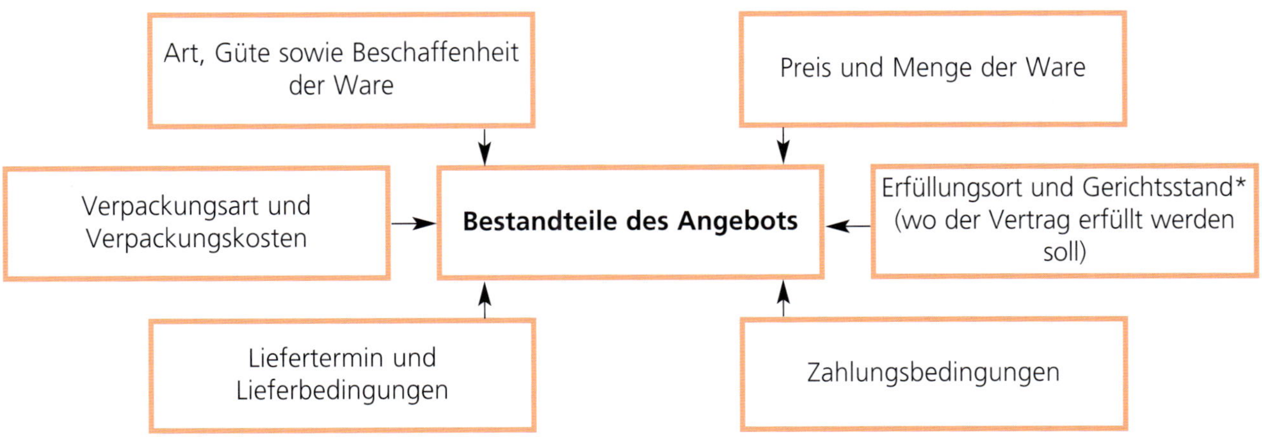

Markt Lexikon Wirtschaft, S. 178

* Vgl. S. 108 unten

Die Inhalte der Fachbegriffe, die mit einem Kaufvertrag, z.B. im Handel verbunden sind, sind z.T. gesetzlich festgelegt und nicht einfach zu erschließen, wie Sie vielleicht selbst bei der Lösung der Aufgabe erfahren haben: „Unsere Preise gelten ab Werk" bezieht sich nicht auf die Zahlung, sondern auf die Lieferbedingungen.

10 **b** *Welche Strategien wenden Sie an, wenn Sie sich die Inhalte der folgenden Fachbegriffe mithilfe der Kurztexte und Abbildungen erschließen wollen (vgl. Vorlektion, S. 34)? Arbeiten Sie mit Ihrem Nachbarn zusammen und stellen Sie Ihre Ergebnisse im Plenum vor.*

1 **Erfüllungsort**: Der Verkäufer in Düsseldorf und der Käufer in Stuttgart vereinbaren: „Erfüllungsort für beide Teile ist Düsseldorf".
Entschlüsselung durch: . . . .

2 An Versandkosten entstehen Transportkosten für die An- und Zufuhr, Fracht, Wiegegebühren und Verladekosten. Aus den **Lieferbedingungen** geht hervor, wer diese Kosten zu tragen hat. Das dazugehörige Bild finden Sie in der Vorlektion, S. 33
Entschlüsselung durch: . . . .

3 Bei der **Lieferzeit** unterscheidet man Terminkauf: z.B.„Lieferung bis zum 31. August" oder „Lieferung innerhalb von 14 Tagen", Fixgeschäfte: z.B. „Lieferung am 31. August, fix", also genau am 31. August.
Entschlüsselung durch: . . . .

5 Bei **Art und Güte der Waren** geht es zum einen um handelsübliche Bezeichnungen der Waren (Art) und zum anderen um die Beschreibung der Qualitätsmerkmale, z.B. durch Gütezeichen oder Angabe der Handelsklasse (Güte der Ware).
Entschlüsselung durch: . . . .

6 Zu den **Zahlungsbedingungen** gehören Zahlungen vor Lieferung (z.B. Vorauszahlung, Anzahlung), bei Lieferung (z.B. Barzahlung, gegen Nachnahme) und nach der Lieferung (z.B. innerhalb von zehn Tagen 3% Skonto", „zwei Monate Ziel", „gegen sechs Monatsraten").
Entschlüsselung durch: . . . .

7 Unter dem **Erfüllungsort** versteht man den Ort, an dem Käufer und Verkäufer ihre Leistungen erbringen müssen, an dem die Gefahr (Risiko) auf den Käufer übergeht.
Entschlüsselung durch: . . . .

8 Unter **Gerichtsstand** versteht man den vertraglich festgelegten Ort, an dem im Streitfall geklagt wird.
Entschlüsselung durch: . . . .

10 **c** *Handelt es sich bei den folgenden Fakten um Pflichten des Käufers oder Verkäufers? Ergänzen Sie zusammen mit Ihrem Nachbarn das Flussdiagramm und stellen Sie Ihr Ergebnis im Plenum vor.*

Annahme der Ware – Lieferung der Ware ohne Mangel – Prüfung der Ordnungsmäßigkeit der Lieferung – Einhaltung der Lieferfrist – fristgemäße Zahlung des Kaufpreises – Annahme des Kaufpreises

Wer hat welche Pflichten?

Pflichten des Verkäufers

- ______________________
- ______________________
- ______________________
- Übertragung des Eigentumsrechts an den Käufer

Pflichten des Käufers

- ______________________
- ______________________
- ______________________

Markt Lexikon Wirtschaft, S. 179

Störungen bei Erfüllung des Kaufvertrages

11 **a** *Welche „Störungen" kennen Sie aus eigener Erfahrung oder aus Erzählungen Ihrer Freunde, die beim Kauf eines Produktes oder einer Dienstleistung (z.B. Reise) auftreten können? Machen Sie sich zusammen mit Ihrem Nachbarn Notizen und berichten Sie im Plenum.*

11 **b** *Die Störungen bei der Erfüllung des Kaufvertrages können vom Verkäufer oder Käufer ausgehen. Erstellen Sie ein Flussdiagramm zum Thema „Pflichtverletzungen" nach dem Muster des Flussdiagramms der Aufgabe 10c und ordnen Sie folgende Fälle zu:*

Annahmeverzug (Nicht-Rechtzeitige-Annahme)
Mangelhafte Lieferung (Schlechtleistung)
Zahlungsverzug (Nicht-Rechtzeitige-Zahlung)
Lieferverzug (Nicht-Rechtzeitige-Lieferung)

Der Geschäftsbrief

Geschäftsbriefe haben eine lange Tradition in einzelnen Ländern. Man stellt immer wieder fest, dass der Stil der Briefe, bzw. der Korrespondenz nach wie vor durch die jeweilige Kultur geprägt ist.
Die Formen der Höflichkeit oder auch der Ausdruck von Kritik kann deshalb in den einzelnen Ländern durchaus unterschiedlich sein. Geschäftsbriefe haben einen formellen Charakter. Sie werden deshalb für Erstkontakte oder auch bei rechtlich schwierigen Sachverhalten genutzt.
Für Rechnungen, Bestellungen, Lieferscheine und Bestellungsannahmen gibt es spezielle „Vordrucke für Industrie, Handel und Verwaltung". Wir stellen Ihnen deutsche Geschäftsbriefe vor, die nach DIN (Deutsche Industrienorm) gestaltet sind.

LernTipp

Achten Sie darauf, dass Sie bei einem Praktikum in Deutschland die Form der deutschen Geschäftsbriefe berücksichtigen. Fragen Sie Ihre Kollegen deshalb nach den entsprechenden Textbausteinen im PC.

12 **a** *Welche Elemente eines Geschäftsbriefs bleiben immer gleich und sind vom Unternehmen vorgegeben? Machen Sie sich Notizen und berichten Sie im Plenum.*

12 **b** *Schreiben Sie die folgenden Stichpunkte an den Rand des Briefes auf der gegenüberliegenenden Seite.*

1 Lieferung verlangen und Nachfrist setzen
2 Gruß
3 Hinweis auf Bestellung und Auftragsverletzung
4 Anrede
5 Hinweis auf telefonische Antwort des Lieferers
6 Verbindlicher Schluss
7 Betreff
8 Hinweis auf Folgen

12 **c** *Welche Funktion haben die Freizeilen im Brief?*

12 **d** *Wie beurteilen Sie den Stil des Briefes? Gelingt ein freundlicher Schluss?*

12 **e** *Würde dieser Brief in Ihrem Heimatland als „in Ordnung" angenommen werden?
Wenn ja – warum? Wenn nein – warum nicht?
Berichten Sie im Plenum.*

Metallwaren-Großhandel PETERSEN GMBH Dortmund

Petersen GmbH Fernstr. 18-22 44359 Dortmund

Blechverpackungsfabrik
Bühler KG
Böckinger Straße 104
74078 Heilbronn

Ihr Zeichen Ihre Nachricht vom	Unser Zeichen unsere Nachricht vom	Telefon Name	Datum
SW 05 - 30	Gö / N 04 - 18	0231 16425 31 Uwe Schleyer	06 - 01

Lieferungsverzug

Sehr geehrte Damen und Herren,

unsere Bestellung vom 18. April ... über

500 Stück 50 Liter Blechkanister Nr. 00 78/56

haben Sie bestätigt, Sie vermerkten als Lieferzeit „Lieferung in vier bis fünf Wochen".

Am 30. Mai waren die Blechkanister noch nicht eingetroffen. Auf unsere telefonische Nachfrage konnten Sie keinen verbindlichen Liefertermin nennen.

Da wir die Blechkanister dringend benötigen, bitten wir um sofortige Lieferung. Als letzten Termin setzen wir Ihnen den 10. Juni ....

Sollten Sie nicht in der Lage sein, diesen Termin einzuhalten, nehmen wir einen Deckungskauf vor. Wir lehnen dann Ihre Lieferung ab und verlangen Schadensersatz wegen Nichterfüllung

Wir freuen uns, wenn Ihnen die rechtzeitige Lieferung möglich ist.

Mit freundlichem Gruß

METALLWAREN-GROSSHANDEL PETERSEN GMBH
DORTMUND

ppa Schleyer

Geschäftsräume
Fernstraße 18–22
44359 Dortmund

Telefax
0231 164266
E-Mail:
Petersen@t-online.de

Firma
Metallwaren-Großhandel Petersen GmbH
Registergericht Dortmund, HRB 7737
Geschäftsführer: Dr. rer. nat. Karl Petersen
Ust. ID.: DE13576044
St.Nr.: 032/121/0235

Kontoverbindungen
Stadtsparkasse Dortmund
(BLZ 44050199)
Konto-Nr. 558700

Postbank Dortmund
(BLZ 440 10046)
Konto-Nr. 678987-469

Spezielle Wirtschaftslehre, S. 116

Das Telefongespräch

Track 13

a *Im Folgenden haben Sie die Gelegenheit, ein Telefongespräch zwischen Herrn Hellmann von der Firma Greiner KG und Frau Liebermann, einer Kundin, zu hören, das unter anderen Namen real so abgelaufen ist. Lesen Sie zunächst die folgenden Fragen.*

1 Haben Herr Hellmannn und Frau Liebermann schon einmal miteinander telefoniert?
2 Was ist der Grund des Anrufes?
3 Warum dauert der Anfang so lang?
4 Was schlägt Herr Hellmann als Lösung vor?
5 Wie verbleiben die beiden am Schluss?

Hören Sie das Gespräch zweimal. Beantworten Sie dann zusammen mit Ihrem Nachbarn die Fragen. Hören Sie das Gespräch ein drittes Mal und überprüfen Sie dabei Ihre Antworten.

b *Beantworten Sie zusammen mit Ihrem Nachbarn die folgenden Fragen zum Gesprächsklima. Falls erforderlich, können Sie das Gespräch unter diesem Aspekt noch einmal anhören.*

1 Wie beurteilen Sie dieses Gespräch?
2 Wie verhält sich Frau Liebermann und welches Problem hat sie persönlich?
3 Wie reagiert Herr Hellmann auf ihre Beschwerde?

c *Wie unterscheidet sich der Sachverhalt des Briefes auf S. 111 von dem Sachverhalt des Telefongesprächs? War es richtig von Herrn Schleyer, den Brief zu schreiben, oder hätte er auch telefonieren können?*

d *Nehmen wir an, auch Herr Hellmann wäre beim Essen gewesen und Sie als Praktikant hätten das Telefongespräch geführt, inwieweit hätten Sie das Gespräch meistern können? Wie hätten Sie Herrn Greiner unterrichtet?*

e *Stellen Sie sich noch einmal Anlass und Situation des Gespräches zwischen Frau Liebermann und Herrn Hellmann vor. Simulieren Sie dann zusammen mit Ihrem Nachbarn ein vergleichbares Telefongespräch (Rücken an Rücken) mit Begrüßung, Vorstellung, Vorbringen der Beschwerde (Lieferverzug), Verweis auf den richtigen Gesprächspartner, der im Moment nicht erreichbar ist, und Verabschiedung.*

Die E-Mail

E-Mail, aber bitte mit Stil
„E-Mail, aber bitte mit Stil", so lautet die Überschrift eines Artikels von Jutta Sauer (www.sauer-seminare.de), in dem sie fünf Regeln zur E-Mail-Kommunikation mit Kunden und Geschäftspartnern aufstellt. Die erste Regel lautet: „Eine E-Mail ist ein elektronischer Brief".

MARKT, 16 Jg., 2008, Ausgabe 42, S. 18

14 **a** *Würden Sie dieser ersten Regel zustimmen? Wenn „ja", warum? Wenn „nein", warum nicht? Beziehen Sie den Brief auf S. 111 in Ihre Argumentation mit ein. Machen Sie zusammen mit Ihrem Nachbarn Notizen und berichten Sie im Plenum. Denken Sie dabei vielleicht an solche Erscheinungen wie: Betreff: Re: Re: Re: ....*

14 **b** *Im Folgenden finden Sie Regel 2 des oben erwähnten Textes „E-Mail, aber bitte mit Stil". Um welche Phase der Anbahnung eines Kaufes handelt es sich bei dem Beispiel? Unterstreichen Sie die Informationen, die Ihnen die gewünschte Auskunft geben. Wo finden Sie sie? Welche Schlüsse ziehen Sie daraus?*

Nicht:
AW: Anfrage – 4 Bürostühle Office Max
Sondern:
Angebot – 4 Bürostühle Office Max
Nicht:
AW: AW : AW: Anfrage – 4 Bürostühle
Sondern:
Auftragsbestätigung – 4 Bürostühle Office Max

MARKT, 16 Jg., 2008, Ausgabe 42, S. 18

14 **c** *Welche Mittel nutzt Peter Maus, um seine E-Mail im Sinne der Verständlichkeit und Übersichtlichkeit zu gestalten? Machen Sie zusammen mit Ihrem Nachbarn Notizen und berichten Sie im Plenum.*

Von: Peter-Maus@musterfirma.ag
Gesendet: Donnerstag, 14. Februar 2008, 17:54
An: Mario.Muster@musterhaus.gmbh
Betreff: Unser Angebot vom 3.Februar 2008 – CNC-Maschine SLX2

Guten Tag, Herr Muster,

vielen Dank für Ihre schnelle Antwort. Gerne beantworten wir Ihre Fragen:

Liefertermin: Selbstverständlich prüfen wir für Sie, ob ein früherer Liefertermin möglich ist. Herr Günther Schmidt ruft Sie nächste Woche an, um Einzelheiten mit Ihnen zu besprechen.

Wartungsvertrag: Der Entwurf des Wartungsvertrages liegt bei. Wenn Sie Fragen hierzu haben, wenden Sie sich bitte an Herrn Peter Meyer. Sie erreichen ihn unter der Telefonnummer 123.

Wünschen Sie weitere Informationen? Sprechen Sie uns bitte an. Wir beraten Sie gerne.

Freundliche Grüße aus Hannover

MARKT, 16 Jg., 2008, Ausgabe 42, S. 18

E Selbsteinschätzung/ Selbstbeurteilung

Lektion 3 ist der Kommunikation mit Kunden und Geschäftspartnern gewidmet.
Also bietet es sich an, dass Sie Ihre Kompetenz in der mündlichen Interaktion einschätzen und beurteilen.In einem zweiten Schritt können Sie sich Ziele setzen, um auch schwierigere Situationen zu bewältigen.

15 **a** *Kommentieren Sie die folgenden Kannbeschreibungen (Profile deutsch 2.0, S. 131f; 153; 155) durch Ihre persönlichen Anmerkungen, wie z.B. „Ja, kann ich ...", „Hier könnte ich besser werden", „Da fühle ich mich noch unsicher" etc.*

An Gesprächen teilnehmen / mündliche Interaktion
Kann in einem Kundengespräch Fragen zu Produkteigenschaften beantworten.

. . . .

Kann eine beschädigte Lieferung telefonisch reklamieren.

. . . .

Kann bei einer Verhandlung mit Geschäftspartnern auf Vorschläge mit Gegenvorschlägen antworten und zu Aussagen anderer Stellung nehmen.

. . . .

Kann Personen Ratschläge und detaillierte Empfehlungen geben.

. . . .

15 **b** *Sie wollen mehr Sicherheit, um folgende Gesprächssituationen zu bewältigen. Ergänzen Sie Ihre Ziele für die folgenden Situationen.*

Situation 1
Auf Kundenbeschwerden telefonisch reagieren
Meine Ziele: . . . .

Situation 2
Smalltalk am Messestand führen
Meine Ziele: . . . .

15 **c** *Überlegen Sie sich weitere Situationen in Beruf oder Ausbildung, die Sie mit Sicherheit sprachlich bewältigen wollen.*

Situationen

____

Meine Ziele: . . . .

Diskutieren Sie mit Ihrem Partner, wie Sie sich auf die Situationen vorbereiten können.

F Mit Sprache spielen

„Mit Sprache spielen" muss nicht immer freundlich sein. Viele Spiele führen auch zum Wettkampf oder zum Kampf. In der Sprache des Marketing und Verkaufs kann man Ausdrücke finden, die auch im militärischen Bereich vorkommen.

16 **a** *Mit welchen Gedanken und Bildern verbinden Sie beispielsweise die folgenden Ausdrücke:*

- Marktführer und Marktverfolger
- in den Markt eindringen
- eine Marktposition besetzen und verteidigen
- die Konkurrenz angreifen

16 **b** *Gibt es vergleichbare Ausdrücke in Ihrer Muttersprache? Machen Sie sich Notizen und berichten Sie im Plenum. Machen Sie sich Notizen und berichten Sie im Plenum.*

In Verahandlungen kann Sprache auch dazu verwandt werden, den Gesprächspartner unter Druck zu setzen, ihm die eigene Position aufzuzwingen.
Das Gespräch wird zum Kampf mit Siegern und Besiegten. In diesem „Spiel" werden im Deutschen immer wieder bestimmte Ausdrücke benutzt. Man nennt sie bezeichnenderweise „Killerphrasen".

16 **c** *Im Folgenden finden Sie 5 typische Killerphrasen eines Angreifers und – damit Sie im Spiel nicht verlieren – ein Angebot von Antworten von Experten. Ordnen Sie den Killerphrasen die von den Experten empfohlenen passenden Reaktionen zu.*

Killerphrasen	Mögliche Reaktionen
1 „Das haben wir noch nie so gemacht."	______
2 „Das ist definitiv zu teuer" oder „Das ist finanziell nicht drin."	______
3 „Entweder Sie akzeptieren das Angebot, oder wir kommen nicht zusammen."	______
4 „Da macht mein Chef nicht mit."	______
5 „Bei Ihrem Konkurrenten gibt es das Produkt 20% billiger."	______

Experten empfehlen:

A „Das Unternehmen XY war auch zuerst der Meinung, dass unser Preis zu hoch sei. Jetzt aber sind die Leute begeistert, weil…"
B „Unter welchen Umständen können wir dennoch zusammenkommen?"
C „Dann sollte ich mein Anliegen jetzt wohl Ihrem Chef vortragen."
D „Gut, dass Sie den Preis ansprechen. Gerade deswegen empfehle ich Ihnen unser Produkt."
E „Ich glaube, wir sollten eine Pause machen."

MARKT, Ausgabe 41, S. 5

16 **d** *Kennen Sie ähnliche Phrasen aus Ihrem Heimatland? Wie gehen Sie damit um? Machen Sie sich Notizen und berichten Sie im Plenum.*

G Meine persönlichen Dateien: Smalltalk

Wie immer an dieser Stelle, möchten wir Ihnen auch in dieser Lektion Vorschläge für Ihre persönlichen Dateien machen. Aus unserer Sicht bieten sich 3 Themen an, die Sie in Ausbildung und Beruf beschäftigen werden:

1. Der Smalltalk
2. Strukturierung von Kundengesprächen
3. Kommunikation bei Anbahnung und Abwicklung eines Kaufvertrages

Sie können eines der Themen auswählen und gestalten. Als Beispiel haben wir den Smalltalk gewählt. Wir empfehlen Ihnen folgende Gliederung, die Sie laufend ergänzen können:

Smalltalk

Funktion: Was kann Smalltalk bewirken?
Beispiel: Smalltalk schafft eine gelöste Atmosphäre
Meine Beispiele: . . . .

laufend ergänzen

Auftreten: In welchen Situationen habe ich damit zu tun?
Beispiel: Empfang zum Firmenjubiläum
Meine Beispiele: . . . .

laufend ergänzen

Anwendung: Wie kann ich mich vorbereiten?
Beispiel: sich über die Teilnehmer und Situation informieren
Meine Beispiele: . . . .

laufend ergänzen

Themen: Worüber kann ich sprechen?
Beispiel: Anfahrt zum Tagungsort
Meine Beispiele: . . . .

laufend ergänzen

Tabu: Worüber sollte ich nicht sprechen?
Beispiel: Politik
Meine Beispiele: . . . .

laufend ergänzen

Unternehmens- und Produktpräsentation

Einstieg

Fallbeispiel
Alexander hat ein 6-monatiges Praktikum bei RITTER SPORT in Waldenbuch bei Stuttgart absolviert und anschließend seine Ausbildung als Einzelhandelskaufmann in seiner Heimatstadt erfolgreich abgeschlossen. Nun ist er im Süßwarenfachgeschäft seiner Eltern tätig. Ein Freund seiner Eltern, Importeur und Großhändler in der Lebensmittelbranche, ist daran interessiert, sein Sortiment an Süßigkeiten mit einer Schokolade aus Deutschland zu erweitern. Bei seinem letzten Deutschlandaufenthalt war ihm RITTER SPORT Schokolade wegen seiner typischen einmaligen quadratischen Form aufgefallen.
„Das ist schon von der Form her etwas Neues und Ausgefallenes für unseren Markt", meint er und bittet Alexander, einen Text mit den Fakten über das Unternehmen und seine Produkte zu erstellen. Das kann ruhig auf Deutsch sein. Alexander will mit der Vorstellung des Unternehmens beginnen und überlegt, welche Informationen der Importeur und Großhändler braucht, um entscheiden zu können, ob RITTER SPORT als Geschäftspartner für ihn in Frage kommt. Anschließend möchte Alexander die Produkte, ihre Qualität und die Vielfalt des Sortiments vorstellen. Er möchte abschließend dann auch auf Fakten eingehen, die für Kunden in seinem Heimatland wichtig wären.

Alle Aussagen sind richtig. Gehen sie aus dem Text hervor?
Arbeiten Sie mit Ihrem Nachbarn zusammen und stellen Sie Ihre Ergebnisse im Plenum vor.

		Ja	Nein
1	Viele Geschäftskontakte beginnen auf eine sehr informelle Weise, z.B. durch persönliche Bekanntschaften.	☐	☐
2	Die Auswahl von Informationen über ein Unternehmen und seine Produkte richtet sich unter anderem nach den Zielen der Präsentation.	☐	☐
3	Es gibt Fakten wie z.B. Name, Rechtsform, Firmensitz, Gründungsjahr, Stellung der Firma am Markt, Umsatz, Anzahl der Mitarbeiter, Qualität der Produkte etc., die in allen Präsentationen angesprochen werden.	☐	☐
4	Die Präsentation eines Unternehmens und seiner Produkte kann schriftlich oder mündlich sein, aber auch z.B. über einen Film erfolgen.	☐	☐
5	Präsentationen müssen gut vorbereitet werden.	☐	☐
6	Beim Präsentieren müssen die Interessen, die Fachkenntnisse und die Motivation der Besucher und Gäste berücksichtigt werden.	☐	☐

A Unternehmen präsentieren sich

Eine Checkliste für Unternehmens- und Produktpräsentationen

In der Vorlektion haben Sie sich bereits mit dem Auftritt von Unternehmen im Internet beschäftigt. Sie haben auch Inhaltspunkte kennen gelernt, die bei einer Präsentation in der Regel berücksichtigt werden müssen (Vorlektion S. 24).

1 **a** *Welche der folgenden Punkte einer Checkliste zur Unternehmenspräsentation sind im Internettext der Firma MAN enthalten? Ergänzen Sie zusammen mit Ihrem Nachbarn die Liste und stellen Sie Ihr Ergebnis im Plenum vor.*

1 Name: . . . .
2 Rechtsform: . . . .
3 Firmensitz: . . . .
4 Gründung: . . . .
5 Branche: . . . .
6 Stellung am Markt: . . . .
7 Anzahl der Mitarbeiter: . . . .
8 Umsatz: . . . .
9 Produkte: . . . .
10 Produktqualität: . . . .
11 Innovation, Forschung und Entwicklung (F und E) . . . .
12 Service . . . .
13 unique selling proposition (USP)* . . . .

Die MAN Gruppe ist eines der führenden Nutzfahrzeug-, Motoren- und Maschinenbauunternehmen Europas mit jährlich rund 15,5 Mrd. Umsatz und weltweit rund 55 000 Mitarbeitern. MAN ist Anbieter von Lkw, Bussen, Dieselmotoren, Turbomaschinen sowie Industriedienstleistungen und hält in allen Unternehmensbereichen führende Markt-Positionen. Die MAN AG, München, gehört zu den 30 führenden Unternehmen im deutschen Aktienindex (DAX).

www.man.de, letzter Zugriff: 03. 09. 2008

1 **b** *Welche Punkte der Liste zur Unternehmenspräsentation von Aufgabe 1a sind für Alexander bzw. für den Importeur und Großhändler in seinem Heimatland (vgl. S. 117) von Bedeutung, wenn er Kontakt mit RITTER SPORT aufnehmen möchte?*
Treffen Sie zusammen mit Ihrem Nachbarn eine Auswahl.
Ordnen Sie dann den von Ihnen ausgewählten Punkten die entsprechenden Informationen zum Unternehmen RITTER SPORT aus dem Internet oder der Lektion 1 (S. 56f.) zu. Stellen Sie Ihr Ergebnis im Plenum vor.

* USP = Einzigartige Stellung am Markt

1

Track 14

c *Auch in privaten Gesprächen werden Firmen oft vorgestellt, z.B. wenn sich zwei Freunde seit längerer Zeit wieder einmal treffen und einer von ihnen einen neuen Job hat.*
Welche der unter 1a genannten Punkte werden von den beiden Freunden angesprochen, welche werden ergänzt?
Hören Sie nun das Gespräch der Freunde zweimal, machen Sie sich dann Notizen und berichten Sie im Plenum.

Stellenangebote als Mittel der Firmenpräsentation

Stellenangebote von Firmen in Zeitschriften und im Internet beginnen oft mit einer kurzen aber sehr aussagereichen Vorstellung des Unternehmens.

2

a *Im Folgenden finden Sie den ersten Teil eines Stellenangebotes von RITTER SPORT. Unterstreichen Sie in der Stellenanzeige die Aussagen, die der Präsentation des Unternehmens dienen und schreiben Sie heraus, auf welche der 13 Punkte der Aufgabe 1a eingegangen wird (zum Marketing vgl. L2, S. 52).*
Arbeiten Sie mit Ihrem Nachbarn zusammen und stellen Sie Ihre Ergebnisse im Plenum vor.

RITTER SPORT

RITTER SPORT
Praktikant/in Marketing

Die Alfred Ritter GmbH & Co. KG ist mit ca. 800 Beschäftigten und der bekannten Marke RITTER SPORT eines der erfolgreichsten Süßwarenunternehmen unserer Zeit in Familienhand. Mit immer wieder neuen Sorten begeistern wir die Schokoladenliebhaber national wie international. Eine konsequente strategische Markenführung und höchste Ansprüche an die Produktqualität zeichnen uns aus.
Wir suchen zum schnellstmöglichen Eintritt eine/n
Praktikant/in Marketing
mit folgenden Hauptaufgaben:

- Unterstützung des Produktmanagements im Tagesgeschäft
- Konkurrenzbeobachtung
- Erstellung von Potenzial-, Markt- und Wettbewerbsanalysen

Als idealer Kandidat/ ideale Kandidaten haben Sie …

www.jobpilot.com/misc/adframe/jobpilot/7d8/33/2851499.htm, letzter Zugriff: 13. 01. 2009

FORTSETZUNG FOLGT

2 **b** *Auch die folgenden Texte sind Teile von Stellenangeboten, durch die sich die Unternehmen dem Leser vorstellen. Sie stehen, wie beim Beispiel RITTER SPORT (vgl. S. 119) jeweils am Anfang der Anzeige. Welche Aspekte werden berücksichtigt und wie werden die Fakten, mit denen sich die Unternehmen vorstellen, formuliert? Schreiben Sie die entsprechenden Ausdrücke heraus (z.B. „weltweit bekannt").*

Bosch
Wir sind als Hersteller von Elektrowerkzeugen weltweit vertreten. In den internationalen Märkten entwickeln, fertigen und vertreiben wir arbeitssparende Systeme für Handwerk, Industrie und Garten.

www.berufsstart.de, www.stepstone.de, letzter Zugriff: 08. 06. 2007

Die **Hügli Nahrungsmittel GmbH*** ist ein bekanntes mittelständisches Unternehmen der Nahrungsmittelindustrie. Mit ca. 470 Beschäftigten an unserem Standort in Radolfzell sind wir einer der großen Arbeitgeber rund um den Bodensee. Unser Wachstum beruht auf der konsequenten Ausrichtung unseres Unternehmens auf die Anforderungen unserer Märkte.
In unserem spannenden, sich ständig verändernden internationalem Umfeld sind wir mit qualifizierten und engagierten Mitarbeitern sehr erfolgreich.

Südkurier 12. 05. 2007, S. XXVII

Sunways
Wir sind ein junges Unternehmen der Photovoltaikbranche. Unsere innovativen Produkte und Systemlösungen setzen seit Jahren Maßstäbe in diesem zukunftsträchtigen Markt. Zur Verstärkung unseres Teams im Bereich „Kundenservice Photovoltaikanlagen mit Schwerpunkt Solar Inverter" und Solarmodulen suchen wir baldmöglichst einen Mitarbeiter (m/w).

Südkurier 12. 05. 2007, S. XIII

Degussa. Creating essentials
Als weltweite Nummer Eins in der Spezialchemie schafft Degussa – eine 100-prozentige Tochter des RAG-Konzerns – mit innovativen Produkten und Systemlösungen Unverzichtbares für den Erfolg ihrer Kunden. Dies fassen wir in dem Anspruch „creating essentials" zusammen. Im Geschäftsjahr 2006 erwirtschafteten rund 36 000 Mitarbeiter weltweit einen Umsatz von 10,9 Mrd. Euro und ein operatives Ergebnis (EBIT**) von 870 Mio. Euro.

Südkurier 12. 05. 2007, S. XVII

2 **c** *Welches der Unternehmen spricht Sie persönlich besonders an?*

Merke

Man muss nicht jedes Wort verstehen, um die Informationen zu finden, die der Lösung der Aufgabe dienen.

* Hügli stellt Suppen in Tüten, Gewürzmischungen für Suppenbrühe etc. her.

** EBIT = Earnigs Before Interest and Taxes (vgl. auch S. 133f)

2 **d** *Was wollen die Unternehmen mit ihrer Vorstellung in den Stellenanzeigen erreichen?*
Machen Sie sich zusammen mit Ihrem Nachbarn Notizen und berichten Sie im Plenum.

2 **e** *Wie sehen entsprechende Anzeigen in Ihrer Muttersprache aus? Stellen sich die Unternehmen vor? Wenn ja, dann wie? Machen Sie sich Notizen und berichten Sie im Plenum.*

Das Image eines Unternehmens

3 **a** *Durch welche Inhalte können sich Firmen profilieren, um bei ihren Kunden und Geschäftspartnern Aufmerksamkeit und Achtung zu erwecken und Beziehungen zu pflegen?*
Machen Sie sich zusammen mit Ihrem Nachbarn Notizen und berichten Sie im Plenum.

3 **b** *Im Folgenden finden Sie ein Beispiel für eines der Engagements von RITTER SPORT. Machen Sie sich zusammen mit Ihrem Nachbarn Notizen und berichten Sie im Plenum.*

- NEUIGKEITEN
- FAMILIENUNTERNEHMEN
- GESCHICHTE
- UNSER ENGAGEMENT
  - ÖKOLOGIE
  - CACAONICA
  - KUNSTFÖRDERUNG
- KARRIERE
- VOR ORT

Unser Engagement – Von Waldenbuch bis Waslala

Die Welt besteht nicht nur aus Schokolade. Deswegen gehört es seit jeher zu den Grundwerten unseres Unternehmens, über den eigenen Tellerrand hinaus zu blicken, nachhaltig zu wirtschaften und sich gesellschaftlich zu engagieren. Der Schutz der natürlichen Lebensgrundlagen steht bei uns dabei im Vordergrund – und das bei allem Expansionsbestreben.

Ein gutes Beispiel dafür ist unser eigenes, äußerst effizientes Blockheizkraftwerk in Waldenbuch (dazu mehr im Bereich Ökologie). Aber auch auf der anderen Seite der Erdkugel engagieren wir uns. In Nicaragua setzen wir uns für den Schutz der tropischen Regenwälder und bessere Lebensbedingungen der Kakao-Kleinbauern vor Ort ein. CACAONICA heißt das von uns 1990 initiierte partnerschaftliche Kakaoanbauprojekt in Waslala.

http://www.ritter-sport.de/#/de_DE/company/engagement/, letzter Zugriff: 03. 09. 2008

FORTSETZUNG FOLGT

3 **c** *Wie schätzen Sie die Wirkung ein, die dieses Engagement von RITTER SPORT auf deutsche Kunden und Geschäftspartner hat? Welchen Einfluss hätten solche Aktivitäten auf Kunden und Geschäftspartner in Ihrem Heimatland?*
Machen Sie sich Notizen und berichten Sie im Plenum.

Das Bild eines Unternehmens bei Kunden, Geschäftspartnern und in der Öffentlichkeit hängt nicht nur von wirtschaftlichen Daten ab, sondern ist durch das Handeln des Unternehmens im gesellschaftlichen, ökologischen und ethischen Kontext bestimmt. Ein Beispiel dafür ist der Fall eines weltweit agierenden Herstellers von Sportschuhen, der Kinderarbeit duldete. Als bekannt wurde, dass Kinder bei der Herstellung der Schuhe beschäftigt wurden, brach der Umsatz völlig ein. Die Kunden boykottierten die Produkte des Herstellers. Es bedurfte großer Anstrengungen des Unternehmens, um die einstige hervorragende Position am Markt wieder zu gewinnen.
Um solchen Verhaltensweisen entgegen zu wirken, beschreiben Unternehmen ihre Werte und Vorstellungen in einem Leitbild oder in Leitlinien.

4 **a** *Auszüge aus dem Leitbild von Ritter Sport finden Sie in der Lektion 1, S. 50. Welche Werte werden dort angesprochen? Machen Sie sich zusammen mit Ihrem Nachbarn Notizen und berichten Sie im Plenum.*

Die Unternehmenskultur

4 **b** *Auf S. 123 finden Sie einen Text mit Abbildungen zur Unternehmenskultur der Firma Henkel. Alle Aussagen sind richtig. Gehen sie aus dem Text und den Abbildungen hervor? Arbeiten Sie mit Ihrem Nachbarn zusammen und stellen Sie Ihre Ergebnisse im Plenum vor.*

		Ja	Nein
1	Die Unternehmenskultur von Henkel hat Tradition.	☐	☐
2	Henkel ist ein Familienunternehmen, das 1876 gegründet wurde.	☐	☐
3	Die Unternehmenskultur wirkt sich positiv auf das Arbeitsklima und die Kommunikation in unterschiedlichen Ländern aus.	☐	☐
4	Das Unternehmen Henkel hat vier Regeln zum Verhalten im In- und Ausland.	☐	☐
5	„Henkel – A Brand like a friend" ist der Slogan für die Unternehmensmarke Henkel.	☐	☐
6	Henkel engagiert sich für gesellschaftliche Probleme in den unterschiedlichen Ländern.	☐	☐
7	„Bei uns ist der Kunde König" gilt auch bei Henkel.	☐	☐
8	Die Leitlinien des Unternehmens ergeben sich aus der Vision und den Werten des Unternehmens.	☐	☐
9	Henkel nutzt die Möglichkeiten der Visualisierung zur Kommunikation von Visionen und Werten des Unternehmens.	☐	☐
10	Henkel gewinnt den deutschen Preis für Wirtschaftskommunikation 2008.	☐	☐

Wir stellen die Kunden in den Mittelpunkt
Wir entwickeln führende Marken und Technologien
Wir stehen für exzellente Qualität
Wir legen unseren Fokus auf Innovationen
Wir verstehen Veränderungen als Chance
Wir sind erfolgreich durch unsere Mitarbeiter
Wir orientieren uns am Shareholder Value
Wir wirtschaften nachhaltig und gesellschaftlich verantwortlich
Wir verfolgen eine aktive und offene Informationspolitik
Wir wahren die Tradition eines offenen Familienunternehmens

http://www.henkel.de/cps/rde/xchg/henkel_de/hs.xsl/10015_DED_HTML.htm, letzter Zugriff: 09. 07. 2008

Unternehmenskultur

Henkel zeichnet sich durch eine über Jahre gewachsene und etablierte Unternehmenskultur aus. Ihr Stellenwert für das innovative Arbeitsklima und die gelebte Internationalität ist ausgesprochen hoch.

Die Unternehmenskultur von Henkel konzentriert und dokumentiert sich in der Vision und zehn zentralen Werten, die weltweit verbindlich und für die Mitarbeiter Orientierungs- und Handlungsmaßstab sind.

Aus unserer Vision und unseren Werten ergeben sich eine Reihe von Verhaltensregeln für den alltäglichen Gebrauch. Dazu gehören neben dem Code of Conduct (Verhaltenskodex) die Leitlinien der Zusammenarbeit und Führung, der Code of Corporate Sustainability (der Nachhaltigkeit) und der Code of Corporate Brand (der Unternehmensmarke).

Als „guter Bürger" engagiert sich das Unternehmen auch über seine Geschäftstätigkeiten hinaus mit vielfältigen Aktivitäten. Das Unternehmen steht in den verschiedenen Regionen und Geschäftsfeldern sehr unterschiedlichen gesellschaftlichen Herausforderungen und lokalen Prioritäten gegenüber. Auf Grundlage weltweiter Standards versucht Henkel daher, auf Wertvorstellungen, Bedürfnisse, Erwartungen der Menschen in den einzelnen Ländern und Märkten einzugehen und so zu einer nachhaltigen Entwicklung beizutragen.

Eine klare Vision und gemeinsame Werte bilden die Orientierungsgrundlage für unser Verhalten und unser Handeln im Unternehmen.

Aus unserer Vision und unseren Werten ergeben sich eine Reihe von Verhaltensregeln für den alltäglichen Gebrauch.

Wir verbinden den Anspruch, alle Geschäfte in ethisch und rechtlich einwandfreier Weise zu tätigen, untrennbar mit unserem Selbstverständnis als verantwortlichem Corporate Citizen.

© 2008 Henkel AG & Co. KGaA | Standorte | Nutzungsbedingungen | Impressum | Datenschutzerklärung
http://www.henkel.de/cps/rde/xchg/henkel_de/hs.xsl/10014_DED_HTML.htm, letzter Zugriff: 09. 07. 2008

4 **c** *Was hat Ihnen beim Verstehen des Textes „Unternehmenskultur" geholfen (vgl. Vorlektion, S. 23)?*

Die Geschichte von Unternehmen

Viele Unternehmen wie z.B. RITTER SPORT, Henkel, Bosch, Osram präsentieren die erfolgreiche Geschichte ihres Unternehmens und ihres Gründers im Internet.

5 **a** *Schauen Sie sich noch einmal die Geschichte des Unternehmens RITTER SPORT in der Vorlektion (S. 22, 26) an. Welche Bedeutung hat diese Firmengeschichte Ihrer Meinung nach für das Unternehmen und seine Mitarbeiter und wie wirkt Sie auf Kunden und Geschäftspartner?*
Machen Sie sich zusammen mit Ihrem Nachbarn Notizen und berichten Sie im Plenum.

Die Firma BBT (Bosch Buderus Thermotechnik) wird in Lektion 2 vorgestellt. Dort besteht auch die Möglichkeit, ein Interview mit dem Geschäftsführer, Herrn Huttelmaier, zu hören (vgl. S. 59, 63). Im Folgenden finden Sie die kurz zusammengefasste Geschichte der Firma Junkers, die ebenfalls zur BBT Gruppe gehört.

5 **b** *Schreiben Sie zusammen mit Ihrem Nachbarn die Stationen der Entwicklung des Unternehmens Junkers stichpunktartig heraus. Überlegen Sie sich zusammen eine Form der Darstellung zur Präsentation im Plenum.*

Eine Firmengeschichte

Hugo Junkers (1859 bis 1935), war ein bedeutender Ingenieur und Unternehmer. Er war ein erfolgreicher Erfinder und besaß zahlreiche Patente. Die von ihm konstruierten Flugzeuge waren weltberühmt. Einer Junkers W 33 beispielsweise gelang 1928 die erste Ost-West-Überquerung des Atlantiks. Seine Fluggesellschaft war Teil der damaligen Deutschen Lufthansa.
Die von Junkers 1895 gegründete Firma Junkers & Co., die u. a. wegen ihres Badeofens berühmt war, wurde 1932 an die Robert Bosch GmbH, verkauft und erfolgreich weiter geführt. 1953 wurde die heutige Werksanlage in Wernau bezogen. Man fertigte z.B. Gas-Zentralheizungsgeräte und entwickelte Regel- und Sicherheitseinrichtungen für Gasgeräte.
1968 führte Junkers als erster Hersteller die elektrische Zündung für Gasgeräte ein, 1978 eine Kesseltherme mit Stetigregelung. 1995 wurde dieser Geschäftsbereich in Bosch Thermotechnik umbenannt, der Markenname Junkers blieb jedoch erhalten. 2004 entsteht BBT Thermotechnik GmbH, durch einen Zusammenschluss von Bosch Thermotechnik und Buderus.

JUNKERS
Bosch Thermotechnik

5 **c** *Kennen Sie entsprechende Firmengeschichten aus Ihrem Heimatland oder z.B. die Geschichte von Bill Gates Microsoft in den USA?*
Machen Sie sich mit Ihrem Nachbarn zusammen Notizen und berichten Sie im Plenum.

B Mündliche Firmen- und Produktpräsentationen

Die Inhaltspunkte zur Präsentation eines Unternehmens stehen relativ fest (vgl. die 13 Punkte Aufgabe 1a, S. 118). Sie können jedoch je nach Zuhörerschaft oder nach Anlass der Präsentation unterschiedlich berücksichtigt und auch ergänzt werden. Bei filmen bzw. Firmenvideos z. B. wird oft die Beteiligung der Mitarbeiter am Erfolg der Firma hervorgehoben oder der Einsatz des Unternehmens für Arbeitssicherheit und Umweltschutz oder internationale Geschäftsbeziehungen.

Inhaltspunkte einer Produktpräsentation

Die Inhaltspunkte, die bei der Produktpräsentation zu berücksichtigen sind, verändern sich je nach Art der Produkte oder Dienstleistungen.
Zur Produktqualität gehören beispielsweise Eigenschaften wie:

- Haltbarkeit
- Sicherheit
- Design
- Umweltfreundlichkeit
- Wartungsfreundlichkeit
- Präzision
- Leistungsfähigkeit
- Größe
- Wirtschaftlichkeit
- Handlichkeit
- Benutzerfreundlichkeit
- Verfügbarkeit
- Reparaturfreundlichkeit
- Zuverlässigkeit
- Gewicht
- Farbe

6 **a** *Zu welchen Produkten passen die oben abgedruckten Punkte Ihrer Meinung nach? Ordnen Sie passende Beispiele zu.*

6 **b** *Sammeln Sie zusammen mit Ihrem Nachbarn Punkte, die die Eigenschaften und Qualität der Produkte der Übungsfirma Wellness Kosmetik GmbH beschreiben helfen. Wählen Sie ein Produkt wie z.B. Seife oder Körperlotion und machen Sie sich zusammen mit Ihrem Nachbarn Notizen. Berichten Sie im Plenum.*

LernTipp

Zur Vorbereitung einer Präsentation bedarf es gründlicher Recherchen. Dabei hilft die Aufstellung einer Gliederung, in deren Rahmen man die einzelnen Fakten einordnen kann.

Fallbeispiel Fortsetzung

Im Rahmen eines „Sprachkurses zum Präsentieren und Verhandeln“ macht Alexander Übungen zur Vorbereitung einer Präsentation.
Er bearbeitet einen Text zur Firma Voith Hydro GmbH & Co. KG, der eine Reihe von Informationen enthält, die in der Präsentation berücksichtigt werden sollen wie z.B. Daten zum Unternehmen, Informationen über seine Produkte, deren Qualität, spezifische Leistungen und Ziele des Unternehmens. Die einzelnen Informationen trägt er in eine Liste ein.

6 **c** *Erstellen Sie zusammen mit Ihrem Nachbarn eine Gliederung mithilfe der Informationen des untenstehenden Textes nach folgendem Muster. Orientieren Sie sich auch an den 13 Checkpunkten einer Präsentation auf S. 118. Arbeiten Sie mit Ihrem Nachbarn zusammen und stellen Sie Ihre Gliederung z.B. mithilfe einer Folie im Plenum vor.*

Referent:

Voith Hydro

Firmendaten

Name: . . . .

Gründung: . . . .

Firmensitz: . . . .

Mitarbeiter:. . . . .

Standorte: . . . .

Produkte/Dienstleistungen:

. . . .

. . . .

Produktqualität:

. . . .

Forschung und Entwicklung

. . . .

Die Firma Voith Hydro GmbH & Co. KG

Die Firma Voith Hydro GmbH. & Co. KG mit Stammsitz in Heidenheim ist ein deutsches Traditionsunternehmen. Sie fertigt und entwickelt seit 1870 u. a. Ausrüstung und Zubehör für Wasserkraftwerke: Turbinen, Pumpen, Turbinenregler, Kraftwerksautomatisierung und Absperrorgane.
Voith Hydro beschäftigt 16.000 Mitarbeiter in Deutschland, Österreich, China, Spanien, Brasilien, den USA, Italien und Japan. Die Voith Hydro-Einzelunternehmen arbeiten selbstständig im Rahmen der übergeordneten Unternehmensziele. Sie sind verantwortlich für ihre jeweiligen Heimatmärkte: Sie leben und arbeiten in der Nähe der Kunden und sprechen deren Sprache.

Die Stärke der Voith Hydro-Gruppe ist die effiziente Nutzung des Wasserkraftpotentials der Natur durch technisch individuell abgestimmte Kraftwerke mit einem hohen Sicherheitsstandard. Seine Spitzenstellung im Wettbewerb verdankt Voith Hydro einer fundierten Grundlagenforschung und ständigen Verbesserungen der Produkte und Projektabläufe. Spitzenqualität wird durch ein Process Quality Management erreicht, das Planung, Herstellung, Inbetriebnahme und Service des gesamten Angebots-Spektrums begleitet.

Präsentieren und Verhandeln, S. 124

6 **d** *Die Firma Voith hat einen Weg gefunden, interkulturelle Schwierigkeiten bei der Kommunikation in den unterschiedlichen Ländern auszuschalten. Worin besteht dieser Weg? Berichten Sie im Plenum.*

Fallbeispiel Fortsetzung

Sie erinnern sich an Alexander, der für einen Importeur und Großhändler in seinem Heimatland einen Text erstellt hat mit Informationen zum Unternehmen RITTER SPORT und seinen Produkten. Er hat diesen Text dem Importeur und Großhändler Kandinsky übergeben. Kandinsky ist von dem ausführlichen Text begeistert und bittet Alexander, diesen Text zu einer mündlichen Präsentation vor 4–5 seiner Mitarbeiter umzuarbeiten.

Die mündliche Präsentation soll nur wenige Daten zum Unternehmen enthalten. Schwerpunkt der Ausführungen soll die Vorstellung der Produkte und des Sortiments sein. Insbesondere soll Alexander auf die Produktinnovation RITTER SPORT Bio Schokolade eingehen. Kandinski empfiehlt Alexander, abschließend noch über seine persönlichen Eindrücke aus der Zeit seines Praktikums bei RITTER SPORT zu berichten.

7 **a** *Alle Aussagen sind richtig. Gehen sie aus dem Fallbeispiel hervor?*

		Ja	Nein
1	Ähnlich wie bei Gesprächen und Verhandlungen kann man bei der Gestaltung von Firmen- und Produktpräsentationen in Ländern kulturelle Unterschiede feststellen.	☐	☐
2	Texte, die zum Lesen verfasst sind und viele Informationen auf engem Raum anbieten, eignen sich nicht zum Vortragen.	☐	☐
3	In Ländern Südeuropas, Asiens, Afrikas und Lateinamerikas werden persönliche Einführungen, Kommentare und Empfehlungen des Präsentierenden geschätzt.	☐	☐
4	Kandinski weiß, dass seine Mitarbeiter und Mitarbeiterinnen persönliche Eindrücke von Kunden und Partnern sehr positiv bewerten.	☐	☐

Das Produkt Schokolade

7 **b** *Was ist für Sie wichtig, wenn Sie eine Schokolade im Supermarkt auswählen?*
Welche Informationen braucht ein Fachmann wie Herr Kandinski über das Produkt Schokolade und was interessiert den Kunden?
Machen Sie sich Notizen und berichten Sie im Plenum.

Präsentationen

8 a *Stellen Sie sich vor, Sie übernehmen die neue Aufgabe von Alexander.*
Lesen Sie die Texte zum Unternehmen RITTER SPORT in der Lektion 1, S. 57 und entscheiden Sie zusammen mit Ihrem Nachbarn, welche Informationen Sie zur Firmenpräsentation in diesem Fall unbedingt brauchen.
Verfahren Sie ebenso mit dem Sammeln und Auswählen von Informationen zu den Produkten, der Produktqualität, dem Sortiment und der Verpackung (Farbe, Material usw.). Was wird die Kollegen und Kolleginnen in Ihrem Heimatland besonders interessieren? Informationen dazu finden Sie in der Vorlektion S. 22f. und in den unten abgedruckten Internettexten zur RITTER SPORT Bio Schokolade. Hören Sie auch noch einmal den entsprechenden Text S. 26.
Erstellen Sie zusammen mit Ihrem Nachbarn eine Gliederung zu den von Ihnen ausgewählten Punkten. Berücksichtigen Sie das Schema auf S. 129 gegenüber.

RITTER SPORT

Neu. Bio von RITTER SPORT

Bio-Schokolade - Natürlich von RITTER SPORT.

Zusammen prägen die Geschwister Marli Hoppe-Ritter und Alfred T. Ritter durch ihr persönliches Engagement für soziale und ökologische Belange seit Jahren die Unternehmensphilosophie von RITTER SPORT...

Bio-Schokoladenmasse - Massenweise Bio-Zutaten.

Bei uns schmeckt jedes Schokoladenquadrat anders. Woran das liegt?

Natürlich an den verschiedenen Zutaten und Füllungen, aber vor allem an den unterschiedlichen Schokoladenmassen. Fein abgestimmt bekommt jede Zutat und Füllung die Schokoladenmasse, die ihren Geschmack einfach unverwechselbar macht.

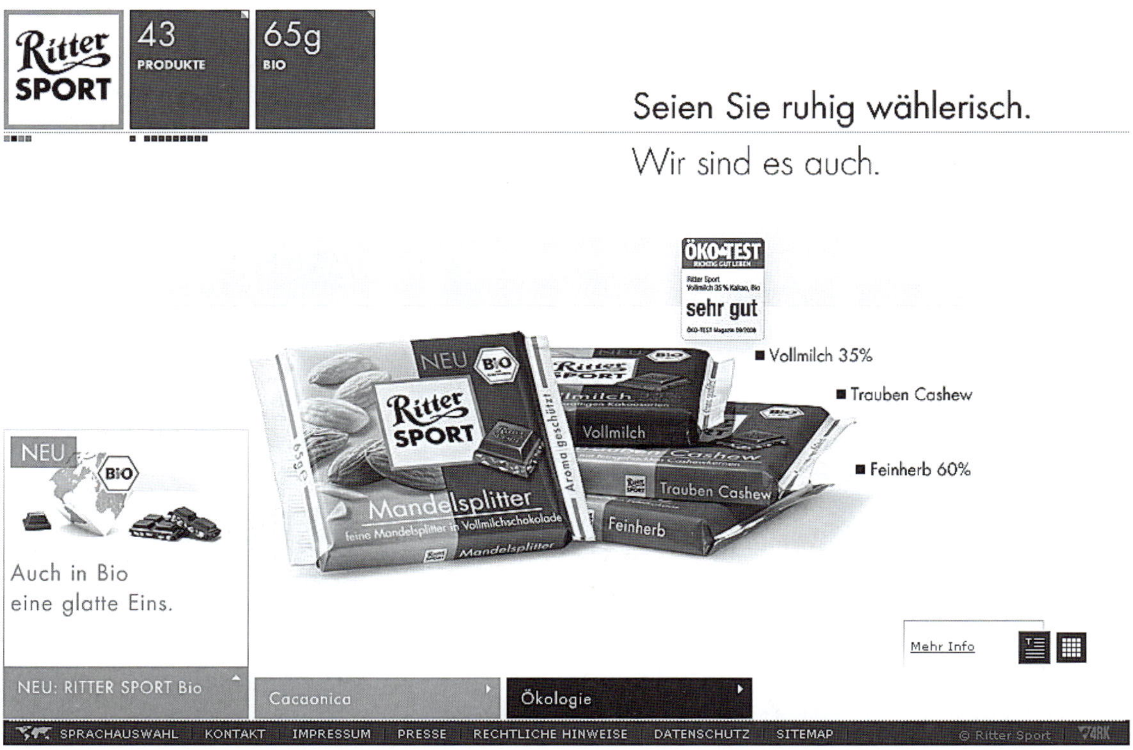

Mittlerweile setzen wir von RITTER SPORT für unsere 44 Quadratvariationen 11 klassische Schokoladenmassen, 2 Diät-Schokoladenmassen und 2 Bio-Schokoladenmassen ein.

Allen unseren Schokoladenmassen gemeinsam ist die sorgfältige Auswahl und Kombination bester Rohstoffe und Zutaten, um den typischen RITTER SPORT Geschmack zu kreieren.

Unsere Bio-Schokoladenmassen
Was unsere Bio-Schokoladenmassen gegenüber unseren anderen Massen hervorhebt, sind die zu über 99% aus kontrolliert biologischem Anbau stammenden Rohstoffe, aus denen wir sie herstellen. Dabei war uns wichtig, die Geschmacksnuancen des Biokakaos und der anderen Bio-Zutaten voll zur Geltung zu bringen. Und dafür haben wir uns eine ganze Menge einfallen lassen:

Alles fängt bei der Auswahl der Rohstoffe an und davon nehmen wir auch bei unseren Bio-Rohstoffen qualitativ und geschmacklich nur die Besten. Fein abgestimmt erstellen wir dann die individuellen Rezepturen und die dafür optimale Verarbeitung der Zutaten. Um den Geschmack der Bio-Zutaten herauszuarbeiten, walzen wir die Schokoladenmasse etwas feiner und haben die Conchierzeiten darauf abgestimmt, so dass die Bio-Schokoladenmassen nicht nur hervorragend im Mund schmelzen, sondern durch ihre besondere Cremigkeit eine einmalige Geschmacksfülle entfalten.

Wir von RITTER SPORT benutzen Kakaobohnen aus vier verschiedenen Anbauregionen, die fein aufeinander abgestimmt, unsere zwei Bio-Schokoladenmassen ergeben.
Dazu gehören die zwei sogenannten **Bio-Konsumkakaosorten** aus Nicaragua und der Dominikanischen Republik. Der Kakao aus Nicaragua stammt überwiegend aus unserem CACAONICA-Projekt, bei dem wir Kleinbauern unterstützen, Kakao biologisch anzubauen. Diese Bio-Kakaobohnen besitzen eine runde, kräftige Kakaonote, eine milde Säure und eine sehr dezente Bitterkeit.

Die Kakaobohnen der Dominikanischen Republik sind sehr aromatisch und kräftig vom Geschmack. Aufgrund ihrer leicht bitteren Note eignen sie sich hervorragend zum Abrunden von Schokoladenmassen und für die Herstellung von Bitterschokolade.

Mit den **Bio-Edelkakaosorten** aus Ecuador und Peru runden wir unsere Bio-Schokoladenmassen harmonisch ab.

http://www.ritter-sport.de/#/de_DE/quality/article/bio_schokoladenmasse/, letzter Zugriff: 31. 07. 2008

FORTSETZUNG FOLGT

Referenten: ....

Firmendaten: ....

Produkte/Sortiment: ....

Produktqualität: ....

Produktion: ....

Rohstoffe: ....

Sprachliche Mittel der Werbung: ....

8

b *Formulieren Sie dann Ihren Vortrag schriftlich. Nutzen Sie einfache Sätze und scheuen Sie sich nicht, Verben wie sein, haben, liegen bei, gibt es usw. auch zu wiederholen.*
Besprechen Sie diesen Text zur Vorstellung der Firma und Darstellung ihrer Produkte und ihres Sortiments mit Ihrem Nachbarn und korrigieren Sie sich gegenseitig. Überlegen Sie, welche Visualisierungsmöglichkeiten Sie nutzen können.

8

c *Halten Sie Ihren Vortrag vor einer Kleingruppe und bitten Sie Ihre Kollegen und Kolleginnen, sich Notizen zu machen über Ihre Körperhaltung, Mimik. Gestik, Lautstärke, Sprechgeschwindigkeit und Ähnliches; lassen Sie sich ein Feedback geben.*

Fallbeispiel Fortsetzung

Alexander stellt die Firma Ritter Sport und ihre Produkte wie verabredet vor und erhält großen Beifall. Die Teilnehmer finden den Vortrag spannend. Die Bilder, die er aus dem Internet entnommen hat, und die Formen seiner Visualisierung finden ebenfalls Anerkennung. Zu seinen persönlichen Erfahrungen während des Praktikums wird er noch eingehend befragt.
Abschließend bittet Herr Kandinski Alexander darum, eine schriftliche Zusammenfassung in seiner Muttersprache zu machen, die man an weitere Kollegen verteilen kann. Sie soll eine knappe Seite umfassen.

8

d *Fassen Sie die Informationen Ihrer Firmen- und Produktpräsentation von Ritter Sport in Ihrer Muttersprache zusammen und geben Sie die Zusammenfassung einem Kollegen zur Korrektur.*

Präsentation der Wellness Kosmetik GmbH und ihrer Produkte

9

a *Sie haben zusammen mit Kollegen die Wellness Kosmetik GmbH mit Sitz in Köln gegründet. Im Frühjahr sollen Sie sie auf der BioFach & Vivaness Messe in Berlin vorstellen.*
Berücksichtigen Sie für Ihre Präsentation die folgenden Punkte (die Sie nach Ihrem Belieben ergänzen können): Rechtsform, Firmensitz, Branche, Marktanteil in Deutschland, Vertretung in Europa, Mitarbeiter, Produkte, Produktqualität, Innovation, Forschung und Entwicklung (Labors für: Allergietests, Experimente mit exotischen Pflanzenölen), Service etc.
Erstellen Sie zunächst eine Gliederung, schreiben Sie dann den Text und überlegen Sie sich Formen der Visualisierung (vgl. Lektion 2, S. 67).
Arbeiten Sie mit Ihrem Nachbarn zusammen und stellen Sie Ihr Ergebnis zu zweit im Plenum vor, nachdem Sie geprobt haben, wer was übernimmt.
Vergessen Sie nicht den Punkt: Referenten.

Vivaness 2009

Merke

Keine Präsentation ohne Visualisierung.

Präsentation eines Lehrwerkers

9 b *Stellen Sie sich vor, Sie sind der Vertreter des Verlags Fraus aus Pilsen in Tschechien. Zusammen mit einem Team, das aus Mitgliedern der kaufmännischen Abteilung besteht, fahren Sie zur Buchmesse Leipzig, um die Neuerscheinungen des Verlages im Bereich Deutsch als Fremdsprache vorzustellen. Sie haben die Aufgabe, das Lehrbuch „Kommunikation in der Wirtschaft" vorzustellen, das Sie aus Erfahrung gut kennen. Bei der Vorstellung geht es zum einen um persönliche Gespräche am Messestand, zum anderen um eine offizielle Präsentation des Lehrwerkes. Für diesen Zweck hat der Verlag einen Raum für ca. 50 Personen gemietet. Ihre Zuhörer sind Deutschlehrer und Deutschlehrerinnen aus unterschiedlichen Nationen. Beantworten Sie zusammen mit Ihrem Nachbarn folgende Fragen zur Vorbereitung:*

1. Wie stellen Sie sich vor?
2. Welche Punkte einer Firmenpräsentation sind im Falle der Buchpräsentation für die Deutschlehrer relevant?
3. Über welche Punkte des Lehrbuches der deutschen Sprache müssen die Lehrenden informiert werden?
4. Welche Qualitätsmerkmale können für dieses Buch angeführt werden?
5. Wo in diesem Buch finden Sie wichtige Informationen?

9 c *Erstellen Sie eine Gliederung mit den von Ihnen ausgewählten Informationen und stellen Sie sie im Plenum vor. Schreiben Sie den Text so, dass Sie ihn möglichst frei vortragen können. Überlegen Sie, wie Sie anfangen, wie Sie abschließen können und wo Sie persönliche Anmerkungen z.B. über Ihre Erfahrungen mit dem Buch machen könnten. Zur Visualisierung stehen Ihnen alle technischen Möglichkeiten offen. Simulieren Sie die Präsentation zunächst in der Kleingruppe. Präsentieren Sie dann im Plenum.*

C Aktuelle Firmendaten verstehen, Diagramme beschreiben

Mitteilungen der Presse

Fallbeispiel
Als ausgebildeter Groß- und Außenhandelskaufmann im Heimatland bei einer Firma tätig zu sein, die Geschäftskontakte zu deutschen Unternehmen hat, bedeutet für Alexander, dass er aufgrund seiner Deutschkenntnisse und seines Deutschlandaufenthaltes immer wieder um Auskunft gefragt wird. Es geht darum, aktuelle Daten über die Situation der einzelnen Unternehmen zu bekommen. Alexander schaut in die gängigen Zeitungen und Zeitschriften und lässt sich auch ab und zu den Geschäftsbericht eines Unternehmens von Freunden zuschicken. In der Regel muss er in seiner Muttersprache über die aktuellen Daten berichten.

In den deutschen Tageszeitungen finden sich fast täglich Informationen über die aktuelle wirtschaftliche Situation und Entwicklung einzelner Unternehmen. Es handelt sich dabei um Daten, die die Unternehmen z.B. der Deutschen Presseagentur (dpa) mitgeteilt haben und die die Zeitungen bearbeiten.

10 **a** *Im Folgenden finden Sie einige Titel von Zeitungsartikeln, in denen über Unternehmen informiert wird. Welche Begriffe tauchen immer wieder auf?*
Welche Informationen kündigen die Überschriften Ihrer Meinung nach an?

- Müller KG mit Gewinnschub
- Umsatz sinkt, Gewinn steigt
- Kräftiger Gewinnsprung
- Über Umsatz besorgt
- Umsatz verdreifacht
- Umsatzeinbruch bei ...
- Bilfinger und Berger im Plus
- Gewinn halbiert
- Rückgang des Umsatzes
- Porsche im Rückwärtsgang

10 **b** *Kennzeichnen Sie die folgenden Aussagen mit B = Beschreibung; D = Definition; K = Klassifikation (vgl. Lektion 1, S. 58).*
Arbeiten Sie mit Ihrem Nachbarn zusammen und stellen Sie Ihr Ergebnis im Plenum vor.

1 Der Umsatz ergibt sich aus der Anzahl der verkauften Produkte/Dienstleistungen, multipliziert mit dem Verkaufspreis.
2 Ein negatives Unternehmensergebnis bezeichnet man als Verlust.
3 Ertrag wird im Zusammenhang mit dem Aufwand betrachtet.
4 Unter Umsatz versteht man die mit dem Verkaufspreis multiplizierte Verkaufsmenge eines Gutes in einer Periode.
5 Man unterscheidet zwischen Unternehmensergebnissen vor Abzug von Steuern und Zinsen einerseits und den Unternehmensergebnissen nach Steuern andererseits (CeBIT vgl. S. 120).
6 Unter Gewinn versteht man ein positives Unternehmensergebnis.

11 **a** *Unterstreichen Sie im Text „Umsatz verdreifacht" alle Informationen, die Gewinne, Verluste und deren Veränderungen betreffen. Schreiben Sie die entsprechenden Ausdrücke heraus und legen Sie sich dazu eine Liste an, die Sie laufend ergänzen können.*

Beispiel: Gewinn erwirtschaften

. . . .

. . . .

SOLARSTROM AG

Umsatz verdreifacht

Freiburg (dpa*) Die S.A.G. Solarstrom AG (Freiburg) hat ihren Umsatz im ersten Halbjahr 2008 mehr als verdreifacht. Zudem wurde nach verlustreichen Vorjahren ein Gewinn erwirtschaftet, teilte das Unternehmen mit. Der Umsatz in den ersten 6 Monaten betrug den Angaben zufolge 40,2 Millionen Euro. Dies seien 27,6 Millionen Euro mehr als im vergleichbaren Zeitraum des Vorjahres. Das Ergebnis vor Zinsen und Steuern (EBIT**) betrug eine Million Euro. Im ersten Halbjahr 2007 hatte das Unternehmen einen Verlust von 1,3 Millionen Euro verzeichnet. Für das Gesamtjahr rechnet das 100 Mitarbeiter zählende Unternehmen mit einem Umsatz zwischen 70 und 75 Millionen Euro und einem Ebit von 1,5 bis 2 Millionen Euro.

Südkurier, Nr. 195, 21. 08. 2008, MP 7

11 **b** *Ergänzen Sie Ihre Liste von Ausdrücken zu Umsätzen und Gewinnen mit Hilfe des folgenden Textes und beantworten Sie die Fragen zum Text. Arbeiten Sie mit Ihrem Nachbarn zusammen und stellen Sie Ihre Ergebnisse im Plenum vor.*

1 Auf welchen Zeitraum bezieht sich der Bericht von Nycomed?
2 Wo ging der Umsatz zurück?

Umsatz sinkt, Gewinn steigt

Nycomed-Halbjahresbilanz

Konstanz/Zürich (sk***) Das Pharmaunternehmen Nycomed (früher Altana Pharma) hat im ersten Halbjahr 2008 bei sinkenden Umsätzen sein operatives Ergebnis gesteigert. Die Umsätze gingen um 3,4 Prozent auf 1,7 Milliarden Euro zurück, teilte Nycomed in Zürich mit … .
Das operative Ergebnis legte in den ersten 6 Monaten um rund ein Drittel (31,3 Prozent) auf 262 Millionen Euro zu… .
Während die Umsätze im ersten Halbjahr in Europa auf dem Vorjahresniveau blieben, gingen die Umsätze in den Regionen Lateinamerika, Kanada und Südafrika zurück.

Südkurier, Nr. 193, 19. 08. 2008, MP 5

LernTipp

Verben mit Präpositionen zusammen im Kontext lernen.

* dpa = deutsche Presseagentur
** EBIT = Earnigs Before Interest and Taxes
*** sk = Südkurier

11 **c** *Ergänzen Sie zusammen mit Ihrem Nachbarn den unten abgedruckten Lückentext mithilfe der Informationen des Zeitungsartikels und stellen Sie Ihre Ergebnisse im Plenum vor. Fassen Sie die Nachricht kurz in Ihrer Muttersprache zusammen.*

AUTOZULIEFERER BERTRANDT

Mehr Tempo

… Wie Vorstandschef Dietmar Bichler in Ehningen berichtete, stiegen die Umsätze in den ersten neun Monaten des Jahres 2008 um 28 Prozent auf 316,3 Millionen Euro. Das Ergebnis vor Zinsen und Steuern (EBIT) erhöhte sich gegenüber der entsprechenden Vorjahreszeit um 65 Prozent auf 35,5 Millionen Euro. Der Gewinn nach Steuern legte von 14,1 Millionen auf 25,1 Millionen Euro zu. Die Zahl der Mitarbeiter wurde von rund 4 300 auf mehr als 5 700 Beschäftigte gesteigert (dpa).

Südkurier, Nr. 195, 21. 08. 2008, S. MP7

Mehr Tempo

Die Informationen über die wirtschaftliche Lage des Autozulieferers Bertrandt wurden vom
. . . . gegeben.

Die Umsätze . . . . in den ersten neun Monaten des Berichtsjahres
. . . . 28 Prozent . . . . 316,3 Millionen Euro.

Das Ergebnis vor Zinsen und Steuern . . . . gegenüber der entsprechenden Vorjahreszeit . . . . 65 Prozent . . . . 35,5 Millionen Euro.

Der Gewinn . . . . stieg . . . . 25,1 Millionen Euro. Er erhöhte sich also gegenüber der entsprechenden Vorjahreszeit . . . . 14,1 Millionen Euro.

11 Track 15 **d** *Die Situation eines Unternehmens, seine Erfolge in der Vergangenheit, Gegenwart und Zukunft sind auch oft Gegenstand von Reden, die Geschäftsführer z.B. bei Jubiläumsfeiern halten. Sie haben die Gelegenheit, eine solche Rede zu hören.*
Welche der folgenden Punkte werden in der Jubiläumsrede berücksichtigt?
Hören Sie nun die Rede zweimal und kreuzen Sie die Punkte an, die berücksichtigt wurden.

- ☐ Begrüßung
- ☐ aktuelle Lage des Unternehmens
- ☐ Gewinn und Verlust
- ☐ Umsatz im Inland und Ausland
- ☐ Blick in die Vergangenheit
- ☐ Voraussagen für die Zukunft
- ☐ Dank an Mitarbeiter und Geschäftspartner
- ☐ Internationale Geschäftsbeziehungen
- ☐ Unser neues Produkt
- ☐ Unser soziales Engagement

Geschäftsberichte

Zur Präsentation eines Unternehmens gehört auch der Geschäftsbericht, dessen Inhalt genau festgelegt ist. Er enthält den Jahresabschluss, die Bilanz (Vermögensübersicht) und die Gewinn- und Verlustrechnung. Die Informationen bestehen deshalb vor allem aus Zahlenmaterial. Dieses kann im Text eingebettet sein oder über Grafiken dem Leser vermittelt werden.

12 **a** *Schreiben Sie die folgenden Ausdrücke in die passenden Spalten der unten abgedruckten Tabelle.*

- … bleibt auf Vorjahresniveau
- … sinkt auf … Euro
- … stagnieren
- … ist/sind rückläufig
- … steigen um x%
- … eine Steigerungsrate von x%
- … vermindert sich um x%
- … wächst um x% auf … Euro
- Die Steigerungsrate liegt bei x% …
- … fallen um x% auf … Euro
- … nimmt um x% zu/ab.
- … Wachstumsimpulse/-steigerung
- … zurückgehen auf x%
- … konstant/gleich bleiben

Zunahme +	**Stagnation 0**	**Abnahme –**

12 **b** *Ergänzen Sie die folgenden Auszüge aus dem Geschäftsbericht der Wellness Kosmetik GmbH mit den passenden Ausdrücken, die angeben, ob eine Zunahme (+), Abnahme (-) oder Stagnation (0) vorliegt. Achten Sie auf die richtige Zeitform und korrekte Endungen.*

rückläufig – auf x% steigen – Umsatzsteigerung – Wachstumsimpulse – zurückgehen – mit einer Steigerungsrate

Der Umsatz der Wellness Kosmetik GmbH **stieg** im Jahr 2009 **um** (+) 7,7% **auf** 23 Millionen Euro. Das deutsche Geschäft (+) trug . . . . von 8,2% dazu bei. Diese Umsatzausweitung im Inland wurde von drei Sparten getragen. So konnte die Sparte Fresh Zahnbürsten trotz des (–) . . . . Weltmarktes ihre Position dank der Sortimentstiefe deutlich ausbauen. Die stärksten (+) . . . . kamen aus den innovativen Produkten der Marke „Chic“ – Modeaccessoires. Die Pflegeserie für Kinder „Fun“ erreichte eine (+) . . . . von 20% dank des „Grünen Umweltigels“ für die Bademaus „Morgentau“.

Insgesamt (+) . . . . die Exporte um 5,8% . . . . 115 Millionen Euro. Diese gute Entwicklung erklärt sich aus der starken Erhöhung der Lieferungen an unsere Tochtergesellschaften in der Türkei und in der Ukraine. Die Exporte innerhalb der EU (–) . . . . eher . . . .

Diagramme beschreiben

Bei der Arbeit mit diesem Buch haben Sie sich bereits mehrfach mit Diagrammen beschäftigt, z.B. in Lektion 2 S. 69. Hier wollen wir auf das Beschreiben von Diagrammen und Abbildungen noch einmal zusammenhängend eingehen.

13 **a** *Im Folgenden finden Sie ein Diagramm zur Entwicklung des Betriebsergebnisses der Wellness Kosmetik GmbH. Es stammt aus dem Geschäftsbericht.*
Welche der folgenden Gliederungspunkte wurden zur Gestaltung des Textes genutzt und in welcher Reihenfolge?

- ☐ Kommentar zur Situation Wellness Kosmetik GmbH
- ☐ Angabe der benutzten Größen auf der x- und y-Achse
- ☐ Beschreibung der Kurve
- ☐ Benennung der Abbildung
- ☐ Beschreibung der Entwicklung des Betriebsergebnisses
- ☐ Prognosen

Betriebsergebnisse der Wellness Kosmetik GmbH
Das Diagramm stellt die Entwicklung des Betriebsergebnisses der Wellness Kosmetik GmbH von 2003 bis 2006 dar.
Das Betriebsergebnis wird in Mio. EUR angegeben. Im Jahr 2003 lag es wenig unter 30 Mio. EUR, stieg aber dann relativ stark um ca. 5 Mio. EUR auf 35 Mio. EUR im Jahr 2004 an. Nach 2004 fällt die Kurve jedoch, d.h. das Ergebnis ging zurück und betrug im Jahr 2006 wieder 30 Mio. EUR.
Das beste Ergebnis der betrachteten Zeitspanne ist im Jahr 2004 zu beobachten. Diese Tatsache wird durch eine Linie in Höhe der 30 Mio. EUR betont.
Das Diagramm verdeutlicht, dass die Wellness Kosmetik GmbH ihr Betriebsergebnis im Laufe der drei Jahre zunächst verbessern konnte, diese Verbesserung im Jahre 2004 jedoch nicht halten konnte. Positiv ist jedoch zu vermerken, dass sich das Ergebnis gegenüber dem Jahr 2003 nicht verschlechtert hat. Es stellt sich jedoch die Frage, ob das Betriebsergebnis weiter rückläufig ist oder ob diese Tendenz gestoppt werden kann.

13 **b** *Beschreiben Sie das folgende Diagramm zur Entwicklung der Personalkosten und Sachkosten der Wellness Kosmetik GmbH. Beachten Sie dabei folgende Punkte: Benennung, berücksichtigter Zeitraum und Größenangaben, Verlauf der Kurve, Personalaufwand, Verlauf der Kurve, Sachaufwand, Vergleich der Entwicklung von Personalaufwand gegenüber Sachaufwand. Nutzen Sie die Angaben im Sprachbaukasten. Arbeiten Sie mit Ihrem Nachbarn zusammen und stellen Sie Ihr Ergebnis im Plenum vor.*

Sprachbaukasten

Der … liegt im Jahr … bei
Der … bewegt sich zwischen … Euro und … Euro
Während der Personalaufwand …
Der Sachaufwand dagegen/jedoch …
Auffallend stark sinkt … zwischen 2003 und 2004

Entwicklung von Personalaufwand und Sachaufwand der Wellness Kosmetik GmbH in Mio EUR

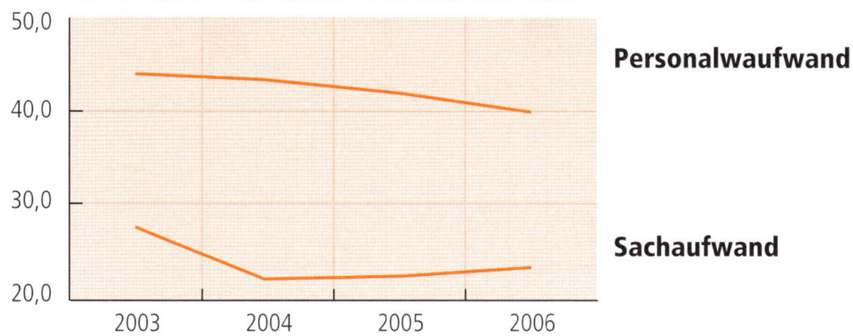

13 **c** *Die Wellness Kosmetik GmbH plant, ihre Produkte in Deutschland auch über eine Drogeriekette zu vertreiben. Bereiten Sie zusammen mit Ihrem Nachbarn eine Präsentation für die Geschäftsführung über die Situation der Drogeriemärkte in Deutschland vor und formulieren Sie eine Empfehlung zur Wahl einer der Drogerieketten. Nutzen Sie die Informationen der Abbildung aus dem Metro-Handelslexikon 2008/2009. Präsentieren und diskutieren Sie im Plenum.*

Drogeriemärkte in Deutschland: Bruttoumsatz 2007 in Mio. EUR

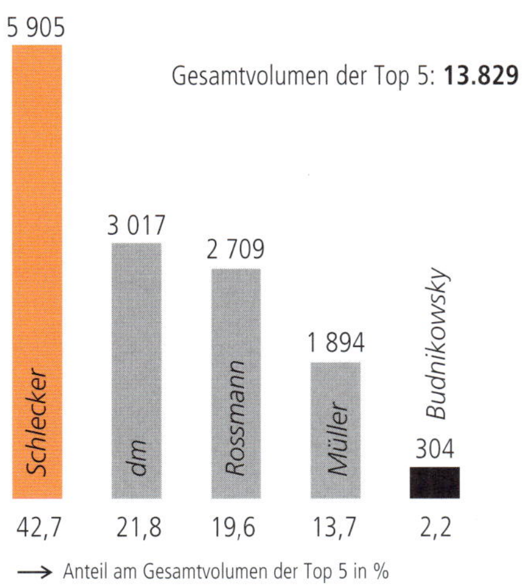

Metro-Handelslexikon 2008/2009, S. 29

14 **a** *Im Folgenden finden Sie verschiedene Formen von Diagrammen. Ordnen Sie Ihnen den passenden Namen zu: Säulendiagramm, Kreisdiagramm, Linien- oder Kurvendiagramm, Balkendiagramm.*
Welche Diagramme stellen Entwicklungen in Zeitabläufen dar?
Welche Diagramme dienen der Darstellung von Anteilen an einem Ganzen (z.B. x von 100 Prozent)?

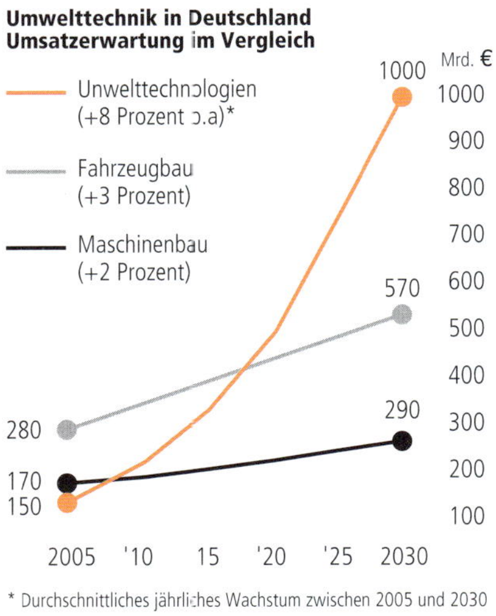

Abb. 1: Beispiel für:

____

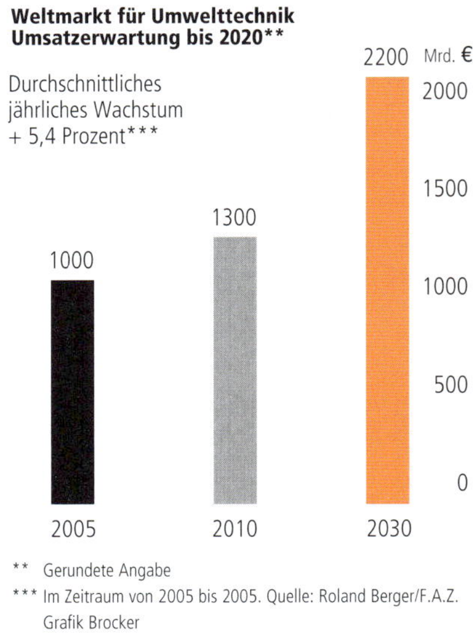

Abb. 2: Beispiel für:

____

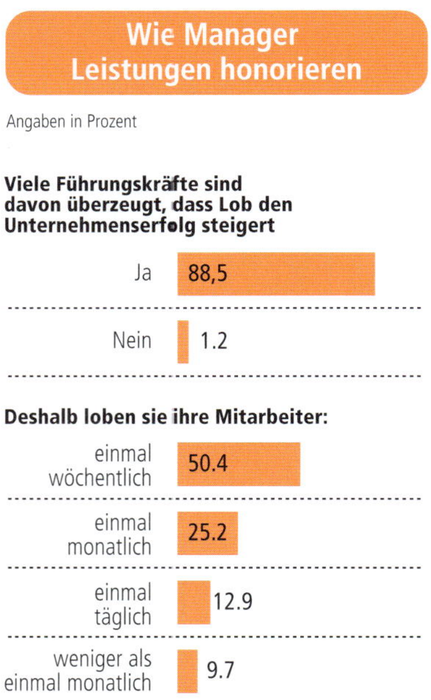

Abb. 3: Beispiel für:

____

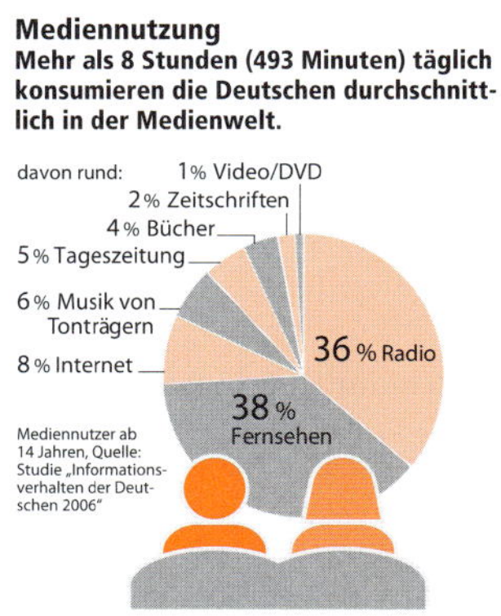

Abb. 4: Beispiel für:

____

Quellen: Abb.1+2: MARKT 2007, Ausgabe 40, S. 19
Abb.3: MARKT 2008, Ausgabe 42, S. 8
Abb.4: Der Spiegel, Nr. 17, 21. 04. 2008, S. 76

14 **b** *Beschreiben Sie die Abbildung 3 oder 4. Berücksichtigen Sie dabei folgende Punkte: Benennung, Angabe der Herkunft, Jahr der Veröffentlichung, Art des Diagramms, Werte, Größenangaben, Beschreibung der Daten, Botschaft für den Leser, Bedeutung für wen?*
Welche Verben können Sie nutzen?
Arbeiten Sie mit Ihrem Nachbarn zusammen und stellen Sie ihr Ergebnis im Plenum vor.

14 **c** *Welche Form von Diagrammen können Sie für folgende Situationen auswählen? Machen Sie entsprechende Skizzen. Arbeiten Sie mit Ihrem Nachbarn zusammen und stellen Sie Ihr Ergebnis im Plenum dar.*

1 Die Darstellung der Bestandteile der Bio-Bitterschokoladenmasse für Bio-Feinherb von RITTER SPORT (z.B.: mindestens 60% Bio Kakao): . . . .

2 Vergleich der Zahl der Beschäftigten im Inland mit der im Ausland: . . . .

3 Zahl der Mitarbeiter eines Unternehmens, die nur Deutsch (20%), die Deutsch und Englisch (50%), die Deutsch und Französisch können (10%), die Deutsch und Italienisch können (10%): . . . .

4 Die Entwicklung der Rohölpreise in den beiden letzten Jahren: . . . .

Firmeninhaber Schäfer präsentiert seine Firma und seine Produkte im Ausland

15 Track 16

a *Sie hören den ersten Teil einer Firmen- und Produktpräsentation von Herrn Schäfer. Er sucht für seinen Vertrieb einen Großhändler in den USA.*
Machen Sie sich nach dem zweiten Hören Notizen zu folgenden Fragen:

Wie eröffnet er die Präsentation?
Welche Informationen gibt er zu seinem Unternehmen?

15 Track 17

b *Der zweite Teil der Präsentation dient der Darstellung des Produktes. Es geht um eine Ölablassschraube, die die Firma Schäfer jahrelang für den VW-Käfer hergestellt hat. Da der VW-Käfer in Deutschland nicht mehr produziert wird, es aber noch Millionen Käfer in den USA und in Lateinamerika gibt, sucht Schäfer einen Großhändler für diesen Markt.*
Hören Sie nun den zweiten Teil der Präsentation zweimal und kreuzen Sie dann an, welche der folgenden Punkte Herr Schäfer vorbringt, um neue Geschäftspartner zu gewinnen.

- ☐ Die Firma Schäfer ist der weltweit bedeutendste Hersteller der Ölablassschraube.
- ☐ Die Qualität des Produktes ist hervorragend.
- ☐ Der Preis, für den Schäfer die Ölablassschraube anbietet, liegt unter dem Originalpreis von 9,50 Euro.
- ☐ Die Firma Schäfer unterscheidet sich in 4 Punkten positiv von der Konkurrenz.

Nach: Präsentieren und Verhandeln, S. 142–143

15 Track 18

c *Wie finden Sie den Stil von Herrn Schäfer? Wie würden Sie darauf reagieren?*
Hören Sie unter diesem Aspekt die Präsentation von Herrn Schäfer noch einmal.

D Selbsteinschätzung/ Selbstbeurteilung

In Lektion 4 geht es im Wesentlichen um Unternehmens- und Produktpräsentationen.
Hier sollten Sie also Ihre Kompetenz, längere Texte vorzubereiten und anschließend vorzutragen, beurteilen. Man spricht von der Fähigkeit zu zusammenhängendem Sprechen in der Fremdsprache.

16 **a** *Kommentieren Sie die folgenden Kannbeschreibungen (Profile deutsch 2.0, S. 144, 164, 174, 186) durch Ihre persönlichen Anmerkungen, wie z.B. „Ja, kann ich …", „Hier könnte ich besser werden", „Da fühle ich mich noch unsicher…" etc.*

Mündliche Produktion / zusammenhängend sprechen

Kann eine vorbereitete Präsentation gut verständlich vortragen.

....

Kann Informationen und Argumente aus verschiedenen Quellen zusammenfassen und kommentiert wiedergeben.

....

Kann bei einer Präsentation von Geschäftsergebnissen mithilfe von Diagrammen und Grafiken wichtige Aspekte hervorheben und umfassend kommentieren.

....

Kann mithilfe eines Mindmaps, von Folien, von Powerpoint oder einer anderen visuellen Unterstützung eine Firma präsentieren.

....

Sprachmittlung

Immer wieder finden Sie in diesem Buch auch Aufgaben, in deren Rahmen Sie z.B. Informationen in Ihrer Muttersprache für einen Bericht auf Deutsch nutzen oder über eine deutsche Firma in Ihrer Muttersprache informieren müssen. In ciesen Fällen handeln Sie als Sprachmittler. Die Kompetenz der Sprachmittlung im Beruf ist von großer Bedeutung.

16 **b** *Kommentieren Sie die folgende Kannbeschreibung (Profile deutsch 2.0, ebd.) durch Ihre persönlichen Anmerkungen, wie z.B. „Ja, kann ich …", „Hier könnte ich besser werden", „Da fühle ich mich noch unsicher…" etc.*

Kann wichtige Informationen aus anderssprachlichen schriftlichen Texten einfach und verständlich auf Deutsch wiedergeben.

....

Kann kurze Erklärungen z.B. eines speziellem deutschen Fachbegriffs in der Muttersprache formulieren.

....

Kann eine Firmen- und Produktpräsentation auf Deutsch verstehen und die Hauptinhalte in der Muttersprache zusammenfassen.

....

16 **c** *Diskutieren Sie mit Ihrem Partner, welche Informationen und Übungen in dieser Lektion auf die Aktivität „Sprachmittlung" vorbereitet haben.*

E Mit Sprache spielen

„Eingewanderte Wörter" so lautet der Titel eines Buches, das von Prof. Dr. Jutta Limbach herausgegeben wurde, als Ergebnis des internationalen Wettbewerbs „Wörter mit Migrationshintergrund – das beste eingewanderte Wort".

17 **a** *Welche Wörter im Deutschen kennen Sie, die „eingewandert" wie z.B. Marketing sind? Machen Sie sich Notizen und berichten Sie im Plenum.*

17 **b** *Kennen Sie deutsche Wörter, die in Ihre Muttersprache eingewandert sind? Berichten Sie im Plenum.*

17 **c** *Sicher kennen Sie auch in Ihrer Muttersprache viele eingewanderte Wörter aus anderen Sprachen. Dass diese Wörter Sprachen und Länder verbinden, sollen Ihnen die folgenden Beispiele zeigen. Ergänzen Sie die Tabelle und entdecken Sie dabei Herkunft und Ähnlichkeiten.*

all' arme= „Zu den Waffen" kommt aus dem Italienischen.
Schule kommt aus dem Griechischen schola und bedeutet Muße, Ruhe.
Handy ist im Englischen ein Adjektiv und bedeutet griffbereit, praktisch, handlich. Kein englischer Muttersprachler versteht, wenn man zu ihm sagt: „Give me your handy number please!"

Englisch	Französisch	Deutsch	Italienisch	Spanisch	Portugiesisch	Türkisch	Schwedisch	Polnisch	Japanisch
		Alarm				alarm	(a)larm		ara-mu
		Handy		teléfon movil					
school		Schule						skola	

17 **d** *Und hier noch eine Extraaufgabe:*

Fahrschein
Fahrkarte
Fahrausweis
Flugschein
Parkschein
Strafzettel
Eintrittskarte

Englisch:

. . . .

Marie Marcks, in: Eingewanderte Wörter, S. 67

F Meine persönlichen Dateien: Präsentieren, Diagramme beschreiben

Wie immer an dieser Stelle, möchten wir Ihnen auch in dieser Lektion Vorschläge für Ihre persönlichen Dateien machen.
Wir schlagen Ihnen zwei Themen vor:

1 Präsentieren

1 Zur Vorbereitung gehören für mich:
Informationen sammeln

laufend ergänzen

2 Bei der Ausarbeitung achte ich auf:
das besondere Interesse meiner Zuhörer

laufend ergänzen

3 Beim Vortragen denke ich an:
Blickkontakt mit den Zuhörern

laufend ergänzen

4 Bewertung hilft mir:
deutlicher zu sprechen

laufend ergänzen

2 Diagramme beschreiben

1 Benennen
Muster: Die beiden Säulendiagramme zeigen den Umsatz der Filiale A im Vergleich zur Filiale B.
Meine Beispiele: laufend ergänzen

2 Quelle angeben
Muster: Das Diagramm wurde am … im … veröffentlicht.
Meine Beispiele: laufend ergänzen

3 Beschreibung eines Prozesses
Muster: Der Gewinn steigt von … auf … .
Meine Beispiele: laufend ergänzen

4 Beschreibung der Fakten
Muster: Der Umsatz beträgt … Euro.
Meine Beispiele: laufend ergänzen

5 Schlussfolgerung
Muster: Für die Zukunft heißt das, …
Zusammenfassend lässt sich festhalten …
Meine Beispiele: laufend ergänzen

Lektion 5

Kommunikation im Betrieb

2

Einstieg

Fallbeispiel

Mark Allister ist Amerikaner und arbeitet zur Zeit als Volontär in der Exportabteilung eines internationalen Unternehmens der Kosmetikbranche in Düsseldorf. Als Volontär arbeitet er freiwillig für geringe Bezahlung, obwohl er seine Ausbildung bereits abgeschlossen hat. Es geht ihm darum, Erfahrungen zu sammeln, seine Sprachkenntnisse in der Praxis zu verbessern und sich im Umgang mit den deutschsprachigen Kollegen und Kolleginnen vertraut zu machen. Das scheint ihm für seine spätere berufliche Karriere von großem Wert. Er hat schon beruflichen und privaten Kontakt mit den Kolleginnen und Kollegen. Was ihm zunehmend schwer fällt, ist der Umgang mit „Sie" und „du". Auch die Anrede seines Abteilungsleiters mit „Herr Doktor Ohlersdorf" fällt ihm schwer. Er fragt deshalb seinen deutschen Freund Karl, mit dem zusammen er eine möblierte 2-Zimmer-Wohnung gemietet hat, wann er wohl Dr. Ohlersdorf mit „Franz", also seinem Vornamen, ansprechen kann. Karl antwortet entschieden mit „Nie". Im günstigsten Fall kann es dazu kommen, dass Herr Dr. Ohlersdorf zu ihm sagt: „Herr Allister, Sie können meinen Doktortitel bei informellen Gesprächen mit mir weglassen."

a *Alle Aussagen sind richtig. Gehen sie aus dem Text hervor? Arbeiten Sie mit Ihrem Nachbarn zusammen und stellen Sie Ihre Ergebnisse im Plenum vor.*

		Ja	Nein
1	Der Gebrauch von „Sie" und „du", das so genannte Siezen und Duzen, ist in Deutschland Gegenstand vieler Diskussionen.	☐	☐
2	Titel wie Doktor oder Professor dürfen in der Regel nicht weggelassen werden.	☐	☐
3	In den USA redet man selbst den Boss mit dem Vornamen an.	☐	☐
4	In Deutschland werden die Auszubildenden oft geduzt, aber es ist nicht üblich, dass Auszubildende den Ausbilder duzen.	☐	☐
5	Man darf die Frage: „Kann ich Sie duzen?" nie älteren und höher gestellten Mitarbeitern stellen.	☐	☐

b *Welche Erfahrungen haben Sie oder einer Ihrer Bekannten mit „Sie" und „du" gemacht? Berichten Sie im Plenum.*

c *Welche Bedeutungen haben Titel in der mündlichen Anrede in Ihrem Land? Machen Sie sich Notizen und berichten Sie im Plenum.*

A Mein Unternehmen

Das Unternehmen und seine Mitarbeiter

1 **a** *Die Website „Mitarbeiter" des Unternehmens Henkel beginnt mit folgendem Foto. Was sagt es aus? Was spricht Sie persönlich an? Machen Sie sich Notizen und berichten Sie im Plenum.*

1 **b** *Unterstreichen Sie im Text „Mitarbeiter" die Aussagen, die Auskunft darüber geben, wie Unternehmen die Zufriedenheit und Motivation der Mitarbeiter fördern. Welchen Lesestil wenden Sie an? Arbeiten Sie mit Ihrem Nachbarn zusammen und stellen Sie Ihr Ergebnis im Plenum vor.*

Mitarbeiter
Henkel ist ein dynamisches und innovatives internationales Unternehmen. Träger des weltweiten Erfolgs von Henkel sind über 55.000 Mitarbeiter, die nach überzeugenden Lösungen suchen und bereit sind, sich immer wieder neuen Aufgaben zu stellen. Deshalb ist es Ziel von Henkel, die besten Nachwuchskräfte für sich zu gewinnen, ihnen Perspektiven zu eröffnen und sie weiterzuentwickeln. Internationales Training, der Einsatz innovativer Lernangebote und die frühe Beteiligung an operativer Verantwortung sorgen für zufriedene und motivierte Mitarbeiter.

http://www.henkel.de/ueber-henkel/mitarbeiter-10073.htm, letzter Zugriff 23. 03. 2009

Unter Betriebsrat versteht man die gewählte Vertretung der Arbeitnehmer eines Betriebes. In Deutschland gibt es ein Betriebsverfassungsgesetz. In diesem ist u. a. festgelegt, dass Betriebe mit mehr als 5 Arbeitnehmern einen Betriebsrat wählen, der sie gegenüber der Geschäftsleitung vertritt. Der Betriebsrat hat beispielsweise ein Mitwirkungsrecht auf Anhörung bei Kündigungen oder das Recht auf Information über Planung und Gestaltung von Arbeitsplatz, Arbeitsablauf und Arbeitsumgebung. Er hat auch ein Mitbestimmungsrecht bei der Ernennung des betrieblichen Ausbilders.

RITTER SPORT

c *Auch im Internettext „Unser Leitbild" von RITTER SPORT wird das Thema Mitarbeiterinnen und Mitarbeiter angesprochen. Alle Aussagen sind richtig. Gehen sie aus dem Text „Mitarbeiterinnen und Mitarbeiter" hervor?*

		Ja	Nein
1	Wenn Vorgesetzte in Gesprächen mit den Mitarbeiterinnen und Mitarbeitern von deren Stärken ausgehen, dient das dem Gesprächsklima und dem Betriebsklima.	☐	☐
2	Durch das Angebot von Weiterbildung kann man die Motivation der Beschäftigten steigern.	☐	☐
3	Die Kommunikation zwischen Geschäftsleitung und Betriebsrat besteht unter anderem in einer regelmäßigen Information des Betriebsrates durch die Leitung.	☐	☐
4	RITTER SPORT sorgt für einen gerechten Lohn bei Männern und Frauen.	☐	☐
5	Unter einer flexiblen Arbeitszeitgestaltung versteht man i.d.R. eine Arbeitszeit ohne festgelegten Beginn oder Ende eines Arbeitstages, in die die Wochenenden eingeschlossen sind. Auch die Wochenenden können zu den Arbeitstagen gehören.	☐	☐

Mitarbeiterinnen und Mitarbeiter

Qualifizierte und engagierte Mitarbeiterinnen und Mitarbeiter haben den Erfolg des Unternehmens ermöglicht. Wir sind überzeugt, dass sie auch die Zukunft erfolgreich mitgestalten werden. Vorgesetzte bei RITTER SPORT sind dazu angehalten, systematisch auf die Stärken ihrer Mitarbeiterinnen und Mitarbeiter einzugehen und ihre Qualifizierung zu unterstützen.

Wir pflegen eine faire Zusammenarbeit zwischen dem Betriebsrat und der Geschäftsleitung. Die Geschäftsleitung informiert selbstverständlich regelmäßig und bezieht den Betriebsrat rechtzeitig in wichtige Planungen ein. Wir nehmen auf die Belange älterer und behinderter Mitarbeiterinnen und Mitarbeiter Rücksicht.

Wir legen Wert auf die gerechte Entgeltgestaltung. Dazu setzen wir möglichst objektive Bewertungsverfahren ein. Mitarbeiterinnen bezahlen wir für gleiche Arbeit und gleiche Leistung dasselbe Entgelt wie ihren männlichen Kollegen.

Chancengleichheit

Wir wollen in unseren Unternehmen die Chancengleichheit für Frauen und Männer verwirklichen. Deshalb berücksichtigen wir die besonderen Belastungen durch Beruf und Familie. Wir wollen – wo immer möglich – den Bedürfnissen der Mitarbeiterinnen und Mitarbeiter mit dem Angebot von flexibler Arbeitszeitgestaltung* entsprechen. Wir erleichtern Mitarbeiterinnen und Mitarbeitern den Wiedereintritt in unser Unternehmen, indem wir Möglichkeiten zu einer Teilzeitbeschäftigung** oder zur Weiterbildung auch während der Elternzeit*** vorsehen.

http://www.ritter-sport.de/ Letzter Zugriff: 08. 07. 2008

FORTSETZUNG FOLGT

* Flexible Arbeitszeitgestaltung: Unter einer flexiblen Arbeitszeitgestaltung versteht man i.d.R. eine Arbeitszeit ohne festgelegten Beginn oder Ende eines Arbeitstages. Auch die Wochenenden können zu den Arbeitstagen gehören.

** Teilzeitbeschäftigung: Vereinbarte Verkürzung der tariflichen Arbeitszeit z.B. auf 80%.

*** Elternzeit: Nach der Geburt ihres Kindes können sich Eltern, Vater oder Mutter, von der Arbeit freistellen lassen. Sie erhalten dann Elterngeld, das der Staat zahlt.

Führungsstile

2 a *Aus der Grammatik kennen Sie die Form des Imperativs wie z.B.: „Arbeite!", „Machen Sie das!", „Lasst euch etwas einfallen!"*
Was stellen Sie sich unter einem „imperativen Führungsstil" vor? Wie geht der Chef mit seinen Leuten um, und was bedeutet das für das Arbeitsklima? Machen Sie sich zusammen mit Ihrem Nachbarn Notizen und berichten Sie im Plenum.

2 b *Im Folgenden finden Sie eine Abbildung zum imperativen und kooperativen Führungsstil mit 7 Stufen als Varianten in der Praxis. Danach kann man 3 Varianten dem imperativen und 3 dem kooperativen Stil zuordnen. Variante 4 steht genau zwischen beiden, d.h. enthält Elemente des einen und des anderen Führungsstils.*
Bilden Sie zwei Gruppen. Die eine macht sich Notizen zur Wirkung des imperativen Führungsstils auf die Mitarbeiter, die andere zur Wirkung des kooperativen Führungsstils. Beide Gruppen wählen je einen Sprecher, der die Ergebnisse mithilfe einer Folie vorstellt. Nutzen Sie den Sprachbaukasten.

Sprachbaukasten

Bei der Abbildung handelt es sich um …
Ich referiere/ berichte über diesen Teil …
Es werden … Stile unterschieden.
Aus Sicht der Mitarbeiter bedeutet das …

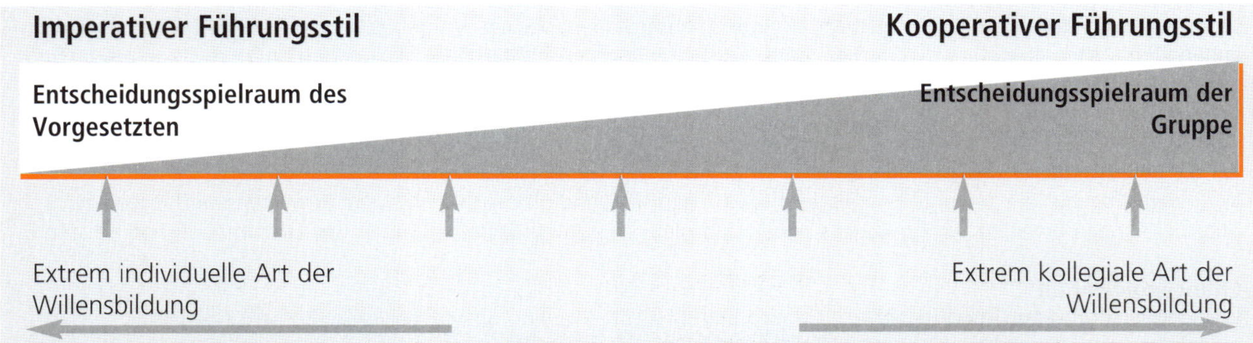

1	2	3	4	5	6	7
Vorgesetzter entscheidet ohne Konsultation der Mitarbeiter.	Vorgesetzter entscheidet; er ist aber bestrebt, die Mitarbeiter von seinen Entscheidungen zu überzeugen, bevor er sie anordnet.	Vorgesetzter entscheidet; er gestattet jedoch Fragen zu seinen Entscheidungen, um durch deren Beantwortung Akzeptanz zu erreichen.	Vorgesetzter informiert seine Mitarbeiter über beabsichtigte Entscheidungen; die Mitarbeiter haben die Möglichkeit, ihre Meinung zu äußern, bevor der Vorgesetzte die Entscheidung trifft.	Die Gruppe entwickelt Vorschläge; aus den gemeinsam gefundenen und akzeptierten Vorschlägen entscheidet sich der Vorgesetzte für denjenigen, den er am besten findet.	Die Gruppe entscheidet, nachdem der Vorgesetzte zuvor das Problem aufgezeigt und die Grenzen des Entscheidungs-spielraumes festgelegt hat.	Die Gruppe entscheidet, der Vorgesetzte ist Koordinator des Entscheidungs-prozesses und vertritt den Entscheid nach außen.

Führungsstile: Mitarbeiterbeteiligung nach Tannenbaum/Schmidt
Birker, S. 157

2 *c Kennen Sie aus eigenen Erfahrungen oder aus den Erzählungen anderer Beispiele zu den Führungsstilen in den Unternehmen Ihres Heimatlandes? Machen Sie sich Notizen und berichten Sie im Plenum.*

RITTER SPORT

3 *a Im Folgenden finden Sie einen Text zur Führungskultur bei RITTER SPORT. Welcher Führungsstil wird hier praktiziert? Unterstreichen Sie die Textstellen, mit denen Sie Ihre Lösung begründen können. Berichten Sie im Plenum.*

Führungskultur bei RITTER SPORT

Der Führungsstil im Unternehmen ist generell gekennzeichnet durch Offenheit und Kooperationsbereitschaft. Funktionsübergreifende Teamarbeit und Eigeninitiative unserer Mitarbeiterinnen und Mitarbeiter werden gefördert. Konstruktive Kritik und Verbesserungsvorschläge sind stets erwünscht.
In regelmäßigen Mitarbeitergesprächen erfolgt ein umfangreicher Informationsaustausch zwischen Mitarbeitern und Vorgesetzten, damit Unternehmensziele und persönliche Ziele in einem abgestimmten Verfahren erreicht werden.

http://www.ritter-sport.com/sites/karriere/610_arbeitsphilosophie.htm, letzter Zugriff: 06. 02. 2008

FORTSETZUNG FOLGT

3 *b Welche Verhaltensweisen von Mitarbeitern und Mitarbeiterinnen entsprechen dem Führungsstil von RITTER SPORT, wie er im Text „Führungskultur bei RITTER SPORT" beschrieben wird? Welche passen, welche passen nicht und würden deshalb zu Konflikten führen? Arbeiten Sie mit Ihrem Nachbarn zusammen und stellen Sie Ihr Ergebnis im Plenum vor.*

		Ja	Nein
1	Sie haben eine Aufgabe nicht verstanden, aber Sie fragen nicht nach einer Erklärung und weiteren Informationen.	☐	☐
2	Ihre Kollegin fühlt sich nicht so wohl und hat noch viele Telefongespräche zu erledigen. Sie bieten an, einige weniger komplizierte zu übernehmen.	☐	☐
3	Sie erkennen, dass bestimmte, für Sie wichtige Informationen verspätet zu Ihnen kommen und sprechen Ihre Vorgesetzte an, damit das geändert wird.	☐	☐
4	Sie weigern sich, an Mitarbeitergesprächen teilzunehmen, weil Sie Angst haben.	☐	☐
5	Sie haben eine wichtige Information nicht weitergegeben, weil Sie sie vergessen haben, und verheimlichen das.	☐	☐
6	Sie werden um Ihre Meinung gefragt, aber Sie halten diese aus Bescheidenheit für nicht so wichtig und sagen deshalb nichts.	☐	☐
7	Sie sind zu spät gekommen und werden deutlich darauf hingewiesen. Sie sind gekränkt, weil andere viel öfter zu spät kommen, und sagen das auch.	☐	☐
8	Sie vermeiden es „Nein" zu sagen, weil Sie es als unhöflich gegenüber Vorgesetzten und Kollegen empfinden.	☐	☐
9	Sie grüßen alle, die Sie im Hause treffen.	☐	☐
10	Sie überprüfen eine Warenlieferung, die Mängel aufweist, und benachrichtigen unverzüglich Ihre Vorgesetzte.	☐	☐

Wo ist mein Platz im Unternehmen?

Unternehmen stellen ihre Organisationsstruktur mithilfe von Flussdiagrammen dar, die man als Organigramme bezeichnet. Sie geben einen Überblick z.B. über Abteilungen und Unterabteilungen und ihre Funktionen. In allgemeiner Form enthalten sie keine Namen von Personen (vgl. L1, S. 46f).

4 **a** *Im Folgenden finden Sie das Organigramm eines Großhandelsbetriebes, nämlich der Karl Wenz KG*. Die Firma handelt mit Trockenfrüchten (Trofru), Kaffee und Bürobedarf. Zur Information für neue Mitarbeiter und zur Erleichterung der Kommunikation im Betrieb sind in diesem Organigramm die Namen der Stelleninhaber eingetragen. Beantworten Sie folgende Fragen mithilfe der Informationen des Organigramms der Karl Wenz KG. Arbeiten Sie mit Ihrem Nachbarn zusammen und stellen Sie Ihr Ergebnis im Plenum vor.*

1 Wer arbeitet direkt der Geschäftsleitung bzw. dem Geschäftsführer Herrn Wenz zu?
2 Welche Abteilungen hat das Großhandelsunternehmen?
3 Wie heißt der Leiter der Marketingabteilung?
4 Wer ist der Vorgesetzte von Herrn Bode, der für Werbung zuständig ist?
5 Zu welcher Abteilung gehört die Lohnbuchhaltung?
6 Die Auszubildende Eva arbeitet im Moment im Sekretariat. Wer ist ihre Vorgesetzte?

Beispiel: Organigramm der Karl Wenz KG, eine Mischung aus Objekt- und Verrichtungsprinzip

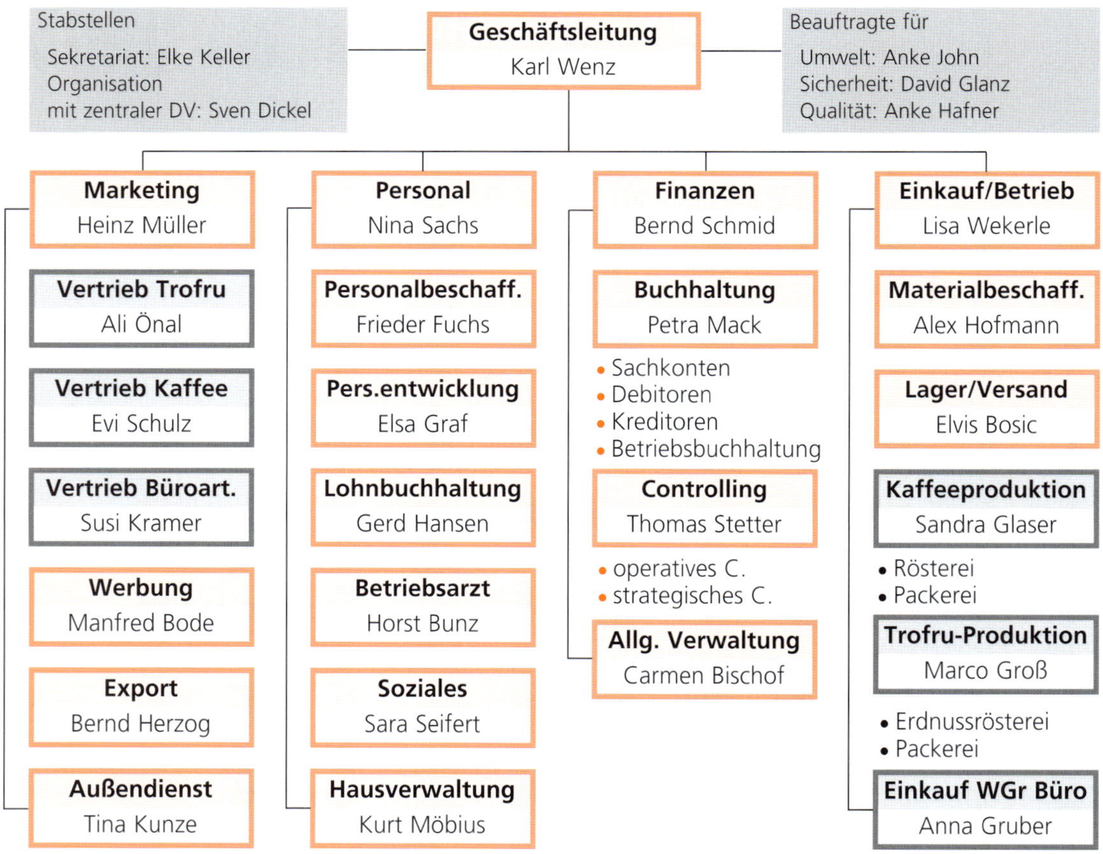

= Abteilungsgliederung nach dem **Verrichtungsprinzip**
= Abteilungsgliederung nach dem **Objektprinzip**

WGr = Warengruppe
Trofru = Trockenfrüchte

Spezielle Betriebslehre, S. 28

* Informationen zur Rechtsform KG finden Sie in Lektion 1, S. 54f.

Fallbeispiel
Karla Elti hat einen Ausbildungsplatz im Autohaus Maier gefunden. Einmal in der Woche geht sie in die Berufsschule. Dort trifft sie ihre Kolleginnen und Kollegen, die in anderen Unternehmen arbeiten. Frau Worms, eine ihrer Lehrerinnen, hat vorgeschlagen, dass jede Woche einer aus der Klasse seinen Arbeitsplatz im Unternehmen vorstellt. Heute ist Karla dran. Sie orientiert sich an einem Organigramm, das folgende Struktur hat.

4 Track 19

b *Hören Sie das Referat von Karla zweimal und ergänzen Sie das Diagramm.*

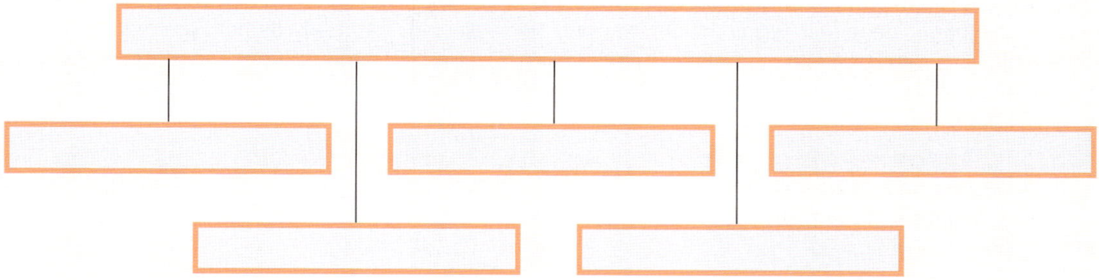

Kraftfahrzeugtechnik, S. 43

Vorgesetzte sind ihren Mitarbeitern gegenüber „weisungsbefugt", d.h. sie können bestimmen, wann, was, wo, wie gemacht werden muss. Man spricht von „Weisungsbefugnis" und von einem „Befehlsweg". Der „Meldeweg" dagegen kennzeichnet den Weg der Informationen nach oben zur jeweiligen Leitung.

4 **c** *Erklären Sie Ihrem Nachbarn mithilfe der folgenden Abbildungen und je eines Beispiels, was man unter „Befehlsweg" und „Meldeweg" versteht.*

Organisationsstruktur eines Einliniensystems *

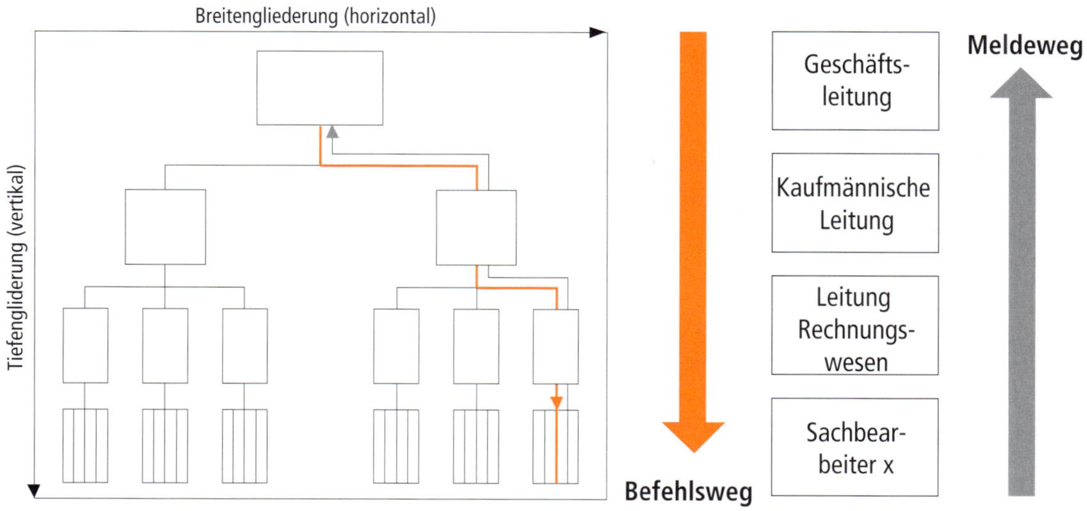

Spezielle Wirtschaftslehre, S. 29

* Zum Einliniensystem vgl. Lektion 1, S. 46

B Mündliche Kommunikation im Betrieb

Besucher empfangen

Fallbeispiel
Frau Maurer, Chefsekretärin bei der Firma Wellness Kosmetik GmbH, erwartet Herrn Bentele, Vertreter eines Pharmaunternehmens, der einen Termin bei ihrem Chef, Herrn Neuber, hat. Herr Neuber hat vor kurzer Zeit angerufen und mitgeteilt, dass sich das Ende seiner Sitzung beim Stadtrat verzögert. Ein wichtiger Tagungsordnungspunkt, bei dem er anwesend sein muss, wird noch behandelt. Herr Neuber bittet Frau Maurer, Herrn Bentele die Situation zu erklären und ihn zu entschuldigen.

5 **a** *Machen Sie sich zusammen mit Ihrem Nachbarn Notizen zum möglichen Verlauf des Gespräches zwischen Frau Maurer und Herrn Bentele.*

5 **b** *Hören Sie nun das Gespräch zwischen Herrn Bentele und Frau Maurer zweimal und kreuzen Sie an, welche Redemittel des Bedauerns und der Entschuldigung genutzt werden:*

Track 20

- ☐ **1** Leider ist …
- ☐ **2** Es tut mir leid, dass …
- ☐ **3** Ich bedauere außerordentlich, dass …
- ☐ **4** Verstehen Sie bitte die Situation.
- ☐ **5** Haben Sie bitte etwas Geduld.
- ☐ **6** Herr Neuber lässt sich entschuldigen.
- ☐ **7** Herr Neuber bittet Sie um Entschuldigung.
- ☐ **8** Herr Neuber bittet um Verständnis.
- ☐ **9** Es ist mir peinlich, aber …

5 **c** *Wie empfinden Sie den Umgang der Gesprächsteilnehmer miteinander in der Situation? Berücksichtigen Sie bei Ihren Notizen die Sprechweise und den Tonfall der beiden.*

d *Es gibt viele Situationen im Alltag und im Betrieb, die eine Entschuldigung verlangen. Wie würden Sie in folgenden Situationen sprachlich reagieren? Machen Sie sich zusammen mit Ihrem Nachbarn Notizen und spielen Sie einzelne Szenen im Plenum.*

1 Ihr Bus hat Verspätung und Sie kommen zu spät an Ihre Arbeitsstelle, wo Ihr Ausbilder bereits auf Sie wartet.
2 Nach einem kurzen Klopfen öffnen Sie etwas stürmisch die Tür zur Personalabteilung und stellen fest, dass dort gerade eine Sitzung stattfindet.
3 Sie haben etwas nicht verstanden, nicht nachgefragt und dann einen Fehler gemacht.

Konfliktlösung

Frau Maurer hat sich bemüht, eine schwierige Situation zu bewältigen. Auch unter Kolleginnen und Kollegen kann es zu solchen Situationen kommen, die man gemeinsam im Gespräch lösen muss.

5 **e** *Lesen Sie zusammen mit Ihrem Nachbarn das folgende Fallbeispiel und machen Sie sich Notizen für und gegen eine Argumentation, dauernd am Arbeitsplatz Radio zu hören. Berichten Sie im Plenum.*

Fallbeispiel

Frau Engels arbeitet im Büro mit zwei Kolleginnen, Frau Jens und Frau Kräuter zusammen. Frau Jens hat vor zwei Tagen ein Radio mit ins Büro gebracht und hört nun während der Arbeitszeit dauernd Radio, ohne auf die anderen Kolleginnen Rücksicht zu nehmen. Das geht Frau Engels auf die Nerven. Sie will mit ihr reden und hofft, bei Frau Kräuter Unterstützung zu finden.

Betriebsbesichtigung

Fallbeispiel

Zu den Aufgaben von Frau Maurer gehört es auch, gelegentlich eine Betriebsführung durchzuführen. Diese verlaufen ganz unterschiedlich, je nach Besucher. Wenn beispielsweise Geschäftspartner kommen, übernimmt Herr Neuber zusammen mit einem der Chemiker aus dem Labor die Führung. Heute hat sich eine kleine Gruppe von Auszubildenden angesagt, die im Rahmen eines Austauschprogrammes das nahe gelegene Gymnasium besucht und anschließend zwei Wochen ein Praktikum im Betrieb machen wird.

6 **a** *Was erwarten Sie von einer Betriebsführung? Machen Sie sich Notizen. Arbeiten Sie mit Ihrem Nachbarn zusammen und stellen Sie Ihre Ergebnisse im Plenum vor.*

6 **b** *Hören Sie nun einen Teil der Führung von Frau Maurer. Lesen Sie zunächst die folgenden Stichpunkte. Hören Sie dann den Text zweimal und kreuzen Sie die Punkte an, die Frau Maurer berücksichtigt.*

Track 21

- ☐ **1** Vorstellung ihrer Person und Funktion durch Frau Maurer.
- ☐ **2** Die Räume der Geschäftsführung liegen im Erdgeschoss.
- ☐ **3** Herr Neuber ist der Geschäftsführer.
- ☐ **4** Es gibt spezielle Räume für Auszubildende, die in der Nähe der Cafeteria liegen.
- ☐ **5** Die Labore können nur in Ausnahmefällen und mit Schutzkleidung besucht werden.
- ☐ **6** Es gibt einen Ruheraum.

G1 Augenschutz tragen

G2 Schutzhelm tragen

G3 Gehörschutz tragen

G4 Atemschutz tragen

G5 Schutzschuhe tragen

G6 Schutzhandschuhe tragen

Industrielle Metallberufe, S. 21

Zusammenarbeit mit den Kollegen

Herr Hellmann vertritt Herrn Greiner, der in der Mittagspause ist. Das Telefon von Herrn Greiner ist auf den Apparat von Herrn Hellmann umgestellt. Herr Hellmann macht sich bei jedem Anruf Notizen, und als Herr Greiner aus der Mittagspause zurückkommt, informiert er ihn über die einzelnen Gespräche.

7 Track 22

a *Lesen Sie zunächst die Punkte, die die Gespräche betreffen. Hören Sie dann das Gespräch zwischen Herrn Greiner und Herrn Hellmann im Büro zweimal und kreuzen Sie die Informationen an, die Herr Hellmann erwähnt. Arbeiten Sie mit Ihrem Nachbarn zusammen und diskutieren Sie Ihre Ergebnisse im Plenum.*

☐ **1** Es sind 5 Anrufe eingegangen.
☐ **2** Thema des Gesprächs mit Herrn Lange war ein falsch kalkulierter Preis in Höhe von 9, 40 €.
☐ **3** Herr Lange verkauft zwanzig Stück dieser Ware für 11, 50 €.
☐ **4** Herr Greiner und Herr Hellmann halten das für unseriös.
☐ **5** Man einigt sich darauf, dass Herr Lange für die nächste Bestellung ein neues Angebot bekommt, wobei der Preis höher sein wird.
☐ **6** Ein verloren gegangenes Paket ist wieder aufgetaucht und bei der Firma eingetroffen.

7

b *Stellen Sie sich vor, Sie hätten als Praktikant sowohl Herrn Greiner als auch Herrn Hellmann vertreten. Wie wäre Ihr anschließendes Gespräch mit den beiden verlaufen? Machen Sie sich mit Ihrem Nachbarn Notizen und berichten Sie im Plenum.*

C Schriftliche Kommunikation im Betrieb

Die Mitteilung

8 *Im Folgenden finden Sie eine Mitteilung auf dem Formblatt einer Firma. Beantworten Sie die folgenden Fragen mit Ihrem Nachbarn und stellen Sie Ihre Ergebnisse im Plenum vor.*

1 Wie ist das Formular aufgeteilt?
2 Welche sprachlichen Mittel werden genutzt?
3 Was muss Herr Meyer tun?
4 Welche Aufforderungen an den Empfänger sind vorgegeben?
5 Was bedeutet „um Kenntnisnahme bitten"?
6 Hätte Herr Schuster auch eine Mail schreiben können? Was wäre der Vorteil oder Nachteil?

Mitteilung

von Abt. Verkauf/Schuster
an Abt. Kredit/Meyer

Über Zahlungsschwierigkeiten des Kunden Berger

Ich habe durch Zufall vom Bezirksvertreter Herrn Treuber erfahren, dass Fa. Berger mehrere fällige Rechnungen nicht bezahlt haben soll. Es sollen auch schon Pfändungen vorgekommen sein. Bestehen gegen Berger von uns noch Forderungen?
Wir müssten, wenn die Aussage von Herrn Treuber stimmt, schnellstens Maßnahmen ergreifen.

23. Juni ...

Schuster

Mit der Bitte um:

- [ ] Kenntnisnahme
- [x] weitere Veranlassung
- [ ] Bestätigung
- [ ] Entscheidung
- [ ] Prüfung
- [ ] ____________

Gutes Deutsch, S. 184

Der Bericht

Berichte im Unternehmen werden zu unterschiedlichen Zwecken verfasst z.B. Messeberichte, Berichte über Vertreterbesuche, Berichte über Konkurrenzunternehmen etc. Im internationalen Handel sind Berichte als knappe Zusammenfassung von Informationen aus der fremden Sprache in der Muttersprache von großer Bedeutung (zu Berichten vgl. auch L4, S. 140 f.).

Fallbeispiel
Sie sind in einem Unternehmen in der Gesundheitsbranche, also einem Dienstleistungsunternehmen, in Ihrem Heimatland beschäftigt, das Geschäftbeziehungen zur Firma Nexus in Deutschland hat. Die Firma Nexus entwickelt Softwarelösungen für das Gesundheitswesen und ist Ihr Geschäftpartner. Als einer der wenigen Mitarbeiter, die Deutsch sprechen und gute Beziehungen zu Deutschland haben, erstatten Sie Ihrem Abteilungsleiter regelmäßig Bericht über deutsche Geschäftspartner. Jetzt ist der Halbjahresbericht von Nexus herausgekommen, und deshalb ist ein Kurzbericht fällig.

9 a *Wählen Sie zusammen mit Ihrem Nachbarn die wichtigsten Informationen über Nexus für Ihren Chef aus, der das Unternehmen bereits kennt. Ergänzen Sie zu diesem Zweck die folgende Gliederung:*

Bericht über . . . .
Veröffentlicht am . . . .
Daten über den Zeitraum von . . . .
Kernaussage . . . .
Entwicklung von Umsatz* . . . .
Entwicklung von Gewinn vor Steuern und Abschreibung**

NEXUS
Zweistelliger Zuwachs
Villingen-Schwenningen
Die NEXUS AG (Villingen-Schwenningen) ist im ersten Halbjahr kräftig gewachsen: Der Umsatz erhöhte sich gegenüber der gleichen Vorjahreszeit um 16 Prozent auf 15,36 Millionen Euro, wie das Unternehmen berichtete. Den stärksten Wachstumsschub verzeichnete dabei der Bereich Healthcare Software. Hier kletterten die Erlöse um 18,4 Prozent auf 13,11 Millionen Euro. Die Sparte Healthcare Service erhöhte ihren Umsatz um 3,8 Prozent auf 2,25 Millionen Euro. Der Auslandsanteil insgesamt belief sich auf 36,4 Prozent nach 41,7 Prozent im Vorjahr. Erfreulich sah es auch auf der Ertragsseite aus: Das Ergebnis vor Steuern und Abschreibungen legte 19 Prozent auf 3,0 Millionen Euro zu; das Konzernergebnis lag bei 0,7 Millionen Euro, was einem Zuwachs von 27,1 Prozent entspricht. Die Nexusgruppe entwickelt Softwarelösungen für das Gesundheitswesen und beschäftigt weltweit über 350 Mitarbeiter in 17 Ländern.

Südkurier Nr. 139, 19. 08. 2008, S. MP 5

Welchen Lesestil haben Sie angewendet?

9 b *Fassen Sie – wenn möglich mit Ihrem Nachbarn – die wichtigsten Informationen in Ihrer Muttersprache schriftlich zusammen und senden Sie eine entsprechende Kurznachricht an Ihren Chef. Teilen Sie ihm auch mit, dass Sie weitere Auskünfte mündlich geben können.*

* Erklärungen der Begriffe Umsatz und Gewinn finden Sie in Lektion 4, S. 132

** Abschreibung ist die Wertminderung von betrieblichen Vermögensgegenständen (Markt Lexikon Wirtschaft, S. 10).

D Selbsteinschätzung/ Selbstbeurteilung

In dieser Lektion geht es im Wesentlichen um Kommunikation im Betrieb. Hier sollten Sie also Ihre Kompetenz beurteilen, Gespräche mit Kunden und Kollegen zu führen und schriftliche Texte wie Berichte, Notizen und Mitteilungen etc. zu verfassen. Darüber hinaus geht es darum, Berichte aus dem Deutschen in der Muttersprache zusammenzufassen. Ihre interkulturelle Kompetenz in den unterschiedlichen Kommunikationssituationen im Betrieb ist besonders gefordert.

Kommunikation im Betrieb

10

a *Kommentieren Sie die folgende Kannbeschreibung aus Profile deutsch 2.0 (S. 153, 154, 155) durch Ihre persönlichen Anmerkungen, wie z.B. „Ja, kann ich ...", „Hier könnte ich besser werden", „Da fühle ich mich noch unsicher" etc.*

Kann bei der wöchentlichen Besprechung des Arbeitsablaufs in der Firma auf den Vorschlag eines Kollegen mit einem Gegenvorschlag antworten und seine Aussagen begründen.

. . . .

Kann in einer kurzen Vorbesprechung den Besucher über den Verlauf der bevorstehenden Besichtigung informieren und ihn nach seinen Wünschen fragen.

. . . .

Kann als ... Mitteilungen von Kunden annehmen und an die zuständigen Kollegen weitergeben.

. . . .

Kann in der Firma eine interne Mitteilung an die Abteilungsleiterin schreiben, in der der Stand eines Arbeitsauftrages und die noch offenen Punkte dargelegt werden.

. . . .

10

b *Stellen Sie sich vor, Sie arbeiten in einem Unternehmen, in dem ein kooperativer Führungsstil gepflegt wird. Was müssen Sie bei der alltäglichen Kommunikation mit Ihren Kolleginnen und Kollegen in diesem Betrieb besonders beachten? Formulieren Sie zusammen mit ihrem Nachbarn Kannbeschreibungen zur Kommunikation in diesem Betrieb.*

E Mit Sprache spielen

11 **a** *Zusammengesetzte Substantive haben ihre Tücken. Man kann damit auch spielen. Dafür im Folgenden einige Beispiele, die Sie diskutieren und ergänzen können.*
Arbeiten Sie mit Ihrem Nachbarn zusammen und stellen Sie Ihre Ergebnisse im Plenum vor.

Beispiele:
Ein Franzose bestellt sich in Deutschland ein „Kaffeekännchen". Der Kellner fragt: „Mit oder ohne Kaffee?"
Das Lieblingsessen eines Engländers ist „Semmelwurst".
Ein Afrikaner aus Togo hat für die zusammengesetzten Substantive folgende Typologie: „Salatkopf" oder „Kopfsalat".

11 **b** *In allen Sprachen finden sich Sprichwörter, die dem Thema „Zeit" gelten. Wir haben einige Beispiele für Sie ausgewählt, die Sie kommentieren und ergänzen können. Bei manchen werden Sie vielleicht auch eine Entsprechung in Ihrer Muttersprache kennen.*
Arbeiten Sie mit Ihrem Nachbarn zusammen und diskutieren Sie Ihre Ergebnisse im Plenum.

Zeit ist Geld.
Die Eile ist vom Teufel.
Heute bin ich später gekommen, da darf ich früher gehen.
Was wert ist, getan zu werden, ist wert, langsam getan zu werden.
Dem Glücklichen schlägt keine Stunde.
Den Vogel, der am Morgen singt, holt am Mittag die Katze.
Die Menschen werden keine 100 Jahre alt und machen sich doch Sorgen für 1000.

Karl Valentin war ein berühmter Münchener Kabarettist, der in der ersten Hälfte des 20. Jahrhunderts lebte. Er hat viele alltägliche Szenen beschrieben oder Dialoge gestaltet.
Im Folgenden finden Sie ein Telefongespräch, das der Buchbindermeister Wanninger mit der Baufirma Meisel & Co. führt. Dieses Gespräch veranschaulicht, dass es auch beim Telefonieren bestimmte Spiele gibt.

11 **c** *Lesen Sie den ersten Teil des Telefongesprächs und entscheiden Sie dann, wie es weitergehen könnte. Arbeiten Sie mit Ihrem Nachbarn zusammen und berichten Sie im Plenum.*
Lassen Sie sich von Schrift und Ton des bayerischen Textes nicht stören, es geht um das Prinzip!

Der Buchbindermeister Wanninger hat auf Bestellung der Baufirma Meisel & Co. 12 Bücher frisch eingebunden, und bevor er dieselben liefert, fragt er telefonisch an, wohin er die Bücher bringen soll und ob und wann er die Rechnung einkassieren darf. Er geht in seiner Werkstätte ans Telefon und wählt eine Nummer, wobei man das Geräusch der Wählerscheibe hört.

Portier: Hier Baufirma Meisel & Compagnie!

Buchbindermeister: Ja hier, hier ist der Buchbinder Wanninger. Ich möchte nur der Firma Meisel mitteilen, dass ich jetzt die Bücher, wo's bestellt ham, fertig hab und ob ich die Bücher hinschicken soll und ob ich die Rechnung auch mitschicken darf!

Portier: Einen Moment, bitte!

Buchbindermeister: Jawohl!

Sekretariat: Hier Meisel & Compagnie, Sekretariat!

Buchbindermeister: Ja, hier ist der Buchbinder Wanninger. Ich möchte Ihnen nur mitteilen, dass ich die, die Bücher da wo, dass ich die fertig hab und ob ich die, die Ding da, die Bücher, hinschicken soll und ob ich die Rechnung auch dann mit – gleich hinschicken soll – bitte!

Sekretariat: Einen Moment, bitte!

Buchbindermeister: Ja, ist schon recht!

Direktion: Direktion der Firma Meisel & Co.!

Buchbindermeister: Ä, hier ist der, der Buchbinder Wa-Wanninger. Ich möchte Ihnen nur, und der Firma Meisel des mitteilen, dass ich die Ding, die Bücher jetzt fertig habe und ob ich dann die Bücher hinschicken soll zu Ihnen und ob ich die Rechnung dann auch gleich mit hinschicken soll – bitte!

Direktion: Ich verbinde Sie mit der Verwaltung, einen Moment, bitte, gell!

Buchbindermeister: Ja, ist schon recht!

Verwaltung: Hier Baufirma Meisel & Co., Verwaltung!

Buchbindermeister: Ha? Jawohl, hier ist der Buchbinder Wanninger. Ich möchte Ihnen nur mitteilen, dass ich die Bücher jetzt fertig gemacht hab und dass ich's jetzt hinschick oder dass ich's hinschicken soll und ob ich die Rechnung dann gleich mit hingeben soll!

Verwaltung: Rufen Sie doch bitte Nebenstelle 33 an. Sie können gleich weiterwählen.

Buchbindermeister: So da muas i glei – jawohl ist schon recht, danke, bitte. *Geräusch der Wahlscheibe* Bin neigieri!

11 Track 23

d *Hören Sie nun das Gespräch.*
War Ihre Voraussage richtig? Kennen Sie vergleichbare Gespräche am Telefon?

Um Telefongespräche spielerisch zu üben, bieten wir Ihnen folgendes Ereignisspiel an. Details und Materialien finden Sie in der Spielbörse unter www.fraus.com.

Ereigniskartenspiel „Telefonieren"

Materialien: 1 Spielfeld, je 16–20 Impuls- und Reaktionskarten, 1 Würfel, 1 Spielfigur pro Spieler

Spielablauf: Bilden Sie Gruppen je 4 Spieler. Die Reaktionskarten an die Spieler verteilen. Am Start liegen die Impulskarten. Wer zuerst eine Sechs würfelt, darf anfangen.
Wenn ein Spieler auf ein Telefon/eine Euro-Münze kommt, muss er eine Impulskarte ziehen, die Telefon-Sprachhandlung (unten, fett gedruckt) vorlesen und mit dem Dialog beginnen. Wenn ein Mitspieler die richtige Reaktionskarte hat (Sprachhandlung unten, kursiv gedruckt), kann er den jeweiligen Telefondialog beenden. Beide Karten werden dann abgelegt. Wer zuerst keine Antwortkarten mehr hat, hat gewonnen.

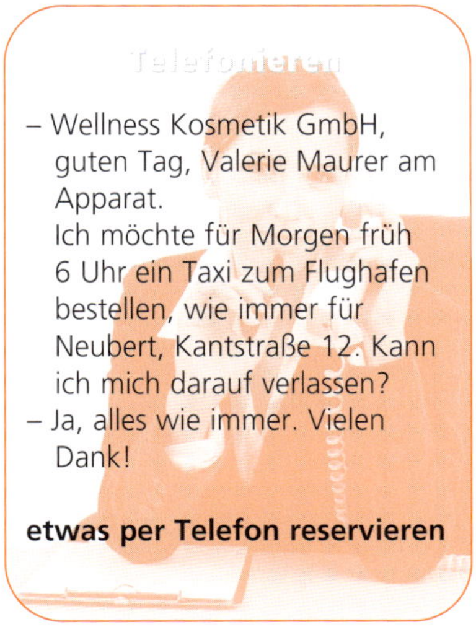

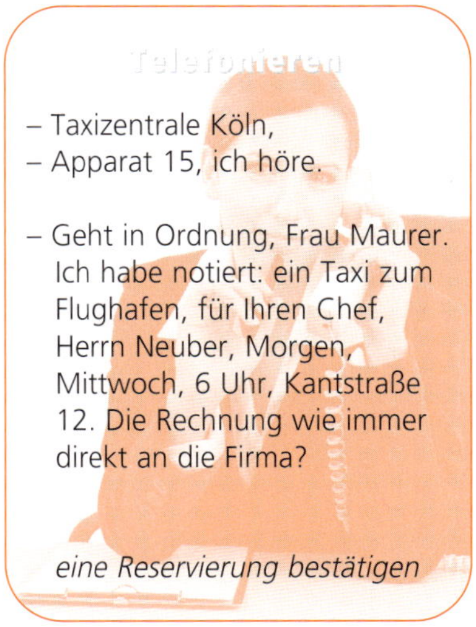

F Meine persönlichen Dateien: Kommunikation im Betrieb

Wie immer an dieser Stelle, möchten wir Ihnen auch in dieser Lektion Vorschläge für Ihre persönlichen Dateien machen.
Wir schlagen Ihnen zwei Themen vor:

1 Mündliche Kommunikation im Betrieb

Was muss ich dabei beachten?

Beispiel: Telefonieren
Meine Anmerkungen: Namen nachfragen

laufend ergänzen

Beispiel: Siezen/Duzen
Meine Anmerkungen: Chef immer siezen

laufend ergänzen

Beispiel: Umgang mit Kollegen
Meine Anmerkungen: sich entschuldigen

laufend ergänzen

2 Schriftliche Kommunikation im Betrieb

Was muss ich dabei beachten?

Beispiel: Mitteilung verfassen
Meine Anmerkungen: nach Vorgabe gliedern

laufend ergänzen

Beispiel: Notizen machen zu Telefongesprächen
Meine Anmerkungen: Namen der Firma notieren

laufend ergänzen

Lektion 6

Ausbildung und Praktikum in der Wirtschaft

Einstieg

Fallbeispiel
Adam ist 19 Jahre alt und im 2. Ausbildungsjahr zum Kaufmann im Einzelhandel. Er hat einen Ausbildungsplatz bei der Tochterfirma eines deutschen Unternehmens in Warschau. Schon in der Schule hat Adam Deutsch gelernt. Anschließend hat er das Angebot der Firma, weitere Deutschkurse zu besuchen, angenommen. Im Gespräch mit seinen Kolleginnen und Kollegen erfährt er, dass seine Firma Auszubildenden mit guten Fachkenntnissen und ausreichenden Deutschkenntnissen die Chance gibt, für einige Monate als Praktikant beim Mutterunternehmen in Deutschland zu lernen und zu arbeiten. Adam ist begeistert. Er wollte immer schon nach Deutschland. Er wartet eine günstige Gelegenheit ab und bespricht dies mit seinem Ausbilder, Herrn Polaczek. Dieser sieht Adams Vorhaben positiv und empfiehlt ihm, sich über die Personalabteilung zu bewerben.

Alle Aussagen sind richtig. Gehen sie aus dem Fallbeispiel hervor? Arbeiten Sie mit Ihrem Nachbarn zusammen und stellen Sie Ihre Ergebnisse im Plenum vor.

		Ja	Nein
1	Viele deutsche Unternehmen im Ausland (Tochterfirmen) bieten ihren Auszubildenden ein Praktikum im Mutterunternehmen an.	☐	☐
2	Kenntnisse der deutschen Sprache gehören zu den Voraussetzungen für ein Praktikum in Deutschland.	☐	☐
3	Ein Praktikum in Deutschland bedeutet in vielen Fällen einen Vorteil bei einer späteren Bewerbung im Heimatland.	☐	☐
4	Die Europäische Union (EU) fördert den Austausch von Schülern und Schülerinnen, von Auszubildenden und Studierenden in der EU.	☐	☐
5	Die Bewerbung um einen Praktikumsplatz erfolgt über die Personalabteilung.	☐	☐
6	Anstelle von „Kaufmann/Kauffrau im Einzelhandel" spricht man auch von „Einzelhandelskaufmann/Einzelhandelskauffrau".	☐	☐

LernTipp

Man muss nicht jedes Wort verstehen, um den Text zu bearbeiten.

A Berufsbilder in der Wirtschaft

Offizielle Berufsbezeichnungen

1 *a Welche Berufe sind hier versteckt?*

Kaufleutefürgroßundaußenhandelautomobilkauffrauassistentinfürinformationsundkommunikationstechnikassistentinfürinternationalebetriebswirtschaftaußenhandelskorrespondentinbankangestelltebankkauffraubürokauffraueurodirektionsassistentineurofremdsprachenkorrespondentineuropawirtschaftsassistentinfachfraufürbüroorganisationundtextverarbeitungfachkraftfürlagerlogistikkaufmannfürbürokommunikationkauffraufürspeditionundlogistikdienstleistungkaufmännischeassistentinsekretariatindustriekaufmannsportundfitnesskaufmann

1 *b Welche Benennungen tauchen immer wieder auf? Mit welchen sprachlichen Mitteln werden sie spezifiziert? Arbeiten Sie mit Ihrem Nachbarn zusammen und stellen Sie Ihr Ergebnis im Plenum vor.*

1 *c Welche Entsprechungen kennen Sie in Ihrer Muttersprache? Machen Sie sich Notizen und berichten Sie im Plenum.*

! **Merke**

Berufsbezeichnungen kann man oft nicht direkt übersetzen, man muss die Tätigkeitsfelder kennen und diese beschreiben.

Fallbeispiel Fortsetzung

Adam kommt in die engere Auswahl für einen Praxisaufenthalt in Deutschland im kommenden Jahr. Er fragt sich, was ihn fachlich und sprachlich erwartet und sucht Informationen über die Ausbildung zum Einzelhandelskaufmann in Deutschland. Seine Deutschlehrerin verweist ihn auf das Bundesinstitut für Berufsbildung (BIBB) und dessen Informationen im Internet (www.bibb.de).

Ein traditioneller Beruf

2 *a Im Folgenden finden Sie einen Auszug aus dem Ausbildungsprofil zum Kaufmann/zur Kauffrau im Einzelhandel, der beschreibt, was man in diesem Beruf tun muss. Unterstreichen Sie die Tätigkeiten, bei denen Deutschkenntnisse von besonderer Bedeutung sind.*

Berufliche Fähigkeiten
Kaufleute im Einzelhandel

- verkaufen Waren und Dienstleistungen,
- informieren und beraten Kunden und bieten Service an,
- setzen Warenkenntnisse ein,
- wirken bei der Sortimentsgestaltung mit,
- platzieren und präsentieren Waren im Verkaufsraum,
- wirken bei Maßnahmen der Verkaufsförderung* mit,
- kontrollieren und pflegen Warenbestände,
- bedienen die Kasse und rechnen die Kasse ab,
- wirken bei der Warenannahme und -kontrolle mit,
- zeichnen Waren aus und lagern sie,
- ermitteln den Warenbedarf,
- beschaffen Waren,
- wirken bei logistischen Prozessen im Unternehmen mit,
- werten Kennziffern und Statistiken für die Erfolgskontrolle aus und leiten Maßnahmen daraus ab,
- wirken bei der Planung und Organisation von Arbeitsprozessen mit,
- planen den Personaleinsatz im eigenen Arbeitsbereich,
- arbeiten team-, kunden- und prozessorientiert und setzen dabei ihre Service- und Dienstleistungskompetenz ein,
- wenden Informations- und Kommunikationstechniken an.

http://www.bibb.de/de/ausbildungsprofil_18282.htm
Letzter Zugriff: 30. 05. 2008

2 **b** ***Nennen Sie Einzelhandelsunternehmen in Ihrem Land, die deutschen, österreichischen, schweizerischen oder internationalen Handelsunternehmen (z.B. Aldi, Lidl, Edeka) zuzuordnen sind. Machen Sie sich Notizen, recherchieren Sie, wenn möglich, im Internet und berichten Sie im Plenum.***

* Zur Verkaufsförderung (Sales Promotion) gehören z.B. das Verteilen von Warenproben, die Ausschreibung von Gewinnspielen etc. (vgl. Lektion 2, S. 60f.)

Berufe und Ausbildungen im Wandel

Berufe und die dazugehörenden Ausbildungen ändern sich mit der Entwicklung der Technik, insbesondere der Informations- und Kommunikationstechnik, und dem wirtschaftlichen und gesellschaftlichen Wandel.

3 **a** *Unterstreichen Sie im folgenden Text die Informationen, die den traditionellen Beruf des Einzelhandelskaufmanns heute beeinflussen und zu einer neuen Ausrichtung der Ausbildung führten.*

Arbeitsgebiet des Einzelhandelskaufmanns, der Einzelhandelskauffrau
Kaufleute im Einzelhandel sind in Handelsunternehmen mit unterschiedlichen Größen, Betriebsformen und Sortimenten oder als selbstständige Kaufleute tätig. Die Verkaufstätigkeit ist der Mittelpunkt ihres kaufmännischen Aufgabenfeldes. Darüber hinaus steuern sie den Waren- und Datenfluss in beratungs- und selbstbedienungsorientierten Betrieben. Weitere Aufgaben können in den Tätigkeitsfeldern Warenwirtschaft, Sortimentsgestaltung, Marketing, Handelslogistik, Beschaffung und Warenannahme, Rechnungswesen, Personalwirtschaft, Controlling und E-Commerce wahrgenommen werden. Kaufleute im Einzelhandel unterstützen Unternehmensprozesse aus betriebswirtschaftlicher und kundenorientierter Sicht von der Beschaffung bis zum Verkauf.

http://www.bibb.de/de/11804.htm
Letzter Zugriff: 30. 05. 2008

3 **b** *Was hat Ihnen beim Lösen der Aufgabe geholfen?*

3 **c** *Im folgenden Internettext des Bundesinstituts für Berufsbildung BIBB finden Sie das Ausbildungsprofil eines Kaufmanns/einer Kauffrau für Dialogmarketing, eines Berufes, den es offiziell erst seit 2006 gibt. Beantworten Sie folgende Fragen zum Text auf S. 163.*

1 Wie lange dauert die Ausbildung?
2 Wo findet die Ausbildung statt?
3 Wo arbeiten „Kaufleute für Dialogmarketing"?
4 Welche der geforderten 10 beruflichen Qualifikationen beziehen sich vor allem auf Fachwissen, welche auf soziale Kompetenz?
5 Finden Sie diesen Beruf für sich akzeptabel? Warum? Warum nicht?
6 Gibt es vergleichbare Berufe in Ihrem Heimatland?

Ausbildungsprofil eines modernen Berufes

1. Berufsbezeichnung

Kaufmann/Kauffrau für Dialogmarketing

2. Ausbildungsdauer

3 Jahre

Die Ausbildung findet an den Lernorten Betrieb und Berufsschule statt.

3. Arbeitsgebiet

Kaufleute für Dialogmarketing sind in Call Centern, in Servicecentern von Industrie-, Handels- und Dienstleistungsunternehmen tätig.

4. Berufliche Qualifikation

Kaufleute für Dialogmarketing

- kommunizieren und korrespondieren sicher und kompetent mit Auftraggebern und Kunden und wenden dabei auch Fremdsprachenkenntnisse an
- planen, organisieren, kontrollieren und dokumentieren Kampagnen und Projekte
- planen und führen Maßnahmen zu Personalbeschaffung, -einführung, -einsatz, und -entwicklung durch
- steuern und kontrollieren die Projektabwicklung unter betriebswirtschaftlicher Sicht, insbesondere mithilfe call-center-spezifischer Kennzahlen und Steuergrößen
- bearbeiten Aufgaben mit Unterstützung von Informations- und Kommunikationssystemen
- wirken bei Angebotsgestaltung, Vertragsanbahnung und Vertragsabschlüssen mit, kalkulieren Angebote
- präsentieren und verkaufen kundenorientiert Produkte und Dienstleistungen für Auftraggeber
- bearbeiten Anfragen, Aufträge und Reklamationen von Auftraggebern und Kunden
- prüfen die Auftragsdurchführung mithilfe von Qualitätssicherungsinstrumenten
- beobachten Markt und Wettbewerber und wirken bei der Gestaltung des Dienstleistungsangebotes mit

http://www.bibb.de/de/20720.htm
Letzter Zugriff: 30. 05. 2008

Merke

Eine Möglichkeit, sich über die Ausbildung und die späteren Tätigkeiten eines Berufs in Deutschland zu informieren, bietet das Bundesinstitut für Berufsbildung BIBB unter der Webadresse www.bibb.de.

3

d *Wodurch unterscheidet sich die Ausbildung der „Kaufleute für Dialogmarketing" von der Ausbildung einer „Servicefachkraft für Dialogmarketing"? Was verbindet sie? Wie entschlüsseln Sie „anrechenbar" in folgendem Text?*

Servicekraft für Dialogmarketing

Das Bundeswirtschaftsministerium hat die Erarbeitung zweier selbstständiger Berufsbilder für den Bereich Dialogmarketing durch das Bundesinstitut für Berufsbildung beschlossen. Zum einen soll das Berufsbild einer zweijährigen Ausbildung Servicefachkraft für Dialogmarketing geschaffen werden, zum anderen das Berufsbild einer dreijährigen Ausbildung eines Kaufmanns bzw. einer Kauffrau für Dialogmarketing. Die Berufsausbildung zur Servicefachkraft ist nach dem Konzept auf die Ausbildung zum Kaufmann/-frau anrechenbar.

http://www2.bibb.de/tools/aab/aab_start.php?brf=n5453542
Letzter Zugriff: 30. 05. 2008

Ein Beratungsgespräch

4

Track 24

a *Sie haben jetzt die Möglichkeit, ein Gespräch von Schülern und einem Berufsberater zur Ausbildung von Kaufleuten für Spedition und Logistikdienstleistungen zu hören. Welche der folgenden Punkte werden in dem Gespräch behandelt?*
Lesen Sie zunächst die Stichpunkte. Hören Sie dann das Gespräch und kreuzen Sie die Themen an, die besprochen werden.

- ☐ **1** Mathematische Kenntnisse
- ☐ **2** Beispiele für Kenntnisse in Wirtschaftskunde für spezifische Aufgaben
- ☐ **3** Sprachkenntnisse/Fremdsprachenkenntnisse
- ☐ **4** Dauer der Ausbildung
- ☐ **5** Orte der Ausbildung
- ☐ **6** Informationsmöglichkeiten im Internet
- ☐ **7** Führen eines Berichtsheftes
- ☐ **8** Arten von Prüfungen
- ☐ **9** Berufsaussichten
- ☐ **10** Bezahlung während der Ausbildung
- ☐ **11** Soziale Kompetenz

4

b *Welche Informationen sind für Sie von besonderer Bedeutung?*
Arbeiten Sie mit Ihrem Nachbarn zusammen und berichten Sie im Plenum.

c *Informieren Sie sich im Internet, z.B. bei www.bibb.de, über einen Beruf Ihrer Wahl. Machen Sie sich Notizen zur Ausbildung und lassen Sie sich anschließend von Ihrem Nachbarn befragen. Wechseln Sie dann die Rollen.*

4

d *Gibt es in Ihrem Land vergleichbare Berufe und spezifische Ausbildungen?*
Machen Sie sich Notizen und berichten Sie im Plenum.

Berufsausbildung und Stellenangebote in der Praxis

Stellenangebote in der Wirtschaft nennen viele spezifische fachliche Anforderungen und sprechen deshalb Kandidatinnen und Kandidaten mit unterschiedlichen Qualifikationen an.

5 **a** *Kann man sich als Verkäufer mit Erfahrung auf die folgende Stelle – mit Aussicht auf Erfolg – bewerben? Diskutieren Sie Ihre Antwort mit Ihrem Nachbarn und im Plenum.*

Wir sind ein innovatives und zukunftsorientiertes Unternehmen der Immobilienbranche. Die Kernkompetenzen liegen in der Vermietung und dem Verkauf von Wohnimmobilien, Büro- und Gewerbeimmobilien. Für den Bereich der gewerblichen Vermietung und dem Verkauf von Büro- und Gewerbeimmobilien suchen wir eine/n verkaufsorientierte/n

Immobilienkauffrau/-mann

Unsere Voraussetzungen:

- Sie sind bereits erfolgreich als Immobilienverkäufer/in oder als Verkäufer/in tätig.
- Sie haben ein sicheres Auftreten, herausragende Kommunikation und eine eigenständige und selbstverantwortliche Arbeitsweise.
- Sie besitzen Verhandlungsgeschick und sind abschlussorientiert.
- Sie sind leistungsfähig.

Wir bieten Ihnen:

- Fortbildung und Qualifizierung.
- Interessante Zukunftsperspektiven.
- Eine leistungsorientierte Vergütung.
- Eine interessante, seriöse und längerfristige Aufgabe in einem innovativen Team.

Ihre Bewerbung mit den üblichen Bewerbungsunterlagen richten Sie an die Personalabteilung z. Hd. Herrn Rapp

GW Städtische Wohnbaugesellschaft mbH • Julius-Bührer-Straße 4 • 78224 Singen
h.rapp@gw-singen.de • www.gw-singen.de

Südkurier 15. 03. 2008, S. XIX

5 **b** *Welche der folgenden Punkte werden in dem Stellenangebot „Immobilienkauffrau/-mann" berücksichtigt?*

☐ **1** Image des Unternehmens
☐ **2** Aufgabenbereich der Bewerberin/des Bewerbers
☐ **3** Soziale Kompetenzen der Bewerberin/des Bewerbers
☐ **4** Fachliche Kenntnisse
☐ **5** Art der Bezahlung
☐ **6** Ansprechpartner

! **Merke**

Stellenangebote immer ganz genau lesen!

Kompetenzen in Ausbildung und Beruf

6

a *Am Anfang dieses Buches wurde Ihnen in der Vorlektion (vgl. S. 11) ein Ausbildungskonzept der deutschen Industrie vorgestellt, das dieses Buch stark beeinflusst hat. Im Zentrum des Konzepts steht die Handlungskompetenz, die sich aus der Fachkompetenz, der Methodenkompetenz und der Sozialkompetenz ergibt. Um welche Kompetenzen handelt es sich bei den folgenden Beispielen? Fachkompetenz F, Methodenkompetenz M oder Sozialkompetenz S? Mehrfache Kennzeichnungen sind in einigen Fällen möglich. Diskutieren Sie Ihre Ergebnisse im Plenum.*

- Vor- und Nachteile einer Vorgehensweise schnell erkennen
- Teamfähigkeit
- Passende Auswahl eines geeigneten Softwareprogramms
- Toleranz gegenüber (fremden) Kollegen und Kolleginnen
- Planung eines Arbeitsauftrages mit Kollegen und Kolleginnen
- Kenntnisse der Sicherheitsvorschriften
- Erklärung eines Projektablaufs mit Hilfe einer Skizze
- Zuverlässigkeit
- Kenntnis der Gesetze zum Umweltschutz
- Hilfsbereitschaft
- Kompromissfähigkeit
- Beobachtung des Marktes
- Planen und Führen von Verkaufsgesprächen
- Beratung von Kunden

F	M	S

6

b *Auf der nächsten Seite finden Sie Informationen zur Frage „Warum ist Frau Gerardy eine gute Filialleiterin des Unternehmens Wellness Kosmetik GmbH"?*
Welche Fähigkeiten, Eigenschaften oder Kenntnisse von Frau Gerardy finden Sie persönlich am wichtigsten? Tragen Sie fünf ein.

Zeit: fünf Minuten

1 . . . .

2 . . . .

3 . . . .

4 . . . .

5 . . . .

Warum ist Frau Gerardy eine gute Filialleiterin?

- Sie kennt die verschiedenen Kosmetiksortimente und die Zusammensetzung der einzelnen Artikel.
- Sie weiß, welche Serien besonders hautschonend und allergiegetestet sind.
- Sie kann die Kunden entsprechend ihres Typs und Aussehens fachgerecht bedienen.
- Sie weiß, dass die Verpackungen der einzelnen Artikel sowohl den Käufern gefallen sollten als auch die Artikel schützen müssen.
- Sie achtet auch bei Geschenkverpackungen auf den sparsamen Umgang mit Papier und anderen Materialien.
- Sie kann die Zusammensetzung bestimmter Kosmetika erklären und entsprechend dem Hauttyp des Kunden empfehlen.
- Sie erkennt die Wünsche ihrer Kunden.
- Sie schafft eine gute Atmosphäre in ihrem Betrieb.
- Sie kümmert sich um die Fortbildung ihrer Mitarbeiter.
- Sie ist freundlich, höflich und begegnet ihren Mitarbeitern und Kunden stets mit einem Lächeln.
- Sie fühlt sich verantwortlich für ihre Mitarbeiter.
- Sie kann zuhören.
- Sie kann Aufgaben delegieren, d.h. an andere abgeben.
- Sie hat die Organisation der Filiale voll im Griff.
- Sie findet in jeder Situation schnell die richtige Lösung.
- Sie weiß, wie man in allen Bereichen des Unternehmens die Kundenorientierung bei den Mitarbeitern fördert.
- Sie hat ein gutes Verhältnis zur Zentrale.
- Sie stimmt Marketingentscheidungen mit der Zentrale ab.

6 **c** *Setzen Sie sich in Dreiergruppen zusammen und einigen Sie sich auf drei Fähigkeiten, Eigenschaften oder Kenntnisse und schreiben Sie diese auf große Karten. Schreiben Sie groß und deutlich, mit der Breitseite des Stiftes und in Druckbuchstaben.*

Beispiel:
Sie erkennt die Wünsche ihrer Kunden.

6 **d** *Ordnen Sie die von Ihnen gewählten Aussagen den Karten „Fachkompetenz", „Methodenkompetenz" und „Sozialkompetenz" an der Tafel zu. Begründen Sie die Zuordnung und kommentieren Sie als Gruppe Ihre Entscheidung im Plenum.*

Fachkompetenz	**Methodenkompetenz**	**Sozialkompetenz**

B Ausbildung und Beruf in der Europäischen Union (EU)

Anders lernen – Praktika machen

Die Europäische Union (EU) fördert im Rahmen des Programmes Lifelong Learning (LLP) den Austausch von Schülern, Auszubildenden und Studierenden.

Konstanz

Nur gute Beurteilungen

Lettische Schüler zu Gast

Konstanz (sk) Ein aufregendes halbes Jahr mit vielen Eindrücken haben 15 Berufsschüler aus Lettland in Konstanz und Radolfzell verbracht. Die Berufsschüler haben hier im Rahmen des so genannten Leonardo da Vinci Projektes ein berufliches Betriebspraktikum absolviert.
Das Praktikum von sieben Schülern der Sanitär- und Heizungsbranche wurde wie schon in den vergangenen Jahren in Konstanz bei verschiedenen Firmen organisiert.

Südkurier, 13. 06. 2007, S. 25

a *Warum konnte die lettische Schülergruppe durch das Leonardo da Vinci Programm gefördert werden? Unterstreichen Sie im Text „Leonardo da Vinci" die Kerninformationen. Berichten Sie im Plenum.*

Leonardo da Vinci ist das Aktionsprogramm der Europäischen Kommission im Bereich der beruflichen Bildung. Zu seinen wichtigsten Maßnahmen zählt die Förderung grenzüberschreitender Projekte für die Mobilität von Personen in der Berufsausbildung, besonders von jungen Menschen und von Ausbildern. Die in der Berufsausbildung stehenden Personen können in Erstausbildungseinrichtungen oder Unternehmen im Ausland vermittelt werden, und zwar über einen Zeitraum von drei Wochen bis neun Monaten für Personen in der Erstausbildung, von drei bis zwölf Monaten für Studierende und von zwei bis zwölf Monaten für junge Arbeitnehmer und für junge Hochschulabsolventen.
Weitere Informationen finden Sie unter:

http://europa.eu.int/comm/education/programmes/leonardo/leonardo_de.htm
Letzter Zugriff: 30. 05. 2008

b *Welche Strategien haben Sie angewendet, um die Bedeutung „grenzüberschreitend", „Erstausbildung" und „Erstausbildungseinrichtungen" zu erschließen? Nehmen Sie, falls erforderlich, die Informationen in der Vorlektion S. 34 zu Hilfe.*

c *Gibt es in Ihrem Bekannten- und Freundeskreis Schüler, Auszubildende oder Studierende, die im Rahmen von Programmen der EU eine gewisse Zeit in einem deutschsprachigen Land verbracht haben? Was haben sie berichtet?*
Machen Sie sich Notizen und berichten Sie anschließend im Plenum.

Der Europass

8 **a** *Alle Aussagen sind richtig. Gehen sie aus dem Text „Was ist der europass?" hervor?*

		Ja	Nein
1	Der Europass erleichtert das Lernen und Arbeiten in Europa.	☐	☐
2	Unter dem Motto Lifelong Learning fördert die EU zahlreiche Programme.	☐	☐
3	Der Europass bietet die Möglichkeit, Qualifikationen und Kompetenzen, die eine Person im In- oder Ausland erworben hat, zu dokumentieren.	☐	☐
4	Der Europass umfasst 5 Dokumente.	☐	☐
5	Der Europass-Mobilitätsnachweis ist für Auszubildende und Berufstätige von besonderer Bedeutung.	☐	☐
6	Den Europass-Lebenslauf und den Europass-Sprachenpass kann sich jeder Europäer nach den Beispielen im Internet selbst ausstellen.	☐	☐

Was ist der euro*pass*?

Bildung und Ausbildung sind elementar, um die Chancen des geeinten Europas sinnvoll nutzen zu können. Dabei wird es immer wichtiger, Wissen und Information grenzüberschreitend und nachhaltig auszutauschen.

Der euro*pass* öffnet Türen zum Lernen und Arbeiten in Europa.
Mit seinen unterschiedlichen Bausteinen bietet er ein geeignetes Instrumentarium, um im In- und Ausland gemachte Erfahrungen zu dokumentieren und darzustellen. Dabei vermittelt er ein umfassendes Gesamtbild der Qualifikationen und Kompetenzen einzelner Personen und erleichtert die Vergleichbarkeit im europäischen Kontext.

Der euro*pass* präsentiert persönliche Fähigkeiten, Kompetenzen und Qualifikationen in verständlicher und nachvollziehbarer Form.
So kann jeder sich für seine Bewerbung den euro*pass* Lebenslauf oder den euro*pass* Sprachenpass erstellen. Der euro*pass* Mobilität ritt an die Stelle des bisherigen euro*pass* Berufsbildung, während der euro*pass* Diplomzusatz und die euro*pass* Zeugniserläuterung für eine bessere Vergleichbarkeit von Abschlüssen aus Studium und Beruf sorgen.

http://www.europass-info.de/DE/was-ist-der-europass.asp
Letzter Zugriff: 11. 02. 2009

Die EUROPASS Dokumente sind:

Der euro*pass* Lebenslauf • Der euro*pass* Sprachenpass • Der euro*pass* Mobilität • Der euro*pass* Diplomzusatz • Die euro*pass* Zeugniserläuterung

Der Europass-Mobilitätsnachweis*

Fallbeispiel

Antonio Cordes besucht die renommierte Hotelfachschule Butler in Madrid. Er ist im zweiten Jahr seiner Ausbildung zum Hotelfachmann. Seit April lernt und arbeitet er im Hotel Splendid in Berlin.
Zu seinen Aufgaben gehört z.B. der Empfang und die Beratung von anspruchsvollen internationalen Gästen, die Entgegennahme und Abwicklung von Reservierungsanfragen, die Kalkulation und das Erstellen von Angeboten in Englisch, Französisch, Spanisch und Deutsch.

Zweimal die Woche besucht er einen Deutschkurs, da er sich hier noch nicht sicher fühlt. Antonio ist froh über die Chance, in Deutschland zu lernen und zu arbeiten, und dankt seiner Fachschule, die eine Europass-Mobilitätsinitiative mit der Hotelkette Splendid gestartet hat.
Am Ende der Ausbildungszeit in Berlin, wenn er zum Abschluss der Ausbildung nach Madrid zurückkehrt, erhält er einen Europass-Mobilitätsnachweis, der – davon ist er überzeugt – für seine berufliche Karriere in Europa, aber auch im Heimatland von großer Bedeutung ist. Antonio ist fest entschlossen, sich immer wieder ins Ausland zu bewerben, und so seinen Europass-Mobilitätsnachweis durch neue Qualifikationen und Kompetenzen zu ergänzen.

8 **b** *Im Folgenden finden Sie die fünf Hauptpunkte des Europass-Mobilitätsnachweises, füllen Sie den Europass für Antonio mithilfe der Informationen im Fallbeispiel aus.*

* Für „Europass-Mobilitätsnachweis" findet man im Internet auch „Europass Mobilität" (vgl. S. 169).

europass

EUROPASS-MOBILITÄTSNACHWEIS

1. DIESER EUROPASS-MOBILITÄTSNACHWEIS WIRD AUSGESTELLT FÜR

. . . .

2. DIESER EUROPASS-MOBILITÄTSNACHWEIS WIRD AUSGESTELLT DURCH

. . . .

3. AN DER MOBILITÄTSINITIATIVE (Nr.) BETEILIGTE PARTNERORGANISATIONEN:
ALS ENTSENDEORGANISATION (Organisation, die die Mobilitätsinitiative im Herkunftsland in die Wege leitet)

. . . .

ALS ORGANISATION (Organisation, die den Inhaber des Europass-Mobilitätsnachweises im Gastland aufnimmt)
4. BESCHREIBUNG DER EUROPASS-MOBILITÄTSINITIATIVE (Nr.)
Zweck der Europass-Mobilitätsinitiative

. . . .

5.a BESCHREIBUNG DER FÄHIGKEITEN UND KOMPETENZEN, DIE IM RAHMEN DER EUROPASS-MOBILITÄTSINITIATIVE (Nr.) ERWORBEN WURDEN
Ausgeführte Tätigkeiten/Aufgaben

. . . .

5.b VERZEICHNIS DER ABSOLVIERTEN KURSE UND DER IM EINZELNEN ERHALTENEN NOTEN/PUNKTE/ANRECHNUNGSPUNKTE

. . . .

Europass-Mobilitätsnachweis © Europäische Gemeinschaften 2004
Europass-Nr. DE-03-2006-XTEST-1S-1

8 **c** *Unter dem Punkt 5a „Beschreibung der Fähigkeiten und Kompetenzen, die im Rahmen der Europass-Mobilitätsinitiative (Nr.) erworben wurden" finden Sie nicht nur den Punkt „Ausgeführte Tätigkeiten/Aufgaben", sondern auch noch fünf weitere Punkte. Überlegen Sie sich zusammen mit Ihrem Nachbarn, was der Aufenthalt in Berlin und die Arbeit im Hotel Splendid für Antonio gebracht haben und ergänzen Sie die einzelnen Punkte seines Europass-Mobilitätsnachweises durch Beispiele.*
Machen Sie sich mit Ihrem Nachbarn zusammen Notizen und berichten Sie im Plenum.

1 Erworbene berufliche Fähigkeiten und Kompetenzen . . . .

2 Erworbene Sprachkenntnisse . . . .

3 Erworbene organisatorische Fähigkeiten und Kompetenzen . . . .

4 Erworbene soziale Fähigkeiten und Kompetenzen . . . .

5 Erworbene sonstige Fähigkeiten und Kompetenzen . . . .

8 **d** *Zu dem Punkt 5a des Europass-Mobilitätsnachweises finden Sie im Internet folgende Aussagen. Vergleichen Sie sie mit Ihren Notizen und unterstreichen Sie, was neu für Sie ist. Welche Aussagen sind auch für andere kaufmännische Berufe von Bedeutung?*

Erworbene beruffachliche Fähigkeiten und Kompetenzen
(30a) Kompetenter Umgang mit Reservierungs- und Abrechnungssystemen
Kalkulation von Angeboten unter Berücksichtigung von Gruppen- und Sondertarifen

Erworbene Sprachkenntnisse
(31a) Erweiterung der schriftlichen Fertigkeiten in Englisch und Französisch im Bereich Reservierung/Angebot
Tägliche mündliche Kommunikation mit anspruchsvoller internationaler Klientel in Englisch und Französisch
Erwerb von Flämisch-Grundkenntnissen – einfache mündliche Auskünfte, Briefe aus Versatzstücken erstellen.

Erworbene IKT-Kompetenz* (sofern nicht bereits im Rahmen der „beruffachlichen Fähigkeiten und Kompetenzen" erfasst)
(32a) Umgang mit Reservierungssystem XY
Erstellen von Briefen (Zusagen, Antwort auf Beschwerden usw.) mit Textverarbeitungsprogramm
Erstellung und Bearbeitung großer Tabellen mittels eines Tabellenkalkulationsprogramms, z.B. zur Auswertung der Gästebewertung

Erworbene organisatorische Fähigkeiten und Kompetenzen
(33a) Prioritäten laufend neu setzen
Ruhe, Überblick und Genauigkeit auch in Zeiten mit hohem Gastaufkommen bewahren
Koordination mit anderen Hotels und Agenturen

Erworbene soziale Fähigkeiten und Kompetenzen
(34a) Freundlichkeit und Verbindlichkeit im Umgang mit schwierigen Gästen – auch in Krisensituationen
Eingehen auf Kundenwünsche unter Berücksichtigung der Interessen des Hotels
Koordination mit anderen Hotels der Kette und Internationalen Reservierungsagenturen
Zusammenarbeit mit Kollegen aus verschiedenen Kulturkreisen

Erworbene sonstige Fähigkeiten und Kompetenzen
(35a) Kenntnisse der Aufgaben und der Struktur der EU-Einrichtungen

Europass-Mobilitätsnachweis © Europäische Gemeinschaften 2004
Europass-Nr. DE-03-2006-XTEST-1S-1

LernTipp

Man muss nicht jedes Wort verstehen, um eine Aufgabe zu lösen oder eine Situation in der Fremdsprache zu meistern.

* Die IKT-Kompetenz umfasst die Gesamtheit der Kenntnisse und Fähigkeiten, die erworben werden, um Arbeiten auszuführen, die mit der Informationsgesellschaft in Verbindung stehen.

Der Europass-Lebenslauf

Den Europass-Lebenslauf kann man im Internet ohne Daten, aber auch als Muster ausgefüllt, finden. Das ausgefüllte Muster zeigt mögliche Formulierungen und kann deshalb hilfreich sein.

9 **a** *Im Folgenden finden Sie den Anfang eines Europass-Lebenslaufs ohne Daten. Alle Aussagen sind richtig. Gehen sie aus dem Text hervor? Arbeiten Sie mit Ihrem Nachbarn zusammen und stellen Sie Ihre Ergebnisse im Plenum vor.*

		Ja	Nein
1	Der Form nach ist der Europass-Lebenslauf ein tabellarischer Lebenslauf.	☐	☐
2	Lebensläufe beginnen mit den Angaben zur Person.	☐	☐
3	In Amerika ist es nicht üblich, dem Lebenslauf ein Foto beizulegen, damit es nicht zu Diskriminierungen kommt.	☐	☐
4	Die Angaben zur Person im Lebenslauf sind in einzelnen Ländern der EU unterschiedlich.	☐	☐
5	Im Europass-Lebenslauf sind die Daten z.B. zur Berufserfahrung so angeordnet, dass die aktuellsten Informationen an erster Stelle stehen.	☐	☐

europass

Europass-Lebenslauf

Angaben zur Person	
Nachname(n) / Vorname(n)	**Nachname(n) Vorname(n)**
Adresse(n)	Straße, Hausnummer, Postleitzahl, Ort, Staat
Telefon	(Falls nicht relevant, bitte löschen. Siehe Anleitung)
Mobil	(Falls nicht relevant, bitte löschen. Siehe Anleitung)
Fax	(Falls nicht relevant, bitte löschen. Siehe Anleitung)
E-mail	(Falls nicht relevant, bitte löschen. Siehe Anleitung)
Staatsangehörigkeit	(Falls nicht relevant, bitte löschen. Siehe Anleitung)
Geburtsdatum	(Falls nicht relevant, bitte löschen. Siehe Anleitung)
Geschlecht	(Falls nicht relevant, bitte löschen. Siehe Anleitung)
Gewünschte Beschäftigung / Gewünschtes Berufsfeld	**(Falls nicht relevant, bitte löschen. Siehe Anleitung)**
Berufserfahrung	
Daten	Mit der am kürzesten zurückliegenden Berufserfahrung beginnen und für jeden relevanten Arbeitsplatz separate Eintragungen vornehmen. Falls nicht relevant, Zeile bitte löschen (siehe Anleitung)
Beruf oder Funktion	
Wichtigste Tätigkeiten und Zuständigkeiten	

9 **b** *Wie werden Lebensläufe in Ihrem Land üblicherweise gestaltet? Machen Sie sich Notizen und berichten Sie im Plenum.*

9 **c** *Zum Europass-Lebenslauf gibt es einen Leitfaden, der Ratschläge und Tipps gibt. Wenn Sie beispielsweise noch keine Berufserfahrung haben oder Ihre Fremdsprachenkenntnisse angeben müssen, finden Sie dort Hinweise, wie Sie verfahren können.*
Unterstreichen Sie die dazu passenden Textstellen im folgenden Text..

Konzentrieren Sie sich auf das Wesentliche

– Ein Lebenslauf muss kurz sein: In den meisten Fällen reichen ein oder zwei Seiten aus. Keinesfalls sollte Ihr Lebenslauf länger als drei Seiten sein.
– Sollte es Ihnen noch an Berufserfahrung mangeln, dann machen Sie zuerst Angaben zu Ihrer Schul- und Berufsbildung; verweisen Sie auf Ihre Praktika im Rahmen der Ausbildung.
– Sollten für die Stelle, für die Sie sich bewerben, Sprachkenntnisse wichtig sein, dann füllen Sie den ebenfalls in dieser Webseite verfügbaren Europass-Sprachenpass aus und legen diesen Ihrem Europass-Lebenslauf bei.

https://europass.cedefop.europa.eu/instruments/cv/principles.do
Letzter Zugriff: 30. 05. 2008

Der Europass-Sprachenpass

Fremdsprachenkenntnisse sind oft von entscheidender Bedeutung für den Erfolg einer Bewerbung. Das wird in Zukunft verstärkt so sein. In diesem Zusammenhang steigt auch die Bedeutung des Europass-Sprachenpasses mit der Selbstbeurteilung/Selbsteinschätzung, die Sie bereits in der Vorlektion kennen gelernt haben (vgl. S. 16). Dort haben Sie auch Informationen über die Kannbeschreibungen erhalten, die einer Skala mit sechs Niveaus (A1, A2, B1, B2, C1, C2) zugeordnet werden.

10 **a** *Im Folgenden finden Sie das Muster einer Selbstbeurteilung aus der Bewerbung von Frau Mustermann und einen Abdruck der Kannbeschreibungen zu „An Gesprächen teilnehmen". Könnte man Frau Mustermann aufgrund ihrer Englischkenntnisse in einem Callcenter in England einsetzen? Notieren Sie Ihre Argumente für und gegen ihre Anstellung und berichten Sie im Plenum.*

Selbstbeurteilung von Frau Mustermann

ENGLISCH

Selbstbeurteilung der Sprachkenntnisse

Verstehen				Sprechen				Schreiben	
Hören		Lesen		An Gesprächen teilnehmen		Zusammenhängendes Sprechen			
C1	Kompetente Sprachverwendung	B2	Selbständige Sprachverwendung	A2	Elementare Sprachverwendung	B1	Selbständige Sprachverwendung	B2	Selbständige Sprachverwendung

Europass-Sprachenpass
Bestandteil des von Europarat entwickelten Europäischen Sprachenportfolios europass

Auszug aus: Detaillierte Anleitung zur Verwendung des Europass-Lebenslaufs.

Kannbeschreibungen zu: An Gesprächen teilnehmen

A1:	Ich kann mich auf einfache Art verständigen, wenn mein Gesprächspartner bereit ist, etwas langsamer zu wiederholen oder anders zu sagen, und mir dabei hilft zu formulieren, was ich zu sagen versuche. Ich kann einfache Fragen stellen und beantworten, sofern es sich um unmittelbar notwendige Dinge und um sehr vertraute Themen handelt.
A2:	Ich kann mich in einfachen, routinemässigen Situationen verständigen, in denen es um einen einfachen, direkten Austausch von Informationen und um vertraute Themen und Tätigkeiten geht. Ich kann ein sehr kurzes Kontaktgespräch führen, verstehe aber normalerweise nicht genug, um selbst das Gespräch in Gang zu halten.
B1:	Ich kann die meisten Situationen bewältigen, denen man auf Reisen im Sprachgebiet begegnet. Ich kann ohne Vorbereitung an Gesprächen über Themen teilnehmen, die mir vertraut sind, die mich persönlich interessieren oder die sich auf Themen des Alltags wie Familie, Hobbys, Arbeit, Reisen, aktuelle Ereignisse beziehen.
B2:	Ich kann mich so spontan und fliessend verständigen, dass ein normales Gespräch mit einem Muttersprachler recht gut möglich ist. Ich kann mich in vertrauten Situationen aktiv an einer Diskussion beteiligen und meine Ansichten begründen und verteidigen.
C1:	Ich kann mich spontan und fliessend ausdrücken, ohne öfter deutlich erkennbar nach Worten suchen zu müssen. Ich kann die Sprache im gesellschaftlichen und beruflichen Leben wirksam und flexibel gebrauchen. Ich kann meine Gedanken und Meinungen präzise ausdrücken und meine eigenen Beiträge geschickt mit denen anderer verknüpfen.
C2:	Ich kann mich mühelos an allen Gesprächen und Diskussionen beteiligen und bin auch mit Redewendungen und umgangssprachlichen Wendungen gut vertraut. Ich kann fliessend sprechen und auch feinere Bedeutungsnuancen genau ausdrücken. Bei Ausdrucksschwierigkeiten kann ich so reibungslos wieder ansetzen und umformulieren, dass man es kaum merkt.

http://europass.cedefop.europa.eu/img/dynamic/c1347/type.FileContent.file/ELPTemplate_de_DE.doc
Letzter Zugriff: 30. 05. 2008

10 **b** *Wie stufen Sie Ihre Kompetenz „An Gesprächen teilnehmen" jetzt ein und was müssten Sie daraufhin in Ihren Europass Sprachenpass eintragen?*

10 **c** *Welche Ziele setzen Sie sich?*

C Auf der Suche nach einer Stelle

Welches Praktikum ist für mich richtig?

Im Internet findet sich unter www.berufsstart.stepstone.de/content/de/de/praktikumsinnvoll.cfm der Text „Starthilfe Praktikum". Er enthält u. a. eine Checkliste, die bei der Auswahl eines geeigneten Praktikumsplatzes helfen kann.

11 a *Kennzeichnen Sie die Punkte der Checkliste, die für Sie wichtig sind, und ergänzen Sie die Punkte, die Ihrer Ansicht nach fehlen.*

Eine Checkliste hilft bei der Auswahl
Eine Checkliste erleichtert die Entscheidung darüber, welcher Praktikumsplatz der richtige ist:

- Ich möchte herausfinden, ob der angestrebte Beruf der richtige ist.
- Ich will eine bestimmte Branche kennen lernen.
- Das Unternehmen sollte mir die Möglichkeit geben, mehrere Fachbereiche kennen zu lernen.
- Ich möchte nur bestimmte fachspezifische Kenntnisse erlangen bzw. erweitern.
- Ich möchte in erster Linie meinen persönlichen Horizont erweitern und etwas Neues kennen lernen.
- Ich will ein Netzwerk von Kontakten aufbauen, die für das weitere Studium und die Jobsuche danach wichtig sind.
- Das Image und der Name des Unternehmens sind mir für meinen Lebenslauf sehr wichtig.
- Ich will Auslandserfahrung sammeln.
- Ich bin bereit, für ein Praktikum an einen anderen Ort (oder ins Ausland) zu gehen und kann damit verbundene Kosten auf mich nehmen.
- Mein Praktikum kann x Wochen/Monate dauern.
- Ich würde unter Umständen ein Studiensemester zur Absolvierung des Praktikums aussetzen.
- Ich bin zeitlich flexibel. / Ich bin zeitlich aufgrund von Klausuren u.ä. gebunden, kann aber einen Wunschzeitraum bereits benennen.
- Ich bin bereit, auch für einen geringen (oder eventuell auch gar keinen) Lohn zu arbeiten.

StepStone

11 b *Stellen Sie Ihre persönliche Checkliste zusammen und prüfen Sie, welche Bedingungen für Sie erfüllt sein müssten, um ein Praktikum in Deutschland zu absolvieren. Machen Sie sich Notizen und berichten Sie im Plenum.*

Wo finde ich Angebote?

Angebote im Internet

Susan Spak aus Riga ist Schülerin der Abschlussklasse eines Gymnasiums. Sie plant eine Ausbildung als Bürokauffrau, vielleicht sogar in Deutschland, aber sie ist noch unsicher. Eine Freundin gibt ihr den Rat, ein vierwöchiges Praktikum in Deutschland zu machen, und nennt ihr die Webadresse www.praktikant24.de. Sie stößt auf folgendes Angebot, das sie interessant findet. Die angegebenen 2 Wochen sind ihr aber nun doch etwas zu kurz, wenn sie an Zimmersuche etc. denkt.

12 a *Beantworten Sie die folgenden Fragen:*

1 Kann sie über eine Verlängerung verhandeln?
2 Welche weiteren Informationen braucht sie Ihrer Meinung nach und was muss sie jetzt tun?

Welchen Lesestil wenden Sie an?

Stellenangebot-Detailansicht

Wenn Sie Interesse an diesem Stellenangebot haben, nehmen Sie bitte direkt mit dem im Firmenprofil angegebenen Ansprechpartner Kontakt auf.

Stellenangebot Firmendaten Kontakt aufnehmen

STELLENANGEBOT Zurück zur Liste

Praktikumsart:	Berufsorientierendes Praktikum
Kurzinfo:	Planung und Abwicklung von Geschäftsreisen
Einsatzbereiche:	Kaufmännischer Bereich (Einkauf / Vertrieb / Verkauf) Sonstige
Aufgaben:	– erstellen und bearbeiten von Flugbuchungen – Reservierung von Hotelübernachtungen, Tagungsräumen – Visabesorgung – Buchung von Bahnfahrten
Filiale/ Standort:	63225 Langen
Frühester Praktikumsbeginn:	01.01.200…
Praktikumsdauer (in Wochen)	2
Bemerkungen:	Dauer des Praktikums kann in Absprache angepasst werden – Bewerber müssen mind. 16 Jahre alt sein.

Zurück zur Liste

http://www.praktikant24.de/index.php?cmd=detail(cmdid=a3ff1da9db8283ac21029
Letzter Zugriff: 13. 03. 2008

Während kleine Unternehmen Ausbildungs- und Praktikumsplätze über Institutionen wie z.B. die IHK* im Internet anbieten, haben die großen Unternehmen wie Bosch oder Siemens, aber auch RITTER SPORT eigene „Karriereseiten" im Internet.

RITTER SPORT

12 **b** *Sie sind an einer kaufmännischen Ausbildung bei RITTER SPORT interessiert. Beantworten Sie die folgenden Fragen mithilfe der Texte aus dem Internet und berichten Sie im Plenum.*

1 Was bietet RITTER SPORT in diesem Bereich?
2 Wann kann man sich bewerben?
3 Warum ist RITTER SPORT an guten Bewerbern interessiert?
4 Was beinhaltet das Auswahlverfahren?

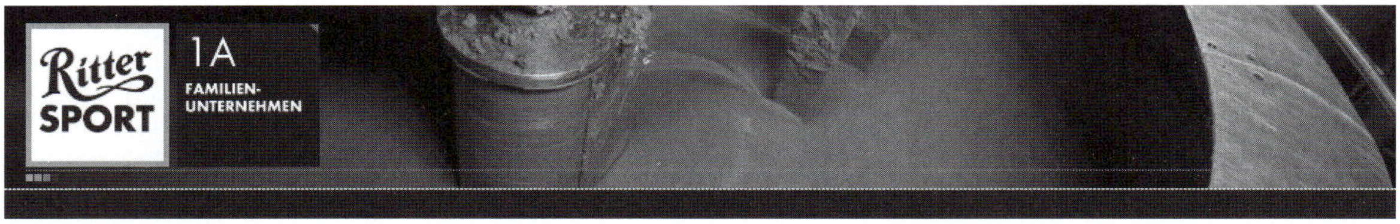

- NEUIGKEITEN
- FAMILIENUNTERNEHMEN
- GESCHICHTE
- UNSER ENGAGEMENT
- KARRIERE
  - AUSBILDUNG
  - WEITERBILDUNG
  - PRAKTIKA
  - JOB-ANGEBOTE
- VOR ORT

Wir bilden aus!
Als innovatives Unternehmen setzt RITTER SPORT besonders auch auf junge qualifizierte Nachwuchskräfte. Deshalb bieten wir attraktive Ausbidlungsplätze und Berufe mit Perspektive. Wer sich also für unser Unternehmen interessiert und seine Zukunft versüßen möchte, der kann zurzeit aus vier Ausbildungswegen bei RITTER SPORT wählen.
BA-Studium „Bachelor of Engineering"
(Wirtschaftsingenieurwesen / Maschinenbau; Fachkraft für Süßwarentechnik; Industriekaufmann/-frau; Mechatroniker/-in

Die Ausbildungsplätze für Industriekaufleute und Mechatroniker/innen sind für das Jahr 2008 bereits vergeben. Bitte für diese Ausbildungsplätze nicht mehr bewerben!

Ausbildung bei Ritter Sport
Durch die Ausbildung in vier Berufsfeldern soll im Rahmen der Personalpolitik bei Ritter Sport sichergestellt werden, dass freiwerdende qualifizierte Arbeitsplätze mit Nachwuchskräften aus den eigenen Reihen besetzt werden können.

Wie verläuft das Auswahlverfahren?
Wir führen Einzelinterviews durch, die von erfahrenen Mitarbeitern aus dem Personalbereich und den Ausbildungsmeistern geführt werden. Darüber hinaus werden in der technischen Ausbildung praktische Tests durchgeführt, um die Handfertigkeit zu prüfen. Ausbildungsbeginn ist der September eines jeden Jahres, wobei die Bewerbungen bereits im Herbst des Vorjahres geprüft werden.

Jobangebote

Aktuelle Stellenanzeigen finden Sie hier. Jetzt informieren!

Cacaonica

Schokoladen

http://www.ritter-sport.de
Letzter Zugriff: 18. 12. 2008

* Industrie- und Handelskammer

12 **c** *Machen Sie sich zusammen mit Ihrem Nachbarn Notizen zur Ausbildung eines Industriekaufmanns bzw. einer Industriekauffrau bei RITTER SPORT. Beachten Sie dabei die Gliederung des Internettextes. Referieren Sie dann in der Kleingruppe und anschließend im Plenum über diese Ausbildung. Wer wäre bei einer Bewerbung Ihr Ansprechpartner?*

Industriekaufmann/-frau

Wie sieht die Tätigkeit in diesem Beruf aus?

Industriekaufleute können in nahezu allen kaufmännischen Bereichen eingesetzt werden, beispielsweise im Rechnungswesen als Buchhalter oder Rechnungsprüfer, im Personalbereich als Personalsachbearbeiter oder in der Materialverwaltung mit Aufgaben wie Einkauf und Logistik. Auch im Vertrieb, wo die Tätigkeiten vom Bearbeiten der Kundenaufträge bis zum Ausliefern der Waren reichen, finden sich Beschäftigungsfelder für Industriekaufleute.

Was sind die Inhalte der Ausbildung?

Wenn Sie eine Ausbildung zum/zur Industriekaufmann/-frau wählen, erhalten Sie einen umfassenden Einblick in alle wichtigen betriebswirtschaftlichen Funktionen. Sie werden in das Tagesgeschäft der Material-, Produktions-, Absatz- und Personalwirtschaft sowie des Finanz- und Rechnungswesens einbezogen und führen mit der Zeit selbständig einzelne Tätigkeiten durch. Sie erlernen darüber hinaus den Umgang mit verschiedenen PC-Anwenderprogrammen. In der Berufsschule beschäftigen Sie sich mit allgemeiner Wirtschaftslehre, spezieller Betriebswirtschaftslehre, Buchführung, Wirtschaftsmathematik und Datenverarbeitung.

Wie lange dauert die Ausbildung?

3 Jahre

Welche Voraussetzungen muss ich mitbringen?

Flexibles Denken · Teamfähigkeit · Mittlere Reife/Berufskolleg

Und wie sieht's nach der Ausbildung aus?

Dank der umfassenden Grundkenntnisse, die Sie in der Ausbildung erwerben, können Sie nach Ihrer Ausbildung in praktisch allen kaufmännischen Bereichen als Sachbearbeiter/in tätig werden.

Haben Sie Interesse?

Dann schicken Sie uns Ihre vollständigen Bewerbungsunterlagen mit tabellarischem Lebenslauf, Zeugniskopien und Lichtbild. Rufen Sie uns an, wenn Sie noch weitere Fragen haben. Wir freuen uns auf Ihre Bewerbung.

Kontaktadressen:
Süßwarenfachkräfte und Industriekaufleute
Alfred Ritter GmbH & Co. KG
Personalentwicklung
Frau Silvia Wild
Alfred-Ritter-Str. 25

71111 Waldenbuch

Mechatroniker
Alfred Ritter GmbH & Co.KG
Lehrwerkstatt
Herrn Frank Lutz
Herrn Torsten Schlegel
Alfred-Ritter-Str. 25

71111 Waldenbuch

http://www.ritter-sport.com/sites/karriere/630_berufsausbildung.htm
Letzter Zugriff: 30. 05. 2008

FORTSETZUNG FOLGT

Angebote in regionalen Zeitungen

Stellenangebote für ausgebildete Ingenieure, Kaufleute, Betriebswirte, Manager etc. finden sich in den großen deutschen Zeitungen wie z.B. der Frankfurter Allgemeinen Zeitung oder der Süddeutschen Zeitung. Ausbildungsplätze dagegen werden v.a. in regionalen Zeitungen angeboten.

13 *Tragen Sie die folgenden Zwischenüberschriften in die Anzeige von ALDI SÜD ein.*

- **Wann es losgeht**
- **Was Sie mitbringen**
- **Wie Sie sich bewerben**
- **Was Sie tun**
- **Was wir Ihnen bieten**

Auszubildende/r Verkäufer/in, Kaufmann/ -frau im Einzelhandel

ALDI SÜD

Eine Ausbildung bei ALDI SÜD ist anspruchsvoll. Aber jede Minute lohnt sich. Bei den Abschlussprüfungen liegen unsere Azubis regelmäßig vorn. Und die Jahre davor sind auch spitze: Viel Abwechslung, viel Verantwortung, viel Freiraum für Ideen.

Für unsere Filialen suchen wir freundliche, engagierte Azubis.

___

- Ausbildung zum/zur Verkäufer/in in zwei Jahren
- nach einem weiteren Jahr Prüfung zum/zur Einzelhandelskaufmann/-frau (bei Eignung)
- intensive Praxisausbildung in einer ALDI SÜD Filiale
- wöchentliche Theorieblocks in der Berufsschule
- individuelle Weiterbildung in internen Schulungen

___

- überzeugendes Hauptschulzeugnis oder Zeugnis der mittleren Reife
- gute Allgemeinbildung
- Kontaktfreude und freundliches Auftreten
- Fairness und Respekt im Umgang mit anderen Menschen
- ausgeprägte Kundenorientierung
- Teamgeist

___

- Ausbildung auf höchstem Niveau
- abwechslungsreiche Tätigkeit
- überdurchschnittliches Ausbildungsgehalt
- Karriereperspektiven bis zu Filialleitung

___

Ausbildungsbeginn August/September 2008

___

Online unter www.aldi-sued.de/ausbildung • oder schriftlich bei ALDI GmbH&Co. KG, Postfach 1220, 78153 Donaueschingen

Beilage des Südkurier, Freitag, 22. 02. 2008, Nr. 45, 64. Jahrgang, Berufswahl Weiterbildung

D Im Unternehmen

14 **a** *Wie stellen Sie sich den Anfang Ihrer Ausbildung in einem deutschen Unternehmen vor? Machen Sie sich Notizen und diskutieren Sie im Plenum.*

14 **b** *Vergleichen Sie Ihre Notizen mit dem Internettext von RITTER SPORT. Was ist neu für Sie? Welche Vorteile hat diese Form der Einführung in das Unternehmen Ihrer Meinung nach?*

Der Anfang der Ausbildung

Kein neuer Auszubildender wird unvorbereitet ins kalte Wasser geworfen. In einer zweiwöchigen Startphase lernen unsere Auszubildenden das Unternehmen, die Qualitäts- und Umweltphilosophie, die Arbeitssicherheitsbestimmungen, PC-Anwenderprogramme und vor allem die älteren Auszubildenden kennen. Vertieft wird diese Kennenlernphase durch ein alljährliches Get-Together Camp, in dem Teamarbeit, Kommunikation, Arbeitsmethodik - kurzum Schlüsselqualifikationen erarbeitet werden. Während der Ausbildung werden in fachübergreifenden Projektarbeiten Schnittstellenqualifikationen erworben, die in der späteren Berufsarbeit der schnelleren Problemdiagnose und -lösung vor Ort dienen. Da wir in jedem Lehrjahr nur 8 Auszubildende einstellen, sind die Lerngruppen klein, und es ist eine individuelle Lernförderung durch die Ausbildungsverantwortlichen auch bei schulischen Problemen möglich.

http://www.ritter-sport.com/sites/karriere/630_berufsausbildung.htm
Letzter Zugriff: 30. 05. 2008

➡ FORTSETZUNG FOLGT

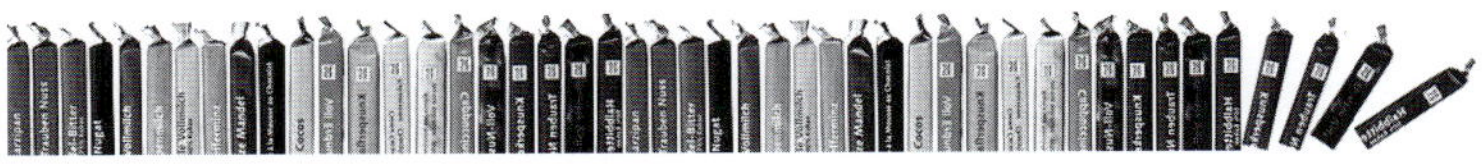

14 **c** *Informieren Sie sich im Internet über Schul- und Hochschulpraktika bei RITTER SPORT. Machen Sie sich Notizen und berichten Sie im Plenum.*

Der erste Tag im Unternehmen

Nach der herzlichen Begrüßung durch ihren Ausbilder, Herrn Wegner, und die Mitarbeiter ihrer Abteilung ist Dana neugierig geworden und möchte viele Fragen stellen. Herr Wegner führt sie durch den Betrieb und zeigt ihr einen Film zur Präsentation der Firma und der Produkte und beantwortet ihre Fragen. Anschließend hat sie die Möglichkeit, sich mit einem Kollegen, der auch in der Ausbildung ist, zu unterhalten.

15 Track 25

a *Lesen Sie die folgenden Stichpunkte zur Vorstellung des Unternehmens. Hören Sie dann das Gespräch zwei mal und kreuzen Sie die Punkte an, die behandelt werden.*

- ☐ **1** Die Geschichte des Unternehmens Junkers
- ☐ **2** Die heutige Deutung des Namens Junkers
- ☐ **3** Junkers als Markenname
- ☐ **4** Name des Unternehmens
- ☐ **5** Produkte und Sortiment
- ☐ **6** Absatz
- ☐ **7** Kundenservice
- ☐ **8** Verpackung
- ☐ **9** Umweltschutz
- ☐ **10** Arbeitsbereich der Auszubildenden
- ☐ **11** Stellung am Markt

15

b *Notieren Sie 5 Fragen, die Sie Ihrem Kollegen gestellt hätten. Diskutieren Sie Ihre Fragen mit Ihrem Nachbarn.*

15

c *Während ihres dreimonatigen Praktikums beschäftigt sich Dana auch mit der Frage, wie sie diese für sie so wichtige Zeit dokumentieren kann. Auf welche Dokumente des Europasses kann sie zurückgreifen?*

E Mit Sprache spielen

16 a *Wo ist das „Kuckucksei"?*

1 Messegespräche – Messestand – Umweltfreundlichkeit – Prospekte
2 Anschreiben – Pass – Praktikumsbestätigung – CV
3 Industriekaufmann – Designer – Versicherungskaufmann – Bankberater
4 Europass-Lebenslauf – Europass-Mobilitätsnachweis – Euro-Krankenversicherungspass – Europass-Sprachenpass

16 b *Erstellen Sie in der Gruppe weitere Wortlisten mit je einem Kuckucksei. Wie gehen Sie dabei vor?*

16 c *Was kommunizieren die Unternehmen mit folgenden Aussagen? Arbeiten Sie mit Ihrem Nachbarn und berichten Sie im Plenum.*

Zur Karriere in ihrem Unternehmen schreiben:
- RITTER SPORT: „Bei RITTER SPORT gibt es keine Einbahnstraße".
- Die Firma Porsche: „Sie wollen Ihre Karriere beschleunigen? Wir bieten Ihnen sechs Vorwärtsgänge und keinen zurück".
- RITTER SPORT: „Verdienen Sie Ihre Brötchen mit Schokolade".

16 d *Welche Gruppe gewinnt?*

Domino: Spielregel
Bilden Sie Gruppen mit drei Spielern. Die Domino-Karten werden an die Spieler verteilt. Der erste Spieler legt eine Domino-Karte aus. Der zweite und dritte Spieler legen die passende Karte an. Wenn ein Spieler keine passende Karte hat, muss er aussetzen. Das Spiel ist zu Ende, wenn der Kreis geschlossen ist.

suchen	Unterlagen	ausfüllen	ein Praktikum
absolvieren	einen Betrieb	anfordern	ein Praktikum
beenden	ein Formular	ausfüllen	einen Personalbogen
stellen	einen Antrag	anfordern	Informations-material

F Meine persönlichen Dateien

Wie immer an dieser Stelle, möchten wir Ihnen auch in dieser Lektion Vorschläge für Ihre persönlichen Dateien machen.
Wir schlagen Ihnen zwei Themen vor:
1. Ausbildungsinhalte kaufmännischer Berufe
2. Dokumentation erworbener Kenntnisse in Europa

1. Ausbildungsinhalte kaufmännischer Berufe

Fachkompetenz
Meine Beispiele:

laufend ergänzen

Sprachkompetenz
Meine Beispiele:

laufend ergänzen

Methodenkompetenz
Meine Beispiele:

laufend ergänzen

Sozialkompetenz:
Meine Beispiele:

laufend ergänzen

2. Dokumentation erworbener Kenntnisse in Europa

Erweiterung meiner Sprachkompetenz im Beruf
Meine Beispiele:

laufend ergänzen

Meine interkulturelle Kompetenz
Meine Beispiele:

laufend ergänzen

Quellenverzeichnis der Texte und Abbildungen

VORLEKTION

S. 13 Text: „Methodenkompetenz" – Definition A, http://de.wikipedia.org/wiki/Methodenkompetenz. *Letzter Zugriff: 06. 03. 2008*
Text: „Methodenkompetenz" – Definition B, http://www.olev.de/m/methodenkompetenz.htm. *Letzter Zugriff: 29. 02. 2008*
S. 16 „Kannbeschreibungen – Rezeption schriftlich", nach GeR = Gemeinsamer europäischer Referenzrahmen für Sprachen: Lernen, lehren, beurteilen
S. 18 Text: „Inhaltsverzeichnis", Grundwissen Wirtschaft, S. 4
S. 19 Text: „Grundwissen Wirtschaft", Grundwissen Wirtschaft, Klappentext / Rückseite
S. 20 Abb. und Text: „Der Wirtschaftskreislauf", Grundwissen Wirtschaft, S. 102
S. 21 Text: „Messe", Kaufmännische Betriebslehre, S. 360
Text: „Allgemeine Märkte", Kaufmännische Betriebslehre, S. 359
S. 22f Ritter Sport – Über uns, http://www.ritter-sport.de/#/de_DE/company/history. *Letzter Zugriff: 28. 08. 2008*
S. 24 Text: „Osram heute", http://de.wikipedia.org/wiki/Osram. *Letzter Zugriff: 29. 01. 2009*
S. 29 Text: „Präsentation", http://www.bibb.de/dokumente/pdf/pressemitteilung_2_2007_anlage_empfehlung_ha.pdf. *Letzter Zugriff: 29. 02. 2008*
Text: „Regeln für den Vortrag eines Referats", Mechatronik, S. 78
S. 31 Auszug aus: Ausbildungsnachweis, Handwerkskammer Konstanz.
S. 33 Abbildungen: Versandkosten Käufer / Verkäufer, Kaufmännische Betriebslehre, S. 199
S. 34 Text: „Erschließung von Wortbedeutungen", Wirtschaftsdeutsch von A-Z, S. 38
S. 39 Gedicht: „Papiergewissen" von Franz Hohler, © Franz Hohler
Zeichnung von Anna Ryffel, aus: Mit Deutsch in Europa, S. 150f

LEKTION 1

S. 42 Text: „Unternehmen, Firma, Betrieb", Abitur-Training, S. 10
S. 44 Text: „Betriebliche Grundfunktionen", Kaufmännische Betriebslehre, S. 111
S. 45 Abb. und Text: „Zusammenwirken betrieblicher Funktionsbereiche",Kaufmännische Betriebslehre, S. 18-19
S. 46 Abb.: „Aufbau eines Betriebes" Zahlenbilder, Erich Schmidt Verlag GmbH & Co., Zahlenbild, S. 201+110b
Text: „Die funktionale Organisation", Abitur-Training, S. 24-25
S. 47 Abb.: „Unternehmungsleitung", Kaufmännische Betriebslehre, S. 157
S. 48 Text: „Unternehmenskultur", Kaufmännische Betriebslehre, S. 148-149
S. 49 Das Leitbild, http://www.ritter-sport.de/#/de_DE/company/mission. *Letzter Zugriff: 26. 11. 2008*
S. 50 Ritter Sport - Ziele des Unternehmens http://www.ritter-sport.com/sites/ueberuns/210_Leitbild.htm. *Letzter Zugriff: 12. 05. 2008*
S. 53 Text: „Einzelunternehmung", Kaufmännische Betriebslehre, S. 51
Auszug aus dem Handelsregister, Südkurier, Nr. 196, 22. 08. 2008, S. K25
S. 54 Abb.: „Rechtsformen", Abitur-Training Betriebswirtschaft, S. 30
S. 55 Text: „Gesellschaftsunternehmen", Abitur-Training, S. 31
S. 56 Texte: „Die GmbH", Kaufmännische Betriebslehre, S. 58
S. 57 Ritter Sport – Daten und Fakten, http://www.ritter-sport.de/#/de_DE/company/facts/. *Letzter Zugriff: 02. 04. 2009*

LEKTION 2

S. 63 Text: „Ein Praxisfall", Kotler/Bliemel, S. 641
S. 64 Text: „Werbungsbeispiele", Kotler/Bliemel, S. 620
S. 68 Text: „Markterkundung – Marktforschung", Kaufmännische Betriebslehre, S. 257
Abb. nach: Einführung in die Fachsprache der Betriebswirtschaft, S. 140
S. 69 Abbildungen, Der Spiegel, 17 / 21. 04. 2008, S.76
S. 70 Text: „Verkäufermärkte – Käufermärkte", Abitur-Training, S. 130

S. 71 Tabelle:„Vom Verkäufermarkt zum Käufermarkt", dito.
S. 72 Text: „Absatz und Marketing", dito. Abbildungen zu „Fertigung", Kotler/Bliemel, S. 43
S. 74 Tabelle: „Absatzpolitisches Instrumentarium", Abitur-Training, S. 131
S. 77 Text: „Distribution", Kotler/Bliemel, S. 1073
S. 78 Abb.: „Vertriebsformen – Distributionswege", Markt Lexikon Wirtschaft, S. 351
S. 80 Tabelle: „Marketing-Mix", Kaufmännische Betriebeslehre, S. 280
S. 81 „Piktogramme", Industrielle Metallberufe, S. 21
S. 82 Internetseite: Rittersport, http://www.ritter-sport.de/sites/ueberuns/210_leitbild.html. *Letzter Zugriff: 29. 01. 2008*
S. 83 Internetseite: Nakladatelství Fraus/Petr Vítek
S. 84 Abb.+Text: „Kommunikation des Wertes Nachhaltigkeit", http://www.henkel.de/cps/rde/xchg/henkel_de/hs.xsl/10143_DED_HTML.htm. *Letzter Zugriff: 09. 07. 2008*
S. 85 Text: „Gestaltungskräfte im Makroumfeld", Kotler/Bliemel, S. 320-321

LEKTION 3

S. 94 Text: „Zufriedene Kunden", Kotler/Bliemel, S. 96
Text ohne Titel, dito. S. 94
S. 97 Tabelle: „Blickkontakt", Kundenorientiert verkaufen, S. 280
S. 100 Text: „Das Beratungsgespräch", Fachkunde Kraftfahrzeugtechnik, S. 48
S. 102 „Berufs-Knigge" von Corinna Cohen-Cossen http://www.abendblatt.de/daren/2003/03/01/129350.html *Letzter Zugriff: 20. 04. 2008*
S. 104 Text: „Die Deutschen in Sizilien", Präsentieren und Verhandeln, S. 53
S. 105 Text: „Kaufvertrag", Markt Lexikon Wirtschaft, S. 178
S. 107 Text: „Bestandteile des Warenangebots", dito.
S. 109 Tabelle: „Pflichten des Verkäufers und des Käufers", Markt Lexikon Wirtschaft, S. 179
S. 111 Geschäftsbrief: „Lieferungsverzug", Spezielle Wirtschaftslehre, S. 116
S. 113 Textauszüge: „E-Mail, aber bitte mit Stil!" von Jutta Sauer, working@office 03.2008, Bezug: www.sauer-seminare.de, zitiert nach: MARKT, 16 Jg., 2008, Ausgabe 42, S. 18
S. 115 Text : „Killerphrasen", MARKT, Ausgabe 41, S. 5

LEKTION 4

S. 118 MAN AG – Unternehmenspräsentation, http://www.man.de. *Letzter Zugriff: 03. 09. 2008*
S. 119 Präsentation – Ritter Sport www.jobpilot.com/misc/adframe/jobpilot/7d8/33/2851499.htm. *Letzter Zugriff: 13. 01. 2009*
S. 120 Präsentation – Bosch, www.berufsstart.stepstone.de. *Letzter Zugriff: 08. 06. 2007*
Stellenanzeigen
Hügli-Nahrungsmittel, Südkurier 12. 05. 07, S. XXVII
Sunways, dito., S. XIII
Degussa, dito., S. XVII
S. 121 Unser Engagement – Ritter Sport http://www.ritter-sport.de/#/de_DE/company/engagement. *Letzter Zugriff: 03. 09. 2008*
S. 123 Unternehmenskultur Henkel http://www.henkel.de/cps/rde/xchg/henkel_de/hs.xsl/10015_DED_HTML.htm. *Letzter Zugriff: 09. 07. 2008*
S. 124 Text: „Eine Firmengeschichte" Junkers – Bosch Thermotechnik
S. 126 Text: „Firma Voith Hydro GmbH&Co.KG", Präsentieren und Verhandeln, S. 124
Bild aus: www.voith.de *Letzter Zugriff: 02. 04. 2009*
S. 128 Internetseiten: „NEU. Bio von Ritter Sport", http://www.ritter-sport.de/#/de_DE/quality/article/bio_schokoladenmasse/. *Letzter Zugriff: 31. 07. 2008*
S. 133 Texte: „Umsatz verdreifacht", Südkurier Nr. 195, 21. 08. 2008, MP 7
„Umsatz sinkt - Gewinn steigt", Südkurier Nr. 193, 19. 08. 2008, MP 5
S. 137 Grafik: "Drogenmärkte in Deutschland", Metro-Handelslexikon, S. 29
S. 138 Abbildungen: „Umwelttechnik in Deutschland" + „Weltmarkt für Umwelttechnik": MARKT, Jahrgang 40, S. 19
„Wie Manager Leistung honorieren": dito, Ausgabe 42, S. 8
„Mediennutzung": Der Spiegel, Nr. 17, 21. 04. 08, S. 76
S. 139 Textauszüge aus: Präsentieren und Verhandeln, S. 142-143
S. 141 Textauszüge nach: Eingewanderte Wörter, S. 19
Abbildung © Marie Marcks, dito., S. 67

LEKTION 5

S. 144 Abb. + Text: „Mitarbeiter"
http://www.henkel.de/ueber-henkel/mitarbeiter-10073.htm. *Letzter Zugriff: 02. 04. 2009*
S. 145 Texte: „Mitarbeiterinnen und Mitarbeiter" und „Chancengleichheit"
http://www.ritter-sport.de. *Letzter Zugriff: 08. 07. 2008*
S. 146 Tabelle: „Führungsstile", Birker, S. 157
S. 147 Text: „Führungskultur bei Ritter Sport"
http://www.ritter-sport.de.com/sites/karriere/610_arbeitsphilosophie.htm. *Letzter Zugriff: 06. 02. 2008*
S. 148 Tabelle: „Organigramm", Spezielle Betriebslehre, S. 28
S. 149 Abb.: „Autohaus", Kraftfahrzeugtechnik, S. 43
Abb.: Spezielle Wirtschaftslehre, S. 29
S. 151 Foto: „Gebotszeichen", Industrielle Metallberufe, S. 21
S. 153 Text: „Mitteilung", Gutes Deutsch – Gute Berufe, S. 184
S. 154 Text: „Zweistelliger Zuwachs", Südkurier Nr. 139, 19.08.2008, MP 5
S. 156 Text: „Buchbinder Wanninger", aus: Karl Valentin, Gesammelte Werke in einem Band
© 1985 Piper Verlag GmbH, München

Lektion 6

S. 161 Text: „Berufliche Fähigkeiten – Kaufleute im Einzelhandel" www.bibb.de/de/ausbildungsprofil_18282.htm.
Letzter Zugriff: 30. 05. 2008
S. 162 Text: „Arbeitsgebiet des Einzelhandelskaufmanns / der Einzelhandelskauffrau", www.bibb.de/de/ausbildungsprofil_11804.htm.
Letzter Zugriff: 30. 05. 2008
S. 163 Text: „Ausbildungsprofil eines modernen Berufes" www.bibb.de/de/ausbildungsprofil_20720.htm. *Letzter Zugriff: 30. 05. 2008*
S. 164 Text: http://www.bibb.de/tools/aab/aab-start.php=5453542. *Letzter Zugriff: 30. 05. 2008*
S. 165 Anzeige: „Immobilienkauffrau/-mann"
Südkurier vom 15. 03. 2008, S. XIX
S. 168 Text: „Nur gute Beurteilungen", Südkurier vom 13. 06. 2007, S. 25
Leonardo da Vinci Aktionsprogramm http://europa.eu.int/comm/education/programmes/leonardo/leonardo_de.html.
Letzter Zugriff: 30. 05. 2008
S. 169 Der Europass, http://www.europass-info.de/DE/was-ist-der-europass.asp. *Letzter Zugriff: 11. 02. 2009*
S. 171 Der Europass-Mobilitätsnachweis © Europäische Gemeinschaften 2004, Europass-Nr. DE-03-2006-XTEST-IS-I
S. 172 Dito.
S. 174 Der Europass-Lebenslauf
Text: „Konzentrieren Sie sich auf das Wesentliche" https://europass.cedefop.europa.eu/instruments/cv/principles.do.
Letzter Zugriff: 30. 05. 2008
S. 175 Kannbeschreibungen zu „An Gesprächen teilnehmen"
http://europass.cedefop.europa.eu/img/dynamic/c1347/type.FileContent.file/ELPTemplate_de_DE.doc.
Letzter Zugriff: 30. 05. 2008
S. 176 Text: „Eine Checkliste hilft bei der Auswahl",
© Stepstone, Oktober 2005 – http://www.berufsstart.stepstone.de/content/de/de/praktikumsinnvoll.cfm.
Letzter Zugriff: 31. 05. 2007
S. 177 Stellenangebot-Detailansicht
© IHK Darmstadt Rhein Main Neckar http://www.praktikant24.de/index.php?cmd=detail(cmdid=a3ff1da9db8283ac21029.
Letzter Zugriff: 13. 03. 2008
S. 178 Ausbildung bei Ritter Sport
http://www.ritter-sport.de *Letzter Zugriff: 18. 12. 2008*
S. 179 Tätigkeiten und Inhalte der Ausbildung http://www.ritter-sport.com/sites/karriere/630_berufsausbildung.htm.
Letzter Zugriff: 30. 05. 2008
S. 180 Anzeige ALDI SÜD
Beilage des Südkurier, Nr. 45, 22. 02. 2008, Beilage Berufswahl und Weiterbildung
S. 181 Text: „Der Anfang der Ausbildung" http://www.ritter-sport.com/sites/karriere/630_berufsausbildung.htm
Letzter Zugriff: 30. 05. 2008

Bildquellen

S. 3 – Fotolia / endostock; S. 9 – Fotolia / ArtmannWitte; S. 11 – Fotolia / Yuri Arcurs; S. 12 – Fotolia / endostock; S. 14 – Fotolia / Thomas Perkins; S. 15 – Fotolia / pressmaster; S. 16 – Fotolia / Yuri Arcurs; S. 24 – OSRAM Tschechische Republik GmbH; S. 29 – Fotolia / carlosseller; S. 30 – Fotolia / pressmaster; S. 36 – Fotolia / pressmaster; S. 38 – Fotolia / Yuri Arcurs; S. 40 – Fotolia / BANUS; S. 41 – Photos; S. 43 – Fotolia / Paul Hill; S. 60 – Fotolia / Yuri Arcurs; S. 62 – Fotolia / BANUS; S. 65 – Fotolia / Yuri Arcurs; S. 73 – Fotolia / Yuri Arcurs; S. 79 – Fotolia / Yuri Arcurs; S. 87 – Fotolia / Yuri Arcurs; S. 89 – Fotolia / pressmaster; S. 90 – Fotolia / BANUS; S. 91 – Fotolia / pressmaster; S. 92 – Fotolia / Pavel Losevsky; S. 94 – Fotolia / Pavel Losevsky; S. 97 (1) – Fotolia / endostock, (2) – Fotolia / pressmaster, (3) – Fotolia / Stephen Coburn, (4) – Fotolia / pressmaster, (5) – Fotolia / Rob, (6) – Fotolia / Monkey Business; S. 101 – Nakladatelství Fraus / Karel Brož; S. 103 (Mitte links) – Fotolia / Franz Pfluegl, (Mitte rechts) – Fotolia / nyul, (unten) – Fotolia / pressmaster; S. 112 – Fotolia / Monkey Business; S. 114 – Fotolia / Yuri Arcurs; S. 116 – Fotolia / BANUS; S. 117 – Burkhard Hillerich; S. 118 – Wikipedia / GNU-FDL; S. 127 – Jitka Staňková; S. 129 – Fotolia / Yuri Arcurs; S. 131 – Jitka Staňková; S. 140 – Fotolia / Yuri Arcurs; S. 142 – Fotolia / BANUS; S. 143 – Fotolia / Kurhan; S. 150 – Fotolia / endostock; S. 152 – Fotolia / simonkr; S. 155 – Fotolia / Yuri Arcurs; S. 157 – Fotolia / ArtmannWitte; S. 158 – Fotolia / BANUS; S. 159 – Fotolia / Roman Milert; S. 161 – REWE Group; S. 163 – Fotolia / nyul; S. 166 – Photos; S. 168 – Fotolia / Klaus Eppele; S. 170 – Nakladatelství Fraus / Karel Brož; S. 173 – Photos; S. 175 – Fotolia / Yuri Arcurs; S. 181 – Fotolia / Monkey Business; S. 182 – Fotolia / pressmaster; S. 184 – Fotolia / BANUS

Literaturverzeichnis

Ashauer, G. (2005): Grundwissen Wirtschaft, 1. Auflage, Ernst Klett Schulbuchverlag, Leipzig.

Bartenschlager, J. et al. (2004): Fachkunde Mechatronik, 1. Auflage, Verlag Europa-Lehrmittel, Nourney, Vollmer GmbH & Co. KG, Haan-Gruiten.

Birk, F. et al.(2009): Kundenorientiert verkaufen, 16. Auflage, Bildungsverlag EINS, Troisdorf.

Birker, Kl. (2006): Einführung in die Betriebswirtschaftslehre, 2. erweiterte Auflage, Cornelsen, Berlin.

Braun, C. et al. (2001): Grundkenntnisse Industrielle Metallberufe, Handwerk und Technik, Hamburg.

Brecht, W. et al. (2003): Arbeitsplatz Europa: Sprachkompetenz wird messbar, 2. überarbeitete Auflage, DIHK, Berlin.

Breitkreutz, R.; Richter, K. (2002): Gutes Deutsch - Gute Briefe, 19. Auflage, Bildungshaus Schulbuchverlage Westermann Schroedel Diesterweg Schöningh Winklers GmbH, Braunschweig.

Brombierstäudl, U.; Vonderau, K. (2002): Abitur-Training Wirtschaft/Recht, aktualisierte Auflage 2007, Stark Verlagsgesellschaft mbH & Co. KG, Freising.

Buhlmann R.; Fearns, A. (1989): Einführung in die Fachsprache der Betriebswirtschaft, Band II, Goethe-Institut e.V., München.

Buhlmann, R.; Fearns, A. (2000): Handbuch des Fachsprachenunterrichts, Gunter Narr, Tübingen.

Buhlmann, R.; Fearns. A.; Leimbacher, E. (2008): Wirtschaftsdeutsch von A-Z, Langenscheidt KG, München.

Buhlmann, R.; Fearns, A.; Gaspardo, N. (2003): Präsentieren und Verhandeln, Poltext Verlag, Warschau.

Dobler, H.-D. et al. (2003): Fachkunde Metall, 54., neu bearbeitete Auflage, Verlag Europa-Lehrmittel, Nourney, Vollmer GmbH & Co. KG, Haan-Gruiten.

Fearns, A; Wille K. (2000): Videomaterialien für die Lehrerfortbildung, Fachhochschule Konstanz und Goethe-Institut e.V. München.

Fearns, A. et al. (2005): Ökologische Kommunikation International. ÖKOM. Fachsprachenlesekurs - Deutsch für Anfänger, Zlatoust Verlag, Sankt-Petersburg.

Glaboniat, M. et al. (2002): Profile deutsch, Langenscheidt KG, Berlin und München.

Glaboniat, M. et al. (2005): Profile deutsch 2.0, Langenscheidt KG, Berlin und München.

Goethe-Institut e.V. (Hrsg.): MARKT, Deutsch für den Beruf - Material aus der Presse, Zeitschrift, Goethe-Institut e.V., München.

Gönner, K.; Lind. S.; Weis, H.: Spezielle Wirtschaftslehre Groß- und Außenhandel, 4. Auflage, Bildungsverlag EINS, Gehlen.

Gscheidle, R. et al. (2004): Fachkunde Kraftfahrzeugtechnik, 28. Auflage, Verlag Europa-Lehrmittel, Nourney, Vollmer GmbH & Co. KG, Haan-Gruiten.

Handelskammer Konstanz: Ausbildungsnachweise. Konstanz.

Hesse, J.; Schrader, H.C.; (2006): Die perfekte Bewerbungsmappe für Ausbildungsplatzsuchende, Eichborn, Frankurt/Main.

Koch, H. (2007): Soziale Kapitalisten - Vorbilder für eine gerechte Wirtschaft, Rotbuch Verlag, Berlin.

Kotler Ph.; Bliemel, F. (2006): Marketing-Management, 10., überarbeitete und aktualisierte Auflage, Pearson Studium, ein Imprint von Pearson Education Deutschland GmbH, München.

Krafft, D.; Mittelstädt, E.; Wiepcke, C. (2005): Markt Lexikon Wirtschaft, Goethe-Institut e.V. München und WBV, Bielefeld.

Krajewska-Markiewicz, R.; Lévy-Hillerich, D. (2004): Mit Deutsch in Europa studieren, arbeiten, leben (B2/C1), Goethe-Institut e.V. München, Fraus-Verlag, Plzeň. (vergriffen, Neuauflage geplant Ende 2010)

Lern- und Lehrmittel für berufsbegleitende und allgemeinbildende Schulen (2001), Verlag Handwerk und Technik GmbH, Hamburg.

Limbach, J. (2008): Eingewanderte Wörter, Hueber Verlag, Ismaning.

METRO AG (Hrsg.): Metro-Handelslexikon 2008/2009. Daten, Fakten und Adressen zum Handel in Deutschland, Europa und weltweit, Düsseldorf. www.metrogroup.de

Müller, J. et al. (2007): Kaufmännische Betriebslehre, Hauptausgabe, 31. Auflage, Verlag Europa-Lehrmittel, Nourney, Vollmer GmbH & Co. KG, Haan-Gruiten.

Neuberger, O. (1988): Was ist denn da so komisch?, Verlag Beltz, Weinheim-Basel.

Rahmencurriculum für den studienbegleitenden fremdsprachlichen Deutschunterricht an Universitäten und Hochschulen in Belarus, Minsk 2009.

Rahmencurriculum für Deutsch als Fremdsprache im studienbegleitenden Fremdsprachenunterricht an den Universitäten und Hochschulen in Polen, in der Slowakei und in Tschechien. Aktualisierte Fassung, Krakau 2006. http://www.goethe.de/ins/pl/pro/media/curriculum%20_12_12_06.pdf.

Sauer, J., Fachliteratur in: http://www.sauer-seminare.de

Südkurier, Medienverlag, Konstanz.

Trim, J. et al., Gemeinsamer europäischer Referenzrahmen für Sprachen: Lernen, lehren, beurteilen, Niveau A1, A2, B1, B2, C1, C2 Langenscheidt KG, Berlin und München.

Valentin, K.: Gesammelte Werke in einem Band, © 1985 Piper Verlag GmbH, München

www.fraus.com

GOETHE-INSTITUT

Dorothea Lévy-Hillerich, Anneliese Fearns u. a.

KOMMUNIKATION im Beruf

Die Lehrwerkreihe Kommunikation im Beruf wird in Zusammenarbeit mit dem Goethe-Institut München herausgegeben. Sie richtet sich an Schüler und Studenten in Berufsfachschulen, Fachmittelschulen und Fachhochschulen und dient als Grundlage für einen berufsorientierten Unterricht in Deutsch als Fremdsprache. Zahlreiche dialogische Übungen, Spiele und Vorschläge für Projektarbeit gewährleisten einen kommunikativen Unterricht. Ziel ist berufssprachliche Kompetenz, worunter auch die Kompetenz des selbstständigen Weiterlernens und der autonomen Informationssuche und -organisation verstanden wird. Kommunikation im Beruf bewegt sich im Schwierigkeitsgrad auf den Niveaustufen B1/B2 des Gemeinsamen europäischen Referenzrahmens. Die Texte sind überwiegend authentisch. Die Bücher sind einsprachig angelegt, werden jedoch mit einem Glossar in mehreren Sprachen ergänzt.

Die Titel der Reihe **Kommunikation im Beruf**:

- Kommunikation in sozialen und medizinischen Berufen
- Kommunikation im Tourismus
- Kommunikation in der Landwirtschaft
- Kommunikation in der Wirtschaft

Zu jedem Lehrwerk gehören ein Lehrerhandbuch und eine CD mit Hörtexten.

FRAUS Cornelsen

Bestellungen und Informationen

Tschechien, Slowakei, Ungarn:
Nakladatelství Fraus
Goethova 8
CZ 301 31 Plzeň

Tel.: +420 377 321 069
+420 377 225 615
Fax: +420 377 224 594

E-Mail: objednavky@fraus.cz
www.fraus.com
www.fraus.cz

Rest der Welt:
Cornelsen Verlag
International Marketing and Sales
D 14328 BERLIN

Tel: +49(30)89785-8099
Fax: +49(30)89785-499

E-Mail: friederike.obermeier@cornelsen.de
www.cornelsen.de/daf